2024年北京经济管理职业学院优质教材遴选培育与建设

高等职业教育本科精品教材

新编大学语文

主 编 郭朝红

副主编 曹炳政 李 翔 管 华

中国人民大学出版社

·北京·

图书在版编目（CIP）数据

新编大学语文 / 郭朝红主编 . -- 北京：中国人民大学出版社，2025. 8. --（高等职业教育本科精品教材）. -- ISBN 978-7-300-33966-5

Ⅰ. H193. 9

中国国家版本馆 CIP 数据核字第 2025YL7209 号

2024 年北京经济管理职业学院优质教材遴选培育与建设

高等职业教育本科精品教材

新编大学语文

主　编　郭朝红

副主编　曹炳政　李　翔　管　华

Xinbian Daxue Yuwen

出版发行	中国人民大学出版社		
社　　址	北京中关村大街 31 号	**邮政编码**	100080
电　　话	010－62511242（总编室）		010－62511770（质管部）
	010－82501766（邮购部）		010－62514148（门市部）
	010－62511173（发行公司）		010－62515275（盗版举报）
网　　址	http://www. crup. com. cn		
经　　销	新华书店		
印　　刷	天津鑫丰华印务有限公司		
开　　本	787 mm×1092 mm　1/16	**版　　次**	2025 年 8 月第 1 版
印　　张	17	**印　　次**	2025 年 8 月第 1 次印刷
字　　数	316 000	**定　　价**	48. 00 元

前　言

随着高等教育改革的深化和职业本科教育的快速发展，大学语文课程面临新的挑战与机遇。本教材旨在适应新时代对高等职业教育公共基础课程的需求，以丰富的内容、创新的结构和多样化的教学资源，为学生提供更优质的语文学科学习体验。

本教材以培养学生的人文素养、语言表达能力和审美情趣为核心，创新采用“专题＋任务”的编排方式。全书分为诗歌、散文、小说和戏剧四个专题，每个专题下设四个学习任务，涵盖知识探究、经典赏析、文体写作和语文实践四大方面，帮助学生在文学经典的鉴赏与语言运用中实现全面提升。本教材注重将课程思政融入教学设计，通过文学文本引导学生树立正确的价值观，增强文化认同与社会责任感。

作为一部新形态教材，本书有配套微课、PPT、题库等多种教学资源，并在“超星学习通”平台建有在线课程，支持线上线下混合式教学。这种全方位的资源体系，为师生提供了灵活高效的教学与学习支持。

本教材的编写团队由北京经济管理职业学院一线语文教师组成。郭朝红老师担任主编，负责全书统稿及小说专题的编写工作；曹炳政老师负责戏剧专题；李翔老师负责诗歌专题；管华老师负责散文专题。

本教材适用于高等职业教育的大学语文课程，同时也可供广大文学爱好者参考。希望本教材能帮助读者在阅读经典、品味文学之美的过程中，提升语文能力和综合素养，为未来学习和职业发展奠定坚实的基础。

目 录

专题一 诗 歌

专题二　散　文

专题三　小　说

专题四　戏　剧

专题一 诗歌

任务一 诗歌重新定义

学习要求

1. 了解中华诗词的历史发展脉络，掌握诗歌的审美特征（情、韵、形），理解不同时期代表作品的创作背景与艺术价值。

2. 能结合自身专业阐释对诗歌的理解和认识，能运用诗歌语言进行创意表达（如广告文案、文化宣传）。

3. 培养创新思维与人文情怀，提升职场沟通与审美表达能力，增强文化自信，主动传承中华优秀传统文化。

知识积累

一、诗歌发展历程

诗歌是以凝练的语言、鲜明的节奏和丰富的情感为特征的文学体裁。从《诗经》《楚辞》到汉魏乐府、唐诗宋词，再到元曲与现代自由诗，诗歌的形式与内容不断演变，既展现出鲜明的时代气息，也体现出持久的艺术魅力，成为中华文化的重要象征和精神载体。

（一）先秦：从《诗经》到《楚辞》

先秦时期是中国诗歌的起源阶段，大致有两个核心系统：一是以《诗经》为代表的北方诗歌传统，重在描写现实生活与社会风貌；二是以《楚辞》为代表的南方诗歌传统，强调个体情感的抒发。这一时期确立了诗歌的基本语言风格与表现方式，为后世诗歌的发展打下了坚实基础。

《诗经》是中国最早的一部诗歌总集，收录了从西周至春秋时期的305篇诗歌，分为风、雅、颂三类。其中，“国风”最具文学价值，内容多表现劳动生活、爱情婚姻、社会矛盾等，语言质朴、节奏鲜明，如《关雎》《硕鼠》等篇脍炙人口，至今仍被传颂。《诗经》确立了以四言为主、重章叠句的形式特征，开启了中国诗歌现实主义的传统。

《楚辞》由屈原开创，是战国时期楚地诗歌的代表。与《诗经》相比，它更加注重个人情感的抒发，语言瑰丽奔放，充满浪漫主义色彩。屈原的《离骚》将政治理想与个人情感交织，展现了强烈的主观精神和个体意识，标志着中国诗歌由集体吟唱向个体创作的重要转变。后宋玉等人继承这一风格，使《楚辞》成为中国古典抒情诗的重要源流之一。

（二）汉魏六朝：乐府叙事与多元风格

汉魏六朝的诗歌不仅继承了先秦的现实关怀和抒情传统，还在形式与内容上出现显著突破。乐府诗的兴盛与建安文学的崛起，共同推动了诗歌由集体性向个人性、由陈述性向抒情性的转变，标志着诗歌艺术的多元化开拓。

汉代乐府是官方设立的音乐机构，最初的职能是"采诗制乐"，将民间歌谣收集整理，并配乐演唱。随着时间的推移，乐府演变为一种诗歌体裁，形成数量庞大的乐府诗。乐府诗多以现实生活为题材，语言质朴生动，形式上打破四言定式，常见五言、杂言，强调叙事性与抒情性相结合，深刻反映了两汉时期人们的生存状态与情感诉求。

"建安风骨"是对东汉建安年间文学精神的经典概括，代表人物包括"三曹"（曹操、曹丕、曹植）和"建安七子"（孔融、陈琳、王粲、徐幹、阮瑀、应玚、刘桢）。他们的作品以汉末社会动荡、生命无常为背景，风格兼具慷慨激昂与沉郁顿挫，语言质朴与华彩并存，尤以气势见长。这一时期的文学作品不仅展现了文人直面现实的忧患意识，还通过个人际遇与理想抱负的抒写，体现了"志深而笔长，梗概而多气"（《文心雕龙》）的精神追求。

陶渊明是东晋最具代表性的诗人，也是中国田园诗的奠基人。他远离官场，归隐田园。他的诗歌语言平淡自然，情感真挚，表现出对自然生活的热爱与对精神自由的追求。如《归园田居》《饮酒》等名篇，不事雕琢却意蕴深远，开启了文人诗"以我观物"的传统，对唐代山水田园诗的发展产生了深远影响。

（三）唐代：诗歌艺术的黄金时代

唐代是中国诗歌发展的巅峰时期，诗歌艺术在这一阶段达到空前的繁荣与高度。无论是题材还是语言，唐诗都展现出极强的表现力与创造力。律诗、绝句、古体诗等多种形式并存，边塞、田园、山水、咏史、咏物、抒怀等题材丰富多样，构成了诗歌创作的盛唐气象。

盛唐时期，以李白、杜甫、王维、高适等人为代表的诗人群体，确立了唐诗的典范地位。李白诗风豪放飘逸，想象奇特，代表作《将进酒》《望庐山瀑布》充满浪漫主义色彩；杜甫则以沉郁顿挫的风格观照现实，其诗被誉为"诗史”，《春望》等作品展现出对国家和百姓深切的忧思；王维擅长山水田园诗，将诗与画意融为一体，如《山居秋暝》《终南山》等，意境清幽，格调高远。这些作品语言精练，情感深沉，显示出唐代诗人在艺术上的多样探索与深厚造诣。

中晚唐时期，诗歌风格从盛唐的雄浑开阔转向多元探索。白居易的《赋得古原草送别》《卖炭翁》《琵琶行》等作品，语言浅显，关切现实人生。李商隐、杜牧以精致含蓄风格展现复杂的情感世界，李商隐的《无题》系列诗情意绵长、意象繁复，杜牧的《秋夕》《泊秦淮》等则在咏史抒怀中蕴含深沉忧思。

（四）宋代：词体兴盛与抒情深度的拓展

宋代是中国古典诗歌由“诗”向“词”转变的重要阶段。词最初为配乐演唱的“燕乐小令”，至宋代逐渐脱离音乐束缚，发展为独立的文学体裁。与唐诗注重格律与气势不同，宋词更重抒情写意与个性表达，语言灵动，情感细腻，展现出更加广阔的内心世界与审美追求。与此同时，宋代诗歌也保持活力，文人诗日渐理性化、议论化，体现出深沉的思想意蕴。

婉约词派是宋词重要流派之一，风格含蓄细腻，善于表现离愁别绪与儿女情长。柳永是婉约词派的奠基者之一，他扩大了词的题材范围，将市井生活、羁旅行役融入词中，如《雨霖铃》《望海潮》等作品语言清丽，感情真切。李清照则将女性视角与深情笔调完美结合，《如梦令》《声声慢》等作品哀而不伤、婉转悠长，堪称婉约词的典范。

苏轼是豪放词派的代表人物，他的词境界宏大、情感奔放，常以诗化语言写词，赋予词体新的思想深度和表达空间，如《念奴娇·赤壁怀古》《水调歌头》等皆气象万千。辛弃疾则将家国情怀、英雄理想融入词中，《青玉案》《破阵子》等作品，既有慷慨悲歌之音，也不乏哲思沉吟之情。

（五）元明清：从元曲豪放到小诗咏怀

元明清时期是中国古典诗歌由鼎盛走向转型的重要阶段。这一时期，诗歌不再是最具代表性的文学样式，但在民间与文人阶层中依然保持活跃。诗歌的形式、语言和题材趋于多样化，从元代的散曲，到明清的复古诗与咏怀诗，既有对传统的继承，也有对现实的回应，展现出诗歌在新语境中的适应与延续。

元散曲盛行于市井之间，语言通俗生动、节奏轻快，适合歌唱，深受普通民众欢迎，呈现出鲜明的俗文学特征。散曲体式主要包括小令和套数，小令短小精悍，抒情写景俱佳；套数则结构完整，可用于叙事。马致远的小令《天净沙·秋思》仅 28 字，写尽旅人漂泊之苦与秋景之寂，被誉为“秋思之祖”。

明清时期，诗歌创作回归传统格律，明代诗人多崇尚唐宋旧风，讲求典雅工整。清代诗风则更重个性表达与历史情怀，诗人常借咏史、抒怀之作寄托家国之思或人生感悟。龚自珍的《己亥杂诗》、林则徐的贬谪诗等，语言激昂，情感深沉，体现了诗人在时代洪流中以诗言志、寄托忧思的文化姿态。

（六）现当代：从白话革命到自由诗潮

现当代是中国诗歌发生重大变革的时期。随着新文化运动的兴起，白话取代文言成为主流，诗歌不再拘泥于格律和对仗，而是强调个性表达与现实关怀。从白话新诗开始，到 20 世纪下半叶的朦胧诗、先锋诗，以及近年来的网络诗歌，现代诗歌在形式与内容上实现了多元突破，展现出强烈的时代感与创造性。

新诗打破了旧体诗的规范限制，更加贴近现实。郭沫若、闻一多、徐志摩等人在诗歌语言和结构上不断探索，表现出自由抒情与艺术革新的冲动。艾青的诗歌关注国家命运与底层人民，具有强烈的现实主义精神；而北岛、舒婷等人的朦胧诗，则强调内心体验与历史反思，拓展了诗歌的表达空间。

进入 21 世纪，网络诗歌、自媒体写作等新形式兴起，诗歌传播更为广泛，表达更为自由，题材涵盖日常生活、情感体验与社会观察。虽然诗歌不再是文学的主导形式，但其简洁、浓缩、富于情感张力的特质，仍然吸引着无数写作者与读者。

微课

诗歌的历史发展

纵观中国诗歌发展历程，从《诗经》的质朴歌谣，到唐宋的格律华章，再到元明清的文人咏叹与现代新诗的多元探索，诗歌始终以凝练的语言和深厚的情感，记录时代变迁，映照人心世界。理解诗歌的历史演进，不仅有助于把握其艺术形式与表达方式的演化，更让我们在读诗、写诗的过程中，体会诗意之于人生的抚慰与启迪，感受文学恒久的精神力量。

二、诗歌审美特征

微课

诗歌的审美特征

诗歌作为人类最古老的文学形式之一，以其凝练的语言、深邃的情感和独特的艺术表现，成为跨越时空的精神载体。从《诗经》的质朴咏叹到李白的飘逸豪放，从杜甫的沉郁顿挫到徐志摩的现代抒情，诗歌始终以“情”为灵魂，以“韵”为旋律，以“形”为骨架，构建起丰富的审美世界。

（一）情：情感浓烈，意蕴深远

情感是诗歌的灵魂。相比其他文体，诗歌更注重主观情绪的凝练表达，或抒喜怒哀乐，或写离愁别绪，或寄家国之思。在高度节制的语言中，情动于中而形于言，引发读者情感共鸣，使诗歌穿越时空，直击人心。

案例 1　李清照《一剪梅·红藕香残玉簟秋》

李清照在这首词中描写离愁别绪，语言婉转细腻。“花自飘零水自流”“才下眉头，却上心头”等句，将孤独与无奈表达得入骨动人。她以个人情感唤起普遍共鸣，展现宋词柔婉、深情的艺术魅力。

案例 2　陆游《钗头凤·红酥手》

此词抒发了陆游与原配夫人唐氏重逢之后的悔恨与哀伤之情。“春如旧，人空瘦”“山盟虽在，锦书难托”诉尽深情与无奈。陆游将个人爱情悲剧升华为永恒的诗意记忆，传递出超越时光的情感穿透力。

（二）韵：节奏和谐，声律优美

诗歌被誉为“有声的艺术”，不仅诉诸视觉，更打动听觉。古典诗讲究平仄、押韵、对仗，营造出音乐般的节奏美。即便是现代自由诗，也常借句式、重复与停顿，保持内在韵律。声音之美，使诗歌更具感染力，成为人们记忆中的永恒旋律。

案例 1　王之涣《登鹳雀楼》

这首五言绝句节奏匀称、押韵自然。“白日依山尽，黄河入海流”对仗工整，气势宏大；“更上一层楼”仄起平收，韵脚落在“楼”字，顿挫有致。音调铿锵、节奏鲜明，展现出古典诗歌高度凝练的音律美感。

案例 2　徐志摩《再别康桥》

此诗虽属自由体，却具有很强的节奏感。句式如“轻轻的我走了，正如我轻轻的来”，通过重复与停顿营造柔和节奏。“我挥一挥衣袖，不带走一片云彩”句末押韵，回荡悠长。诗中情感与音律交融，呈现出婉转而灵动的听觉美。

（三）形：结构严整，视觉有序

诗歌之“形”，不仅体现为篇幅短小、语言凝练，更表现为章法有序、布局严谨。无论是古诗对句式、节奏、章法的严格控制，还是现代诗对段落、行距、排列的艺术编排，诗歌的“形”都强调视觉上的秩序美和构图感，是诗意得以显现的重要外壳与载体。

案例1　杜牧《秋夕》

全诗四句二十八字，句式整齐、节奏匀称，展现出绝句严谨的形式之美。首句写景、次句写人，后两句由景入情，层层递进、构图清晰。整首诗如一幅章法严整的工笔画，形式匀称、意境深远，体现了古典诗歌在结构与视觉布局上的“形”的美感。

案例2　舒婷《致橡树》

全诗采用“我如果爱你”的重复句式构建秩序感，段落排列规整，层层递进。每一节的换行与留白增强了视觉节奏与情感起伏。虽无格律束缚，但整体结构设计严密，形式与内容融合，展现出现代诗在自由中追求“形”的美学自觉。

三、如何赏析诗歌

微课

如何赏析诗歌

诗歌是语言的艺术，通过凝练的文字、鲜明的节奏和丰富的意象表达情感与思想。通过捕捉意象、品读语言、分析情感、联系背景、探究结构和跨界联想，我们可以更全面地欣赏诗歌的魅力。以下介绍六种欣赏诗歌的方法，并结合经典案例加以说明。

微课

诗歌中的意象

（一）捕捉意象，感受画面美

意象是诗歌的“视觉密码”，诗人通过具体物象（如月亮、江水、落叶）传递抽象情感。找到意象，如同拿到解锁诗歌意境的钥匙。

案例1　李白《静夜思》

“床前明月光，疑是地上霜。举头望明月，低头思故乡。”诗中“明月”是核心意象，象征着游子对故乡的思念。月光如同一座桥梁，连接着异乡与故乡，传递着深切的乡愁。

案例 2　徐志摩《再别康桥》

“……那河畔的金柳，是夕阳中的新娘；波光里的艳影，在我的心头荡漾……”诗中的“金柳”“青荇”“星辉”等意象，构建了一幅离别时的唯美画面。这些意象不仅描绘了康桥的景色，更寄托了诗人对往昔的怀念与对未来的憧憬。

微课

诗歌的修辞手法

（二）品读语言，体会音乐美

诗歌的语言具有独特的音乐性，通过押韵、节奏、叠字等手法，形成悦耳的韵律。轻声诵读，可以更好地体会诗歌的音乐美。

案例 1　李清照《声声慢·寻寻觅觅》

“寻寻觅觅，冷冷清清，凄凄惨惨戚戚。”开篇七组叠字，如叹息般层层递进，营造出孤独凄凉的氛围。诵读时放慢语速，压低音量，可以感受到诗句中蕴含的沉重情感。

案例 2　余光中《乡愁》

“小时候/乡愁是一枚小小的邮票/我在这头/母亲在那头……”诗句通过重复的句式与简洁的语言，构建了递进的情感结构。诵读时注意节奏的起伏，可以更好地体会诗人对故乡的深情。

（三）分析情感，领会诗人情思

诗歌是诗人情感的凝结和外化。通过分析诗中所表达的喜怒哀乐等情绪波动，可以更深刻地理解诗人的内心世界，领会其情思寄托与精神状态，从而实现读者与诗人之间的情感共鸣。

案例 1　柳永《雨霖铃·寒蝉凄切》

“寒蝉凄切，对长亭晚，骤雨初歇……执手相看泪眼，竟无语凝噎。”起句以寒蝉、长亭、骤雨烘托凄冷氛围，营造出深秋离别的悲凉情境；而“执手泪眼”则将情感推至高潮，表现出言尽而情未尽的痛切离愁。读者在揣摩词人由景入情、由低沉到哽咽的情绪变化中，能走进他敏感细腻的内心世界，也易联想到自身生命中的别离时刻，激发深切的情感共鸣与人生思考。

案例 2　食指《相信未来》

“当蜘蛛网无情地查封了我的炉台/当灰烬的余烟叹息着贫困的悲哀/我依然固执地铺平失望的灰烬/用美丽的雪花写下：相信未来。”诗人在描写重压之下的生活时，情绪压抑，语言沉重；但结尾处却强烈反转，以“美丽的雪花”“相信未来”表达坚定的希望。读者在体会诗人由沉痛走向光明的情感转折中，不仅能感受到他内心的挣扎与信念，也容易被这种逆境中的精神力量所感染，引发对理想与坚持的深度思考。

（四）联系背景，解读时代意义

诗歌是时代的产物。通过联系历史背景，可以更深刻地理解诗歌的现实意义。

案例 1　屈原《离骚》

“路漫漫其修远兮，吾将上下而求索。”这首诗创作于屈原被流放期间，表达了对国家的忧思与追求理想的执着。通过了解战国时期的历史背景，我们可以更深刻地理解诗人的抗争精神与爱国情怀。

案例 2　杜甫《春望》

《春望》写于“安史之乱”期间，唐朝都城长安被叛军攻陷。杜甫目睹国家破碎、百姓流离，心中充满忧愤与哀痛。诗中“感时花溅泪，恨别鸟惊心”等句，将外在春景与内心痛苦紧密交织，形成强烈的情感冲击。联系历史背景，我们更能体会诗人对国家命运的深切关注，以及其将个人情感融入时代洪流的悲悯胸怀。

（五）探究结构，理解艺术构思

诗歌的结构是情感的载体。通过分析诗节、句式、韵律等，可以理解诗人的艺术构思。

案例 1　王维《山居秋暝》

“空山新雨后，天气晚来秋。明月松间照，清泉石上流……”这首诗采用四联八句的结构，每联对仗工整，韵律和谐。通过严谨的结构与优美的韵律，诗人将山居生活的宁静与自然景物的美感完美结合。

案例 2 艾青《大堰河——我的保姆》

“大堰河，是我的保姆。她的名字就是生她的村庄的名字……”这首诗采用自由诗体，句式长短不一，情感层层递进。通过自由的结构与真挚的语言，诗人表达了对保姆的深切怀念与对底层劳动人民的敬意。

（六）跨界联想，激发创新美

将诗歌与音乐、绘画、电影等艺术形式结合，可以激活审美体验，激发创新思维。

案例 1 戴望舒《雨巷》与民谣音乐

“撑着油纸伞，独自彷徨在悠长、悠长又寂寥的雨巷……”这首诗曾被改编为民谣歌曲，吉他伴奏模拟雨滴声，营造出孤独的文艺氛围。这种跨界创作方式，为诗歌赋予了新的生命力。

案例 2 李白《将进酒》与数据可视化

“君不见，黄河之水天上来，奔流到海不复回。”这句诗可以通过动态数据流呈现，展示时空流逝的宏大气势。这种跨界呈现方式，适合用于 PPT 开场动画或宣传设计，为传统诗歌注入现代感。

诗歌是一门凝练而丰富的艺术，赏析诗歌，不止于理解字句，更在于透过文字，感受诗人的情感、思想与灵魂。掌握意象、语言、情感、背景、结构与联想等多维度的阅读赏析方法，能帮助我们更深入地走进诗歌的世界，拓展审美视野，提升文学感受力与表达力。愿每一次诗歌阅读，都是一次心灵的照亮与生命的共鸣。

四、结合专业思考

（一）从专业视角定义诗歌

从你的专业角度出发，给诗歌下一个定义。例如：
旅游管理专业：诗歌是用最美的语言描绘景点，让游客感受文化魅力的艺术形式。

计算机专业：诗歌是用最简洁的代码表达情感，让程序充满人性温度的语言艺术。

市场营销专业：诗歌是用最凝练的文字打动人心，让广告语更具感染力的创意表达。

你的思考：____

____

____

____

（二）诗歌与文化传播

诗歌是中华优秀传统文化的重要组成部分。请结合你的专业，谈谈如何用诗歌传播文化。例如：

旅游管理专业：如何将古诗词融入导游词，让游客感受景点的文化底蕴？

国际贸易专业：如何用诗歌语言向外国客户介绍中国文化，提升沟通效果？

艺术设计专业：如何将诗歌的意象与画面感融入设计作品，增强艺术表现力？

你的思考：____

____

____

____

（三）诗歌特征与专业应用

诗歌的语言凝练、意象丰富、节奏鲜明。请结合你的专业，举例说明这些特征如何应用。例如：

旅游管理专业：如何用诗歌的意象与节奏设计吸引游客的景区宣传语？

计算机专业：如何用诗歌的凝练性优化代码注释，使其更具可读性与美感？

市场营销专业：如何用诗歌的语言风格撰写让人印象深刻的广告语？

你的思考：____

（四）诗歌思维与职业创新

诗歌的跨界思维与创新表达对职业创新有重要启发。请结合你的专业，谈谈如何用诗歌激发职业创新。例如：

人工智能专业：如何用诗歌的意象与逻辑训练 AI 模型，使其更具人性化表达？

服装设计专业：如何用诗歌的意象与色彩搭配设计一款具有诗意的服装？

环境艺术专业：如何用诗歌的意境与空间感设计一处充满诗意的景观？

你的思考：

学习体会

自我评价

任务二　经典诗歌赏析

学习要求

1. 掌握诗歌鉴赏的基本方法，理解精选诗歌的意象、语言、节奏等审美特征，了解诗歌创作背景及文学价值。

2. 能够分析诗歌的艺术特色和思想内涵，并运用批判性思维对诗歌进行个性化解读，提升诗歌鉴赏能力。

3. 通过赏析诗歌，增强文化自信，提升职业道德素养，树立正确的价值观和人生观。

精读作品

秦风①·无衣

微课

《秦风·无衣》赏析

岂曰无衣？与子同袍。
王于兴师②，修③我戈矛，与子同仇④！
岂曰无衣？与子同泽⑤。
王于兴师，修我矛戟，与子偕作⑥！
岂曰无衣？与子同裳⑦。
王于兴师，修我甲兵⑧，与子偕行⑨！

欣赏与思考

1. 诗歌反复提到“无衣”，这一意象的象征意义是什么？它是如何与士兵们的精神状态、民族团结精神相联系的？

---

① 吴兆基编译．诗经［M］．北京：长城出版社，1999．秦风：《诗经》十五国风之一，今存十篇。
② 王：此指秦君。一说指周天子。于：语助词。兴师：起兵。
③ 修：整治。
④ 同仇：共同对敌。
⑤ 泽：贴身内衣。
⑥ 偕作：一起行动。
⑦ 裳：下衣，此指战裙。
⑧ 甲兵：铠甲与兵器。
⑨ 行：往。

2.《诗经》中的诗歌往往不仅仅是文学作品，它们也反映了当时社会的价值观。请结合《秦风·无衣》讨论这首诗歌在当时社会中的可能功能和作用。

3. 如果要将《秦风·无衣》翻译成现代汉语或外语，你会如何处理“无衣”这一概念的翻译？在翻译时，如何保持原诗的情感深度与文化内涵？

4. 诗中“与子同袍”体现了战友之间的团结与互助。结合你的专业，谈谈这种精神在现代职场中的应用。例如，旅游管理专业：在旅游团队中，如何通过“与子同袍”的精神提升游客体验与团队凝聚力？

饮酒[①]·结庐在人境

陶渊明[②]

结庐[③]在人境，而无车马喧[④]。
问君何能尔[⑤]？心远地自偏。
采菊东篱下，悠然见南山[⑥]。
山气日夕[⑦]佳，飞鸟相与还[⑧]。
此中有真意[⑨]，欲辨已忘言。

欣赏与思考

1. 诗中“心远地自偏”一句，如何体现陶渊明对精神自由的追求？结合现代生活，谈谈你对“心远地自偏”的理解。（提示：可从信息过载、职场压力等角度切入）

2. 诗中“采菊东篱下，悠然见南山”展现了怎样的生活态度？菊花、东篱、南山等意象如何共同构建陶渊明的理想世界？

---

① 净芳，杨文英，张妍．文学欣赏［M］．北京：中国时代经济出版社，2013．《饮酒·结庐在人境》是东晋诗人陶渊明创作的组诗《饮酒二十首》的第五首诗。

② 陶渊明（约 365—427 年），东晋诗人、辞赋家、散文家。名潜，字元亮，私谥靖节。曾任江州祭酒、镇军参军、彭泽县令等，后去职归隐，绝意仕途。诗多描绘田园风光及其在农村生活的情景，其中往往隐寓着对污浊官场的厌恶和不愿同流合污的精神，以及对太平社会的向往；每写及对人生短暂的焦虑和顺应自然、乐天安命的人生观念，有较多哲理成分。其艺术特色兼有平淡与爽朗之胜；语言质朴自然，而又颇为精练，具有独特风格。

③ 结庐：建造住宅，这里指居住的意思。

④ 车马喧：指世俗交往的喧扰。

⑤ 何能尔：为什么能这样。尔：如此、这样。

⑥ 南山：泛指山峰，一说指庐山。

⑦ 日夕：傍晚。

⑧ 相与还：结伴而归。相与：相交，结伴。

⑨ 真意：从大自然里领会到的人生真谛。

3. 陶渊明通过诗歌表达了对自然与简朴生活的向往。结合你的专业，谈谈如何将这种理念融入职业实践。例如，旅游管理专业：如何设计一条以“归隐田园”为主题的生态旅游路线，吸引游客体验诗中意境？

4. 陶渊明选择远离世俗，追求精神自由。当代人能否在快节奏的生活中实现“心远地自偏”？请结合具体案例（如数字游民、极简主义）谈谈你的看法。

5. 对比陶渊明与王维的山水诗（如《山居秋暝》），两者对自然的态度有何异同？这种差异反映了怎样的文化价值观？

将进酒①

李白②

君不见，黄河之水天上来③，奔流到海不复回。
君不见，高堂明镜悲白发，朝如青丝暮成雪。
人生得意须尽欢，莫使金樽空对月。
天生我材必有用，千金散尽还复来。
烹羊宰牛且为乐，会须一饮三百杯。
岑夫子④，丹丘生⑤，将进酒，杯莫停。
与君歌一曲，请君为我倾耳听。
钟鼓馔玉⑥不足贵，但愿长醉不复醒。
古来圣贤皆寂寞，惟有饮者留其名。
陈王⑦昔时宴平乐，斗酒十千恣欢谑⑧。
主人何为言少钱，径须沽取对君酌。
五花马⑨，千金裘⑩，呼儿将出换美酒，与尔同销万古愁。

---

① 康震．康震古诗词81课［M］．北京：人民文学出版社，2021．将（qiāng）进酒：请饮酒。

② 李白（701—762年），伟大的浪漫主义诗人，有“诗仙”之美誉，与杜甫并称“李杜”。诗风雄奇豪放，想象丰富。存世诗文千余篇，有《李太白集》三十卷。

③ 君不见：乐府诗常用作提醒人语。天上来：黄河发源于青海，因那里地势极高，故称从天上来。

④ 岑夫子：岑勋，李白好友。

⑤ 丹丘生：元丹丘，李白好友。

⑥ 钟鼓馔（zhuàn）玉：形容富贵豪华的生活。钟鼓，鸣钟击鼓作乐。馔玉，美好的饮食。馔，食物。玉，像玉一样美好。

⑦ 陈王：即曹植，因封于陈（今河南淮阳一带），死后谥号为“思”，世称陈王或陈思王。

⑧ 斗酒十千：一斗酒价值十千钱，极言酒的名贵。恣欢谑（xuè）：尽情地娱乐欢饮。恣，放纵、无拘束。谑，玩笑。

⑨ 五花马：名贵的马。

⑩ 千金裘：珍贵的皮衣。《史记·孟尝君列传》：“此时孟尝君有一狐白裘，直（值）千金，天下无双。”

欣赏与思考

1. 诗中“天生我材必有用，千金散尽还复来”展现了李白怎样的人生态度？结合现代职场，谈谈你对这句话的理解。（提示：可从职业自信、挫折应对等角度切入）

2. 李白通过《将进酒》表达了对生命的热爱与对自由的追求。结合你的专业，谈谈如何将这种精神融入职业实践。例如，建筑工程专业：如何将“黄河之水天上来”的壮阔意象融入城市景观设计，展现自然与人文的融合？

3. 李白在诗中提倡“人生得意须尽欢”，但在现代社会中，我们如何在追求个人自由与承担社会责任之间找到平衡？请结合具体案例（如职场压力、生活节奏）谈谈你的看法。

4. 对比李白与杜甫的饮酒诗（如杜甫《饮中八仙歌》），两者对饮酒的态度有何异同？这种差异反映了怎样的文化价值观？

登高①

杜甫②

风急天高猿啸哀③，渚清沙④白鸟飞回。
无边落木萧萧下，不尽长江滚滚来。
万里悲秋常作客⑤，百年⑥多病独登台。
艰难苦恨⑦繁霜鬓，潦倒新停⑧浊酒杯。

欣赏与思考

1. 诗中“万里悲秋常作客，百年多病独登台”表达了怎样的情感？结合杜

---

① 康震．康震古诗词81课［M］．北京：人民文学出版社，2021．登高：农历九月九日为重阳节，历来有登高的习俗。

② 杜甫（712—770年），字子美，自号少陵野老。唐代著名现实主义诗人，被尊为“诗圣”。其诗大胆揭露当时社会矛盾，对穷苦人民寄予深切同情，内容深刻。许多优秀作品显示了唐代由盛转衰的历史过程，因被称为“诗史”。存诗1 400多首，有《杜工部集》。

③ 猿啸哀：指猿猴凄厉的叫声。

④ 渚（zhǔ）：水中的小洲。沙：江边沙滩。

⑤ 万里：指远离故乡。常作客：长期漂泊他乡。

⑥ 百年：犹言一生，这里借指晚年。

⑦ 艰难：兼指国运和自身命运。苦恨：极恨，极其遗憾。苦，极。

⑧ 潦倒：衰颓，失意。这里指衰老多病，不得志。新停：新近停止。重阳登高，例应喝酒。杜甫晚年因病戒酒，所以说“新停”。

甫的生平，谈谈这首诗如何体现他的家国情怀与个人命运的交织。

2. 本诗中的“无边落木萧萧下，不尽长江滚滚来”一句广受赞誉。请结合你的审美感受，分析这句诗的艺术魅力。

3.《登高》表达了诗人深沉的家国之忧和人生苍凉之感。你认为在当代社会，人们是否仍然会有类似的情感？请结合现实谈谈你的看法。

踏莎行·候馆梅残[1]

欧阳修[2]

候馆[3]梅残，溪桥柳细，草薰[4]风暖摇征辔[5]。离愁渐远渐无穷，迢迢[6]不断如春水。寸寸柔肠[7]，盈盈[8]粉泪[9]，楼高莫近危栏[10]倚。平芜[11]尽处是春山，行人更在春山外。

欣赏与思考

1. 词中“楼高莫近危栏倚”表达了怎样的情感？结合全词内容，谈谈这句词如何体现主人公的矛盾心理。

2. 欧阳修通过“离愁渐远渐无穷”表达了对离别的深切感受。在现代社会中，我们如何面对离别与孤独？请结合具体案例（如异地恋、职场离别）谈谈你的看法。

3. 若将《踏莎行·候馆梅残》与《蝶恋花·庭院深深深几许》进行比较，你认为两首词在情感表达、意象运用和风格上有哪些异同？

4. 你认为欧阳修在这首词中所表达的情感与柳永、秦观等婉约派词人有哪些相似与不同之处？请结合具体作品进行对比分析。

微课

欧阳修《踏莎行·候馆梅残》赏析

---

① 党怀兴，苏仲乐．大学语文［M］．2版．北京：高等教育出版社，2024．踏莎行，词牌名。“莎”，读suō，一种多年生草本植物，多生长在潮湿地区或河边沙地上。踏莎行，指唐宋时清明前后的踏青活动。

② 欧阳修（1007—1072年），字永叔，号醉翁、六一居士，北宋政治家、文学家，谥号文忠，世称欧阳文忠公。后人将其与韩愈、柳宗元和苏轼合称“千古文章四大家”，又将其与韩愈、柳宗元、苏轼、苏洵、苏辙、王安石、曾巩合称为“唐宋散文八大家”。

③ 候馆：迎候宾客的馆舍。这里指旅舍。

④ 草薰：小草散发的清香。薰，香气侵袭。

⑤ 征辔：行人坐骑的缰绳。辔，缰绳。

⑥ 迢迢：形容遥远的样子。

⑦ 寸寸柔肠：柔肠寸断，形容愁苦到极点。

⑧ 盈盈：泪水充溢眼眶之状。

⑨ 粉泪：泪水流到脸上，与粉妆和在一起。

⑩ 危栏：高楼上的栏杆。

⑪ 平芜：平坦地向前延伸的草地。芜，草地。

定风波·莫听穿林打叶声①

苏轼②

三月七日沙湖道中遇雨。雨具先去，同行皆狼狈，余独不觉。已而遂晴，故作此。

莫听穿林打叶声，何妨吟啸且徐行。
竹杖芒鞋轻胜马，谁怕？一蓑烟雨任平生。
料峭春风吹酒醒，微冷，山头斜照却相迎。
回首向来萧瑟处，归去，也无风雨也无晴。

欣赏与思考

1. 请赏析“莫听穿林打叶声”中的“莫听”二字和“一蓑烟雨任平生”中的“任”字，分析这些字词的表达效果。

2. 当今社会竞争激烈，有人认为“躺平”才是明智之选，也有人认为应该积极进取。结合苏轼“回首向来萧瑟处，归去，也无风雨也无晴”的人生态度，谈谈你对人生价值的看法。

3. 苏轼在词中表现出一种不畏艰难、乐观豁达的精神。你认为这种精神对职业院校的学生有何启示？在未来的职业道路上，你将如何践行这种精神？

沁园春·长沙③

毛泽东④

独立⑤寒秋，湘江北去，橘子洲⑥头。看万山红遍，层林尽染；漫江碧透，百舸争流。鹰击长空，鱼翔浅底，万类霜天竞自由。怅寥廓⑦，问苍茫大地，谁主沉浮？

携来百侣⑧曾游。忆往昔峥嵘⑨岁月稠。恰同学少年，风华正茂；书生⑩意

---

① 周汝昌，缪钺，叶嘉莹，等．唐宋词鉴赏辞典［M］．上海：上海辞书出版社，1988.

② 苏轼（1037—1101年）字子瞻、和仲，号铁冠道人、东坡居士，世称苏东坡、苏仙，眉州眉山（今四川省眉山市）人，北宋著名文学家、书法家、画家，历史治水名人。

③ 臧克家．毛泽东诗词鉴赏［M］．石家庄：河北人民出版社，1991. 沁园春：词牌名。

④ 毛泽东（1893—1976年），中国无产阶级革命家、政治家、军事家，中国共产党、中国人民解放军和中华人民共和国的主要缔造者和领袖，毛泽东思想的主要创立者。

⑤ 独立：典出《九章·橘颂》：“苏世独立，横而不流兮。”

⑥ 橘子洲：地名，又名水陆洲，是长沙城西湘江中一个狭长小岛，西面靠近岳麓山。自唐代以来，就是游览胜地。

⑦ 怅（chàng）寥（liáo）廓（kuò）：面对广阔的宇宙惆怅感慨。怅，原意是失意，这里用来表达由深思而引发激昂慷慨的心绪。

⑧ 百侣：很多的伴侣。侣，这里指同学（也指战友）。

⑨ 峥嵘，本指山的高峻，此处意谓不平凡、不寻常。稠，多。

⑩ 书生：读书人，这里指青年学生。

气，挥斥方遒①。指点江山，激扬文字②，粪土当年万户侯③。曾记否，到中流击水④，浪遏飞舟⑤。

欣赏与思考

1. 词的上阕描绘了湘江秋景，例如“万山红遍，层林尽染；漫江碧透，百舸争流”。请分析这些景物描写的特点，并谈谈它们营造了怎样的意境。

2. 词的下阕抒发了作者的豪情壮志，例如“恰同学少年，风华正茂；书生意气，挥斥方遒”。请结合词句内容，分析作者在这首词中表达了怎样的情感和理想。

3. 毛泽东在词中表达了对革命理想的坚定信念和豪情壮志。在当今社会，我们应该如何理解理想与现实的关系？作为新时代的青年，你认为可以从这首词中学到什么？

死水⑥

闻一多⑦

这是一沟绝望的死水，
清风吹不起半点漪沦。
不如多扔些破铜烂铁，
爽性泼你的剩菜残羹。

也许铜的要绿成翡翠，
铁罐上锈出几瓣桃花；
再让油腻织一层罗绮，
霉菌给他蒸出些云霞。

让死水酵成一沟绿酒，
漂满了珍珠似的白沫；

---

① 挥斥方遒（qiú）：热情奔放，劲头正足。挥斥，奔放。《庄子·田子方》：“挥斥八极。”郭象注：“挥斥，犹纵放也。”方，正。遒，强劲有力。

② “指点”二句：评论国家大事，用文字来抨击丑恶的现象，赞扬美好的事物。指点，评论。江山，指国家。激扬，激浊扬清，抨击恶浊的，褒扬清明的。

③ 粪土，作动词用，视如粪土。万户侯，汉代设置的最高一级侯爵，食邑万户。此借指大军阀，大官僚。

④ 中流：江心水深流急的地方。击水：作者自注：“击水：游泳”。

⑤ 遏（è）：阻止。飞舟：如飞之舟，言其迅速。

⑥ 上海辞书出版社文学鉴赏辞典编纂中心．文学经典鉴赏·新诗三百首［M］．上海：上海辞书出版社．2021.

⑦ 闻一多（1899—1946年），本名闻家骅，字友三，湖北浠水县人。中国现代诗人、学者、民盟盟员、民主战士。

小珠笑一声变成大珠，
又被偷酒的花蚊咬破。

那么一沟绝望的死水，
也就夸得上几分鲜明。
如果青蛙耐不住寂寞，
又算死水叫出了歌声。

这是一沟绝望的死水，
这里断不是美的所在，
不如让给丑恶来开垦，
看他造出个什么世界。

欣赏与思考

1. 诗中的“死水”是一个核心意象，作者通过“死水”描绘了怎样的景象？你认为“死水”象征了什么？结合诗歌内容，谈谈你的理解。

2. 如果让你为《死水》配一幅画，你会选择哪些元素（如“死水”“破铜烂铁”）？如何通过画面传递诗中的情感与批判精神？

3. 《死水》被称为“三美”之作，其中包括音乐美、建筑美和绘画美，请简要谈谈你对这“三美”的理解。

泛读作品

九歌·国殇①

屈原

操吴戈兮被犀甲②，车错毂③兮短兵接。
旌蔽日兮敌若云，矢交坠④兮士争先。
凌余阵兮躐余行⑤，左骖殪兮右刃伤⑥。

---

① 吴小如，等．先秦文学名作欣赏［M］．北京：北京大学出版社，2017．九歌：《楚辞》篇名。原为传说中的一种远古歌曲的名称，屈原据民间祭神乐歌改作或加工而成。《九歌》是屈原的一组祭祀诗，共十一篇，《国殇》是其中的一篇，专为悼念楚国阵亡将士而作。

② 被（pī）犀甲：被，通“披”，穿着。犀甲，犀牛皮制作的铠甲，特别坚硬。

③ 毂（gǔ）：车轮的中心部分，有圆孔，可以插轴，这里泛指战车的轮轴。

④ 矢交坠：两军相射的箭纷纷坠落在阵地上。

⑤ 凌：侵犯。躐（liè）：践踏。行：行列。

⑥ 左骖（cān）殪（yì）兮右刃伤：左边的骖马倒地而死，右边的骖马被兵刃所伤。殪，死。

霾两轮兮絷四马①，援玉枹②兮击鸣鼓。
天时怼兮威灵③怒，严杀尽兮弃原野。
出不入兮往不反④，平原忽兮路超远⑤。
带长剑兮挟秦弓⑥，首身离兮心不惩⑦。
诚既勇兮又以武，终刚强兮不可凌⑧。
身既死兮神以灵⑨，魂魄毅兮为鬼雄⑩。

赏读提示

《国殇》是屈原《九歌》中的一篇，饱含着对英勇战士的崇敬与对国家命运的忧思。这首诗通过壮烈的战场画面和慷慨激昂的语言，歌颂那些为国捐躯的勇士，同时展现出诗人深沉的爱国情怀。

在阅读时，不妨思考以下几个问题：诗人是如何通过细腻的描写刻画战士的英勇形象？“身既死兮神以灵，魂魄毅兮为鬼雄”表达了怎样的精神信仰？如果将诗歌放到当下来看，它所传达的牺牲精神和家国情怀，对我们今天的责任担当有何启发？

通过品读《国殇》，你不仅能领略到战士的悲壮英魂，还能感受到屈原以文学承载家国命运的独特魅力。这不仅是一首战歌，更是一种精神的传承。

春江花月夜⑪

张若虚⑫

春江潮水连海平，海上明月共潮生。

---

① 霾（mái）两轮兮絷（zhí）四马：霾，通“埋”。古代作战，在激战将败时，埋轮缚马，表示坚守不退。

② 枹（fú）：鼓槌。

③ 怼（duì）：怼，怨恨。威灵：威严的神灵。

④ 反：通“返”。出不入兮往不反：出征以后就不打算生还。

⑤ 忽：渺茫，不分明。超远：遥远无尽头。

⑥ 秦弓：指良弓。

⑦ 心不惩：壮心不改，勇气不减。惩，悔恨。

⑧ 凌：侵犯。

⑨ 神以灵：指死而有知，英灵不泯。神，指精神。

⑩ 鬼雄：战死了，魂魄不死，即使做了死鬼，也要成为鬼中的豪杰。

⑪ 康震．康震讲诗词经典［M］．北京：中华书局，2018.《春江花月夜》是唐代诗人张若虚创作的七言歌行。此诗沿用陈隋乐府旧题。全诗共三十六句，每四句一换韵，通篇融诗情、画意、哲理为一体，意境空明，想象奇特，语言自然隽永，韵律宛转悠扬，为历代文人墨客吟咏唱诵，被闻一多誉为“诗中的诗，顶峰上的顶峰”。

⑫ 张若虚（约670—约730年），唐代诗人。扬州（今江苏扬州）人。与贺知章、张旭、包融齐名，号称“吴中四士”。事迹略见于《旧唐书·贺知章传》。《全唐诗》仅存其诗二首。

滟滟[1]随波千万里，何处春江无月明。
江流宛转绕芳甸[2]，月照花林皆似霰[3]。
空里流霜不觉飞，汀上白沙看不见。
江天一色无纤尘，皎皎空中孤月轮。
江畔何人初见月，江月何年初照人。
人生代代无穷已，江月年年望[4]相似。
不知江月待何人，但见长江送流水。
白云一片去悠悠，青枫浦[5]上不胜愁。
谁家今夜扁舟子，何处相思明月楼[6]。
可怜楼上月徘徊[7]，应照离人妆镜台。
玉户帘中卷不去，捣衣砧[8]上拂还来。
此时相望不相闻，愿逐月华流照君。
鸿雁长飞光不度，鱼龙潜跃水成文。
昨夜闲潭梦落花，可怜春半不还家。
江水流春去欲尽，江潭落月复西斜。
斜月沉沉藏海雾，碣石潇湘无限路[9]。
不知乘月几人归，落月摇情[10]满江树。

赏读提示

张若虚的《春江花月夜》被誉为“孤篇压全唐”，其诗意缥缈、情感深远，将春江、明月、思念交织成一幅意境悠远的画卷。这首诗不仅描绘了江水浩渺、明月高悬的美景，更通过月光的流转，寄托了对远方亲人的思念和对人生无常的感慨。

在阅读时，可以思考：诗人是如何通过层层递进的景物描写，让自然景色与人的情感交融？“江天一色无纤尘，皎皎空中孤月轮”如何营造出超然空灵的

---

① 滟（yàn）滟：波光荡漾的样子。
② 芳甸（diàn）：开满花草的郊野。甸，郊外之地。
③ 霰（xiàn）：天空中降落的白色不透明的小冰粒。此处形容月光下春花晶莹洁白。
④ 望：一作“只”。
⑤ 青枫浦：地名，今湖南浏阳市境内有青枫浦。这里泛指游子所在的地方，暗用《楚辞・招魂》“湛湛江水兮上有枫，目极千里兮伤春心”句意，隐含离别之意。
⑥ 明月楼：月夜下的闺楼。这里指闺中思妇。
⑦ 徘徊：指月光偏照闺楼，徘徊不去，令人不胜其相思之苦。
⑧ 捣衣砧（zhēn）：捣衣石，捶布石。
⑨ 碣（jié）石：山名，在渤海边上。潇湘：湘江与潇水，在今湖南。以碣石、潇湘表示一南一北，暗指路途遥远，相聚无望。无限路：极言离人相距之远。
⑩ 摇情：激荡情思，犹言牵情。

意境？而“此时相望不相闻，愿逐月华流照君”又如何表现出离愁别绪？

品读《春江花月夜》，不仅能领略唐诗的极致美感，还能感受到诗歌如何超越时空，引发人们对生命、时光和情感的共鸣。这首诗，不只是写景，更是写心，值得你静心体会。

虞美人·听雨①

蒋捷②

少年听雨歌楼上，红烛昏罗帐③。
壮年听雨客舟中，江阔云低断雁④叫西风。
而今听雨僧庐⑤下，鬓已星星⑥也。
悲欢离合总无情⑦，一任⑧阶前点滴到天明。

赏读提示

蒋捷的《虞美人·听雨》是一首借“听雨”贯穿人生际遇的词作，短短数十字，便将人生从少年到暮年的情感历程展现得淋漓尽致。词人以听雨为线索，串联起少年时的意气风发、中年时的漂泊无依、暮年时的凄凉落寞，最终归于无奈的人生叹息。

微课

蒋捷《虞美人·听雨》赏析

在阅读时，可以思考：词人如何通过不同阶段的听雨体验，展现人生的变化？“少年听雨歌楼上，红烛昏罗帐”与“而今听雨僧庐下，鬓已星星也”形成了怎样的对比？诗词中“物”与“情”如何交融，使得全词既具画面感，又富有哲理？

通过品读《虞美人·听雨》，你不仅能感受到词人对人生无常的深刻体悟，还能体会到中国古典诗词以景寓情、以物喻人的艺术魅力。这首词不仅是个人情感的抒发，更是一种人生智慧的展现，值得你细细品味。

---

① 周汝昌，缪钺，叶嘉莹，等．唐宋词鉴赏辞典［M］．上海：上海辞书出版社，1988．虞美人：词牌名，又名一江春水、玉壶水、巫山十二峰等。双调，五十六字，上下片各四句，皆为两仄韵转两平韵。

② 蒋捷（约1245—1305年后），字胜欲，号竹山，南宋词人，宋末元初阳羡（今江苏宜兴）人。先世为宜兴大族，南宋咸淳十年（1274年）进士。与周密、王沂孙、张炎并称“宋末四大家”。

③ 昏：昏暗。罗帐：古代床上的纱幔。

④ 断雁：失群孤雁。

⑤ 僧庐：僧寺，僧舍。

⑥ 星星：白发点点如星，形容白发很多。

⑦ 无情：无动于衷。

⑧ 一任：听凭。

偶然①

徐志摩②

我是天空里的一片云，
偶尔投影在你的波心——
你不必讶异，
更无须欢喜——
在转瞬间消灭了踪影。

你我相逢在黑夜的海上，
你有你的，我有我的，方向；
你记得也好，
最好你忘掉
在这交会时互放的光亮！

赏读提示

徐志摩的《偶然》是一首充满诗意与哲思的现代诗，它以温柔而深邃的笔触，表达了人与人之间相遇的美好与别离的无奈。诗人借“偶然”这一主题，展现了生命旅途中短暂而动人的相逢，同时也隐含了一种超然的豁达。

在阅读时，可以思考：诗中“你我相逢在黑夜的海上”这一意象营造了怎样的氛围？“你记得也好，最好你忘掉”表达出怎样的情感态度？诗歌的自由韵律如何增强了整体的意境美？

品读《偶然》，不仅能让你感受到现代诗歌含蓄隽永的表达方式，还能体会到徐志摩对人生、感情和命运的独特思考。这首诗如同一首温柔的歌，低吟着人生的聚散无常，也启发我们用平和的心态去面对每一次相逢与别离。

我用残损的手掌③

戴望舒④

我用残损的手掌

---

① 上海辞书出版社文学鉴赏辞典编纂中心. 文学经典鉴赏·新诗三百首［M］. 上海：上海辞书出版社，2021.《偶然》主要是抒发对人生、情感的深切感悟，表达了诗人对爱与美的消逝的感叹，也透露出对这些美好情愫的眷顾之情。

② 徐志摩（1987—1931 年），浙江海宁硖石人，现代诗人、散文家，新月派代表诗人，新月诗社成员。代表作品有《再别康桥》《翡冷翠的一夜》。

③ 钱谷融. 中国现当代文学作品选［M］. 4 版. 上海：华东师范大学出版社，2020.

④ 戴望舒（1905—1950 年），中国现代派象征主义诗人、翻译家等。著有诗集《我的记忆》《望舒草》等。

摸索这广大的土地：
这一角已变成灰烬，
那一角只是血和泥；
这一片湖该是我的家乡，
（春天，堤上繁花如锦幛，
嫩柳枝折断有奇异的芬芳，）
我触到荇藻和水的微凉；
这长白山的雪峰冷到彻骨，
这黄河的水夹泥沙在指间滑出；
江南的水田，你当年新生的禾草
是那么细，那么软……现在只有蓬蒿；
岭南的荔枝花寂寞地憔悴，
尽那边，我蘸着南海没有渔船的苦水……
无形的手掌掠过无限的江山，
手指沾了血和灰，手掌沾了阴暗，
只有那辽远的一角依然完整，
温暖，明朗，坚固而蓬勃生春。
在那上面，我用残损的手掌轻抚，
像恋人的柔发，婴孩手中乳。
我把全部的力量运在手掌
贴在上面，寄与爱和一切希望，
因为只有那里是太阳，是春，
将驱逐阴暗，带来苏生，
因为只有那里我们不像牲口一样活，
蝼蚁一样死……
那里，永恒的中国！

赏读提示

戴望舒的《我用残损的手掌》是一首饱含血泪的爱国诗篇，以独特的意象与深沉的抒情，将战争年代的苦难与希望凝练成一首撼动心灵的绝唱。诗人用“残损的手掌”抚过破碎的山河，触摸沦陷区的“灰烬”与“血泥”，又在“辽远的一角”触到“永恒的中国”的温暖与光明。手掌的“残损”既是肉体创伤的隐喻，更是民族伤痕的象征；而“摸索”与“轻抚”的动作，则将个人命运与家国情怀交织成一幅悲怆与信念并存的精神画卷。

全诗语言凝练而富有画面感，对比强烈——冷与暖、暗与明、绝望与希冀在字句间激烈碰撞。诗人以超现实的想象跨越时空，将江南水田的柔美、长白山的凛冽、南海的苦涩化为指尖的温度，让读者在触摸山河的过程中感受时代的疼痛与坚韧。

这首诗不仅是抗战文学的瑰宝，更是一曲超越时空的赤子之歌，它教会我们：即便身处至暗时刻，对光明的信仰与对故土的热爱，永远是刺破阴霾的利刃。诵读它，你会听见历史的回声；品味它，你将触摸诗人炽热的灵魂；思考它，你终会明白——真正的诗歌，是伤口里开出的花，是黑暗中永不熄灭的火光。

从前慢①

木心②

赏读提示

木心的《从前慢》是一首充满怀旧情感的现代诗，诗人以简洁而温暖的语言，描绘了一种悠然、纯粹的生活节奏，唤起人们对过去时光的美好回忆。全诗没有复杂的修辞，却在平实的叙述中流露出深深的眷恋与感慨。

微课

木心《从前慢》赏析

在阅读时，可以思考：诗人为什么说“从前的日色变得慢，车，马，邮件都慢”？这种“慢”仅仅是生活节奏的缓慢，还是象征了一种人与人之间更深的情感联结？“一生只够爱一个人”这句话为何让人动容？这首诗虽然短小，却通过语言的节奏和停顿，营造出宁静而悠远的氛围。

品读《从前慢》，你将不仅感受到诗人在诗歌中细腻的情感表达，还能体会到现代社会节奏加快后，那份对从容与真挚的向往。这首诗就像一首温柔的老歌，带你回到那个慢下来的世界，感受生活的美好与爱的纯粹。

相信未来

食指③

赏读提示

在艰难生活中，是什么支撑着人们继续前行？食指的《相信未来》给出了

---

① 限于本书篇幅，在“泛读作品”中，部分赏析篇目全文未收录，仅列出篇名，请读者自行查阅。

② 木心（1927—2011年），中国当代画家、文学家、诗人。

③ 食指（1948— ），本名郭路生，山东鱼台人，朦胧诗派代表人物。

最坚定的回答。这首诗以“当蜘蛛网无情地查封了我的炉台”开篇，用一系列富有冲击力的意象，描绘了所处的困境与创伤。但诗人并未沉溺于绝望，而是以“我依然固执地铺平失望的灰烬”的倔强姿态，展现了不屈的精神力量。诗歌中反复吟咏的“相信未来”，不仅是对美好生活的向往，更是对人性尊严的坚守。

微课

食指《相信未来》赏析

这首诗最打动人心的地方，在于它展现了在绝境中依然保持希望的可贵品质。诗人用“摇曳着曙光那支温暖漂亮的笔杆”这样充满诗意的语言，将希望具象化，让读者感受到黑暗中依然存在的光明。对当代青年而言，这首诗启示我们：无论遭遇怎样的挫折，都要保持对未来的信心；无论环境如何变化，都要坚守内心的信念。

阅读《相信未来》，你将不仅感受到诗歌语言的震撼力，更能体会到一种超越时代的精神力量。这首诗就像一盏明灯，指引我们在人生的道路上勇敢前行，永远相信未来，相信希望。

一代人

顾城①

赏读提示

这首诗诞生于改革开放初期，诗人用“黑夜”象征“文化大革命”，用“黑色的眼”暗喻历经“文化大革命”的一代人的独特视角，而“寻找光明”则表达了青年人对美好未来的不懈追求。短短两行诗道尽了一代青年的精神追求。

微课

顾城《一代人》赏析

阅读《一代人》，你将不仅感受到诗歌的艺术魅力，更能获得前行的力量。让我们像诗中的主人公一样，用智慧和勇气寻找属于自己的光明，在人生的舞台上绽放青春的光彩。

---

① 顾城（1956—1993年），中国朦胧诗派的重要代表，被称为当代的“唯灵浪漫主义”诗人。顾城在新诗、旧体诗和寓言故事诗上都有很高的造诣。

学习体会

自我评价

任务三　诗歌创作练习

学习要求

1. 掌握诗歌的基本形式（自由诗、格律诗等），理解意象、比喻、节奏等诗歌创作技巧。

2. 能够结合自身生活体验或专业场景，创作短小精悍的诗歌作品。

3. 领悟诗词之美，增强汉语言表达能力，提升审美能力，传承诗歌文化，培养创新思维能力。

写作范本1

假如生活欺骗了你①

普希金②

假如生活欺骗了你，
不要悲伤，不要心急！
忧郁的日子里须要镇静：
相信吧，快乐的日子将会来临。

心儿永远向往着未来；
现在却常是忧郁：
一切都是瞬息，一切都将会过去；
而那过去了的，就会成为亲切的怀恋。

写作提示

普希金的《假如生活欺骗了你》用温暖而坚定的语言，告诉我们如何在困境中保持希望。现在，请你也拿起笔，写一首属于自己的“生活之诗”。

---

① 普希金．普希金诗选［M］．田国斌，译．北京：北京燕山出版社，2000．该诗是俄国诗人普希金于1825年被流放到南俄敖德萨同当地总督发生冲突后，被押送到其父亲的领地米哈伊洛夫斯科耶村幽禁期间创作的一首诗歌，收录于《普希金诗集》。

② 普希金（1799—1837年），俄国诗人、作家，19世纪俄国浪漫主义文学的主要代表，现实主义文学的奠基人，被誉为“俄国文学之父”“俄国诗歌的太阳”，被认为是俄罗斯语言文学的创建者和新俄罗斯文学的奠基人。代表诗作有《自由颂》《致大海》《致恰达耶夫》等。

1. 从生活小事中寻找灵感

想一想：你最近是否遇到过挫折或困惑？试着用简单的语言描述这件事，比如："那天，我的梦想像风筝一样断了线。"

2. 用意象表达情感

选择一个自然景物或日常物品作为意象，比如"风雨""星星""路""镜子"。将你的情感融入意象中，比如："风雨打湿了我的翅膀，但我知道，天空还在等我飞翔。"

3. 传递希望与力量

像普希金一样，用温暖的语言鼓励自己或他人。试着写一句金句，比如："即使黑夜再长，黎明的光也会准时到来。"

4. 尝试不同的诗歌形式

自由诗：不拘格式，自由表达。

格律诗：尝试押韵，增加节奏感。

5. 示例框架

《假如________》

第一段：描述困境（如：假如梦想被现实打碎）。

第二段：表达情感（如：请别哭泣，碎片中也有星光）。

第三段：传递希望（如：拾起每一片，拼出新的远方）。

你的创作：______________________________

____

____

____

____

____

____

____

____

____

____

写作范本2

数字的赋格曲①

2023级会计专业　康康

算珠在指尖滑过月光
小数点后第三位，藏着
借贷平衡的宇宙法则

键盘敲碎整夜的寂静
凭证在打印机腹中分娩
墨迹未干的资产负债表
正在等待黎明的审计

我们用Excel函数写诗
把利润率的叹息
折进现金流量表的褶皱里
而诚信是唯一的印章
烙在每份报表的末行

写作提示

1. 从专业工具中寻找诗意

观察会计工作中的典型物品：算盘、账本、印章、打印机、Excel表格等；
尝试比喻：如“算珠＝星斗”“资产负债表＝未拆封的情书”。

2. 抽象概念具象化

将“诚信”转化为“印章的红痕”；
把“借贷平衡”想象成“宇宙法则的琴弦”。

3. 动静结合制造张力

动态描写：键盘敲击如雨点、打印机吞吐纸张；
静态意象：月光下的账本、墨迹凝固的数字。

4. 融入职业价值观

通过“小数点后第三位”的精确，隐喻会计人的严谨；

① 学生随堂诗歌作品。

用“诚信是印章”表达职业道德的重要性。

你的创作：

写作范本3

过春天①

2022级学前教育　徐梦然

我是见过春天的
在一个略显闷热的午后
在所有惺忪的睡眼还未张开的时候

没有声音，却开始与我对话
她讲述生机，千树万树的名字
如何与寒冬里最后一丝冷意告别
告诉我她生命的长度

我们只有九十天热恋的时间
在阳光下穿过树隙的刹那
她会像光一样溜走
我是见过春天的

写作提示

《过春天》是一首充满诗意与想象力的小诗。诗中将春天拟人化为一个与作者热恋的女孩，这种大胆而浪漫的比喻，使得春天不仅仅是自然界的季节变化，更成为一种带有情感色彩的体验。大家可以选择自己感兴趣的季节、自然现象，或是生活中的普通事物，试着从不同的角度为其赋予人性或情感，使其具象化，借此来委婉表达自己的生活感受。

你的创作：________________________________

① 学生随堂作品。

学习体会

自我评价

任务四　诗歌实践活动

学习要求

1. 能够理解经典诗词的主题思想、艺术特色及蕴含的职业精神，掌握诗词的韵律美和语言美。

2. 能够通过诵读和讲解提升语言表达能力，掌握诵读技巧，并在团队合作中锻炼职业场景中的沟通与表现能力。

3. 能够感受诗词的文化魅力，提升审美情趣，并将诗词中的职业精神内化为自身的职业素养。

活动方案1

“诗韵流芳，声动心弦”经典诗词诵读活动方案

一、活动背景

为传承中华优秀传统文化，提升学生诵读水平和审美表现力，特开展“诗韵流芳，声动心弦”经典诗词诵读活动。通过诵读经典诗词，引导学生感受诗词的韵律美、意境美和情感美，激发对古典诗词的热爱，提升文化素养和审美情趣。

二、活动准备

1. 每个学生（或每组，视班级规模而定）选择一首经典诗词进行诵读，题材不限，时长控制在3分钟以内。

2. 利用课余时间进行诗词理解、诵读练习等。

3. 可准备背景音乐或简单的道具，增强诵读效果。

三、活动流程

（一）导入环节（5分钟）

教师简要介绍活动内容和要求。

（二）诵读环节（70分钟）

1. 学生依次上台进行诗词诵读，每个（组）学生诵读时间控制在3分钟以内。

2. 诵读结束后，其他同学可以进行简短的点评和交流。

（三）评价环节（10分钟）

师生根据评分表对每个（组）学生的诵读进行评分，评选出“最佳诵读奖”

“最佳台风奖”“最具感染力奖”等。

（四）总结环节（5 分钟）

1. 教师总结活动情况，肯定学生的积极参与和精彩表现。

2. 引导学生思考经典诗词的价值和意义，鼓励学生传承和弘扬中华优秀传统文化。

四、活动建议

（一）诗词选择

建议选择意境优美、情感真挚、朗朗上口的经典诗词，例如：

唐诗：《静夜思》《春晓》《望庐山瀑布》等。

宋词：《水调歌头》《念奴娇·赤壁怀古》《声声慢》等。

现代诗：《再别康桥》《乡愁》《面朝大海，春暖花开》等。

（二）诵读要求

1. 注意语音语调的变化，突出诗词的节奏感和韵律美。

2. 运用肢体语言和表情，增强诵读的感染力。

3. 结合背景音乐或道具，营造诗词的意境氛围。

（三）形式要求

1. 需制作背景 PPT。

2. 可尝试多种诵读形式，纯朗诵、配乐、配舞蹈、吟唱均可。不限以上提到的形式。

五、评分表

评分项目	评分标准	分值	得分
语音语调	语音清晰准确，语调自然流畅，节奏感强	30	
情感表达	情感真挚饱满，能够准确传达诗词意境	30	
台风表现	仪态大方自然，肢体语言得体，表情丰富	20	
创意创新	诵读形式新颖，能够结合音乐或道具	20	
总分		100	

活动方案 2

“诗心词韵，解语传情”经典诗词讲解活动方案

一、活动背景

为深化学生对经典诗词的理解，提升诗词鉴赏能力和语言表达能力，特开展“诗心词韵，解语传情”经典诗词讲解活动。学生在深入挖掘诗词的意境、

情感和艺术特色的基础上，自主讲解经典诗词，培养独立思考能力和创新意识，传承中华优秀传统文化。

二、活动准备

1. 每个学生（或每组，视班级规模而定）选择一首经典诗词进行讲解，题材不限，时长控制在 5 分钟以内。

2. 利用课余时间查阅资料，深入理解诗词的创作背景、思想内容和艺术特色。

3. 制作简单的 PPT 或手抄报，辅助讲解。

三、活动流程

（一）导入环节（5 分钟）

教师简要介绍活动内容和要求。

（二）诵读环节（70 分钟）

1. 学生依次上台进行诗词讲解，时长控制在 5 分钟以内。

2. 讲解结束后，师生可以进行简短的点评和交流。

（三）评价环节（10 分钟）

师生根据评分表对学生的讲解进行评分，评选出“最佳讲解奖”“最佳创意奖”“最具深度奖”等。

（四）总结环节（5 分钟）

1. 教师总结活动情况，肯定学生的积极参与和精彩表现。

2. 引导学生思考经典诗词的当代价值，鼓励学生传承和弘扬中华优秀传统文化。

四、活动建议

（一）诗词选择

建议选择思想深刻、艺术特色鲜明、具有讲解空间的经典诗词，例如：

唐诗：《春江花月夜》《蜀道难》《琵琶行》等。

宋词：《江城子·乙卯正月二十日夜记梦》《鹊桥仙》《雨霖铃》等。

现代诗：《我爱这土地》《致橡树》《回答》等。

（二）讲解内容

鼓励学生从多个角度进行讲解，例如：

创作背景：诗人生平、时代背景、创作动机等。

思想内容：主题思想、情感表达、哲理思考等。

艺术特色：语言风格、修辞手法、意境营造等。

（三）讲解形式

鼓励学生采用多种讲解形式，例如：

传统讲解：结合 PPT 或手抄报，进行详细讲解。

互动讲解：设置问题，与观众互动。

创意讲解：融入表演、朗诵等元素，增强讲解效果。

五、评分表

评分项目	评分标准	分值	得分
语言表达	语言流畅清晰，逻辑严谨，富有感染力	30	
形式创新	讲解形式新颖，能够结合多媒体或互动环节	20	
台风表现	仪态大方自然，肢体语言得体，表情丰富	20	
语言表达	语言流畅清晰，逻辑严谨，富有感染力	30	
总分		100	

学习体会

自我评价

专题二

散文

任务五 散文重新定义

学习要求

1. 了解中国散文的历史发展脉络（如先秦诸子散文、唐宋古文、现当代散文），掌握散文的审美特征（形散神聚、语言自然、情感真实），理解不同时期代表作品的创作背景与思想内涵。

2. 能运用散文赏析方法（抓主线、品语言、悟情感等）解读作品，能结合自身专业阐释对散文的理解和认识，能运用散文语言进行创意表达。

3. 培养创新思维与人文情怀，提升职场沟通与审美表达能力，增强文化自信，主动传承中华优秀传统文化。

知识积累

一、散文发展历程

散文是以自由抒写思想、表达情感、记录生活为特点的文学体裁，语言质朴自然，形式灵活多样。从先秦诸子到两汉史传，从唐宋古文到明清小品，再到现代散文的繁荣发展，散文始终以其真实、生动、富有感染力的文字，承载着中国人的思想智慧与审美情趣。

（一）先秦时期：散文体系的建立与多元风格奠基

先秦时期是散文发展的奠基阶段，这一时期的散文主要包括两大类：一类是以记事为主的历史散文，强调真实与规范；另一类是以阐述思想为主的诸子散文，重在表达哲理与辩思。这些作品在体裁、语言、结构上各具特色，为中国散文奠定了坚实的基础，也对后世文体的发展产生了深远影响。

先秦历史散文主要源于国家管理与礼制需要，强调事实记载与政治教化功能。甲骨卜辞虽形式简略，却已具备基本的叙事结构。《尚书》作为政事文献的汇编，展现了早期典章制度与劝谕文风，对后世官方文书写作影响深远。《春秋》以极简语言记录鲁国大事，其“微言大义”开启了编年体史书传统。

先秦诸子散文是中国思想型散文的重要源头。儒家《论语》《孟子》分别采用语录体与论辩体，语言简洁或气势磅礴，强调道德伦理与社会理性。道家《庄子》以寓言体为主，语言潇洒恣肆，富于想象力，体现了“寓理于事、托物言志”的文学特质。这些诸子散文不仅内容深刻、风格多样，也在哲理表达、语言节奏和修辞方式上开启了散文艺术的多种可能。

（二）两汉时期：史传文体的成熟与政论散文的发展

汉代是中国古代散文进一步成熟的重要时期。随着大一统政权的建立与儒家思想的确立，散文在功能与风格上都有显著发展。史传文体达到高度成熟，成为中国传统叙事散文的经典样式。政论性散文和辞赋文体兴起，拓展了散文在思想表达和艺术表现上的广度。汉代散文结构严谨、语言典雅，既继承先秦传统，又具鲜明的时代特征。

司马迁的《史记》奠定了纪传体史书的典范地位。该书以人物传记为主轴，将历史叙述与文学描写有机结合，具有很强的文学性和思想深度。作品如《廉颇蔺相如列传》《项羽本纪》等，人物形象鲜明，情节生动，语言精练。《史记》的体例和写法深刻影响了后代史书和散文的叙述传统，是史传文学发展的里程碑。

汉代文人善于结合历史与现实发表政见、阐明大义。贾谊《过秦论》批评秦朝的暴政，警示当朝，语言犀利，气势磅礴，具有很强的现实关怀。桓宽的《盐铁论》通过对话体探讨治国之道，逻辑严密，论辩鲜明。这些政论散文推动了议论文体的发展成熟。

（三）唐宋时期：古文运动与散文的文体解放

面对六朝以来骈文形式化、空疏化的弊端，唐代文人发起古文运动，主张“文以载道”，提倡散文化、通俗化的语言表达，强调文章内容的思想深度与现实关怀。这一时期的散文在体裁、风格和功能上都得到极大解放，成为文人思想表达与社会参与的重要载体。

唐代的韩愈、柳宗元是古文运动的代表人物。韩愈主张“言之有物”，反对辞藻堆砌，其《师说》《原道》等作品语言峻拔有力，逻辑清晰，富有说理性。柳宗元则以清新自然、沉静深刻的风格著称，如《捕蛇者说》《小石潭记》叙述寓理、情景交融。两人在风格上各具特色，共同推动散文摆脱骈俪束缚，回归思想性与艺术性的统一。

宋代散文在古文运动的基础上进一步发展，呈现出理性化与议论化倾向。欧阳修、苏轼、曾巩等不仅在政论文上卓有建树，在记叙、抒情、说理等多种文体上也展现出极强的创造力。苏轼的《赤壁赋》《记承天寺夜游》等作品，既有哲理思辨，又富艺术韵味，拓展了散文表现的深度与广度。

（四）元明清时期：小品文兴盛与散文的世俗化

元明清时期，中国古代散文逐渐走向规范化、日常化的发展轨道。部分散文创作趋于格式化、应试化，限制了个性表达。但文人创作依然活跃，特别是明清之际，小品文兴盛为散文注入新的生命力。这一时期散文更关注日常生活、个人情趣与自然情怀，展现出更加细腻、世俗的表达取向。

小品文是一种篇幅短小、立意灵活、文风清新的散文形式，代表作家有明代的归有光、清代的张岱等。归有光的《项脊轩志》以怀旧抒情见长，语言朴素，情感真挚。张岱的《湖心亭看雪》《陶庵梦忆》文笔优美，融入了雅趣与孤高，富有审美意味。这类作品不以宏大命题为目标，而重在捕捉生活细节与内心感受，体现出个人化的抒情倾向和审美追求。

总体上，明清散文趋向世俗化和多样化，不再拘泥于道德教化，更注重写实与抒情的结合。无论是山水游记、笔记随感，还是历史杂述、人物传记，都体现出文人贴近现实、关注个体的创作态度。

（五）现当代：散文从个体觉醒到现实关照

现当代散文是在五四新文化运动中完成现代转型的重要文体。它实现了从文言到白话、从载道到言志的根本转变，发展出杂文、随笔、叙事散文等丰富的形态。这种文体既能深入个体心灵，又能回应时代命题，兼具思想深度与审美价值，成为现代文学中最具活力的表达方式。

微课

散文的历史发展

现代散文的代表作家开创了各具特色的创作范式。鲁迅以犀利的杂文针砭时弊，朱自清通过《背影》等作品展现抒情散文的魅力，冰心则以清丽的文风描绘童心世界。这些创作不仅奠定了白话散文的艺术基础，更完成了文学从思想启蒙到审美自觉的关键跨越。

当代散文呈现出更加多元的创作景观。从余光中的文化乡愁到林清玄的禅意小品，从贾平凹的乡土叙事到史铁生的生命哲思，作家们在题材和风格上不断突破。当代散文既保持对现实的敏锐观察，又注重艺术表现的创新，在传统与现代的交汇中开拓出更广阔的表达空间。

从先秦的理性论辩到唐宋的古文振兴，从明清的小品闲适到现代的个性表达，散文始终以其开放的形式和丰富的内涵，承载着中国文学中最深层的人文精神。理解散文的历史脉络，有助于我们在多变的文化语境中，持续发现文字背后那份贴近人性与生活的真实力量。

二、散文审美特征

散文是最贴近生活的文学样式，以真实的内容、自由的形式、优美的语言传达作者的思想与情感。它不拘一格，不限题材，既可记人叙事，也可写景抒情；既可表达个人瞬间感悟，也可反映深层社会思考。散文以“真”为基础，以“美”为追求，以“散”为特征，展现出既质朴真切又意蕴隽永的审美魅力。

（一）真：内容真实，情感真切

散文的最大特征之一是真实，它既指内容来源于真实生活，又强调情感表达的自然真切。不同于虚构文学中的想象建构，散文往往以亲历亲见为基础，重在呈现个体对现实世界的真实感受。这种“真”不仅建立了文本的可信度，也使读者在阅读中获得认同与共鸣。

案例 1　汪曾祺的《昆明的雨》

作者围绕日常生活中反复出现的小雨展开描写。他以一种极富生活气息的笔触，细细描写雨丝落在屋檐、蕉叶、青石板上的声音和气息，展现出一种贴近现实、温润动人的生活图景。看似琐碎的细节，却因真实可感而让人读来倍感亲切与可信。

案例 2　林清玄的《桃花心木》

作者通过回忆童年时期父亲种树的情景，表达了对父爱的理解与体悟。文章没有直接抒情，而是借助细节描写和内心思索，使父亲沉默中的深情悄然浮现。这种真挚、内敛、不过度渲染的表达，更容易走进读者内心，引发思考与共鸣。

微课

散文的审美特征

（二）美：语言优美，思想隽永

散文的美，不仅在于语言的优雅灵动，更在于思想的深远蕴藉。散文的语言讲求自然流畅，于平易中见隽永，在细腻处显深情。优秀的散文不仅描摹日常，更善于在日常中融入对人生、社会与自然的深层思考，使作品兼具审美魅力与思想厚度。

案例 1 朱自清的《荷塘月色》

文章以细腻而富有节奏感的语言描绘了夜色中荷塘的静谧之美。句式错落、节奏缓慢，如水般流淌，营造出一种朦胧、恬淡的意境。而在对自然景色的描绘背后，作者流露出对现实压抑环境中的一种精神逃逸和内心沉思，使作品在形式与思想上达到统一之美。

案例 2 余秋雨的《风雨天一阁》

文章以历史文化遗迹“天一阁”为切入点，层层展开对中国文化命运的思考。其语言沉稳大气、富有理性力量，寄托了对文化传承与民族精神的深切忧思。这种将语言表达与思想深度紧密融合的写作方式，使散文的美感超越了形式，达到了文化与心灵的共鸣。

（三）散：结构灵活，形式自由

散文之“散”，在于其形式上的自由与内容上的开放。它不依赖完整情节，也不受格律限制，可在时间与空间中灵活穿梭，在叙述、抒情与议论之间自如转换。无论篇幅长短，结构松紧，皆以表达个体思想与情感为旨归，展现出“形散而神不散”的艺术特质。

案例 1 冰心《小桔灯》

文章以“我”和小女孩的交往为线索，写小女孩点燃小桔灯的温暖场景，层层递进：从写小女孩的家境，到小桔灯的象征，再到作者对小女孩坚强乐观的敬意。行文虽平淡质朴，却在松散中自然过渡，结构清晰，散发出温情与希望的光芒。

案例 2 梁实秋的《雅舍》

文章以雅舍为中心，展开对生活空间、人生情趣等多个话题的讨论。结构自由而不失条理，语言谈笑风生中蕴含哲思，体现出一种游刃有余的散文气度。正是这种开放性的写作形式，使散文能够包容更广阔的内容与表达方式，呈现出丰富多样的艺术风貌。

三、如何赏析散文

微课

如何赏析散文

散文以真实性为基础，注重情感的抒发与思想的表达。阅读散文，不仅是对语言和结构的欣赏，更是一次与作者情感共鸣、思想交流的过程。以下介绍五种赏析散文的方法，并结合经典案例加以说明。

（一）把握主旨：明确中心思想与情感立场

把握主旨需关注文章所表达的核心思想与情感立场。主旨往往不在表面直陈，而是隐藏在叙述线索、景物描写和细节描绘之中。理解主旨，不仅有助于整体把握文章内容，也能体会作者的写作动因与情感指向。

案例 1　季羡林《清华园随笔》

文章以日记体记录清华园的日常景象，看似闲笔写景，实则表达作者对理性生活、学术氛围与人生静气的由衷向往。全文在不动声色中流露出坚定的立场。

案例 2　杨绛《一百岁感言》

文章主题深刻，杨绛先生站在人生边缘，表达了内心的淡定与从容。她感慨人世苦，指出不同阶段的状态及人生难全。强调知足常乐、精神胜物质的哲学，还点明经锻炼获修养，最终领悟人生风景是内心淡定，世界只属于自己。

（二）分析结构：理清行文脉络与层次安排

散文的结构虽不像小说严密精巧，但常常在看似随意中自有章法。许多散文以一个记忆或场景为线索，串联起多个片段，形成“线索贯穿、层层推进”的写作脉络。可通过梳理写作顺序、线索走向和段落关系，分析作者如何在松散中建立秩序，使文章内容条理清晰、情感自然流动。

案例 1　汪曾祺《端午的鸭蛋》

本文以端午风俗为引，由“十二红”自然过渡至高邮咸鸭蛋，通过细腻描写其双黄红油、敲破空头的吃法及童年萤火虫蛋壳的趣事，在平淡叙述中渗透对故乡风物的自豪与怀念。全文结构看似散淡却意脉贯通，典型体现汪氏散文“闲适有味”的风格。

案例 2　余光中《听听那冷雨》

文章以台北听雨为起点，展开对江南、美国和童年记忆中“雨”的追忆。用记忆串联起个体与民族的文化经验，最后收束于“乡愁”的精神归属，体现出松散中有序、情景交融的结构美。

（三）体会情感：揣摩情绪流动与情感深度

散文以真情动人。赏析时，不仅要看作者表达了什么情感，更要关注作者的情感是如何发展和变化的。可从文中语气、细节描写、景物烘托、句式节奏等角度入手，揣摩作者的情绪起伏与情感深度。

案例 1　萧红《回忆鲁迅先生》

全文以“鲁迅先生的笑声是明朗的”开篇，通过吃点心、校对译稿等细节拉开亲切追忆；中段以深夜伏案、气喘得厉害等细节为转折，暗含对生命流逝的隐忧；最后以“工作完了，他休息了”的日常化表述作结，将深切悼念凝练于克制叙述，在看似平淡白描中完成从生活实录到永恒怀念的情感升华。

案例 2　史铁生《我与地坛》

文章围绕地坛展开叙述，情感由悲愤走向平静与超脱。前段写残疾初期的绝望与愤怒，借“关于死的事”揭示内心困境；中段通过草木四季与母亲身影的描写，逐渐转向深沉的体悟与感恩；最后，作者将“死是一件不必急于求成的事”化作一种内心的平和，也让这段与命运的抗争获得温柔的答案。全文在白描中见情深，情绪递进自然，形成由苦痛到超越的精神曲线。

（四）品味语言：欣赏文辞修辞与语言风格

散文语言讲求自然流畅，又不乏精巧锤炼。赏析散文时，不仅要关注所写之“事”，更要留意怎么写、如何写，通过分析词语的选择、修辞的运用、句式的节奏与整体风格的营造，体会散文之美。优美而富有表现力的语言，是散文魅力的重要组成部分。

案例 1 老舍《济南的冬天》

老舍以轻柔、宁静的笔调描写济南冬天的温暖与恬静，语言自然亲切，修辞手法丰富而不繁复。“在北中国的冬天，而能有温晴的天气，济南真得算个宝地”，用“温晴”等描绘性词语准确传达感受。拟人的运用尤为巧妙，“那点薄雪好像忽然害了羞，微微露出点粉色”，生动传神。

案例 2 李娟《外婆的早饭》

李娟在《外婆的早饭》中运用平实质朴的词语，如“窸窸窣窣”“哐啷”“嘎吱嘎吱”等拟声词，生动再现外婆夜间活动的场景，以及草原上早上草地被踩的声音，使读者如闻其声。这些词语虽简单却充满生活气息，准确捕捉了草原生活的细微声响，展现了作者对日常生活的敏锐观察力。

（五）解读文化：多角度探究深层价值意蕴

散文常承载地域文化、历史记忆或哲学思考。通过挖掘文中的文化符号与象征意义，能更深入理解作品的思想内涵与精神价值。

案例 1 杨朔《荔枝蜜》

散文借蜜蜂的勤劳象征劳动者的奉献精神，呼应“为人民服务”的时代主题。作者将自然物象（蜜蜂）与社会价值观结合，展现散文的教化功能。

案例 2 贾平凹《丑石》

散文通过描写一块“丑石”的独特价值，探讨美与丑的辩证关系，表达对平凡事物的尊重与思考。作者以“丑石”为象征，启发读者重新审视生活中的平凡之美，展现散文的哲理性。

四、结合专业思考

微课

散文的描写方法

（一）从专业视角定义散文

从你的专业角度出发，给散文下一个定义。例如：

旅游管理专业：散文是用生动的语言记录旅行见闻，让游客感受文化魅力的文学形式。

计算机专业：散文是用自然的语言描述技术逻辑，让代码注释更具可读性的表达方式。

市场营销专业：散文是用真实的语言讲述品牌故事，让广告文案更具感染力的创意表达。

你的思考：____

____

____

____

（二）散文特征与职业应用

散文语言自然、情感真实、形散神聚。请结合你的专业，举例说明这些特征如何应用。例如：

旅游管理专业：如何用散文的语言风格撰写一篇景区游记，吸引游客的兴趣？

计算机专业：如何用散文的“形散神聚”逻辑优化项目文档，使其更具条理性与可读性？

市场营销专业：如何用散文的真实情感撰写一篇品牌故事，打动消费者的心？

你的思考：____

____

____

____

（三）散文助力文化传播

散文是中华优秀传统文化的重要组成部分。请结合你的专业，谈谈如何用散文传播文化。例如：

旅游管理专业：如何将散文融入导游词，让游客感受景点的文化底蕴？

国际贸易专业：如何用散文式的语言向外国客户介绍中国文化，提升沟通效果？

艺术设计专业：如何将散文的叙事与画面感融入设计作品，增强艺术表现力？

你的思考：____

____

____

____

（四）散文赋能职业素养

散文可以启迪思维、陶冶情操。请结合你的专业，谈谈如何用散文提升职业素养。例如：

护理专业：如何用散文的语言安抚患者情绪，增强医患沟通效果？

物流管理专业：如何用散文的叙事逻辑优化工作流程，提升团队协作效率？

金融专业：如何用散文的哲理性分析市场变化，培养宏观思维能力？

你的思考：____

____

____

____

学习体会

自我评价

任务六 经典散文赏析

学习要求

1. 理解并掌握与作品相关的写作背景（如作者生平、时代环境、创作动机），了解散文的文体特征（形散神聚、语言灵活、情感真挚）及艺术价值。

2. 能够结合作品与自身经历，运用批判性思维对散文进行个性化解读，表达独到见解。能够分析散文的艺术特色（如叙事视角、语言风格、情感表达）和思想内涵，完成逻辑清晰的赏析文本或口头论述。

3. 通过散文赏析，提升审美能力与文学鉴赏力，感悟散文的自然之美、人性之美与哲理之美。培养高尚的审美情趣，增强文化自信与人文素养。

精读作品

答李翊书①

韩愈②

六月二十六日愈白：李生足下：生之书辞甚高，而其问何下而恭③也！能如是，谁不欲告生以其道。道德之归也有日矣，况其外之文乎④？抑愈所谓望孔子之门墙而不入于其宫者，焉足以知是且非邪？虽然，不可不为生言之。

生所谓立言⑤者是也；生所为者与所期者甚似而几矣。抑不知生之志，蕲⑥胜于人而取于人邪？将蕲至于古之立言者邪？蕲胜于人而取于人，则固胜于人而可取于人矣！将蕲至于古之立言者，则无望其速成，无诱于势利⑦，养其根⑧

---

① 李翊：唐贞元十八年（802年）进士，时权德舆主持礼部考试，祠部员外郎陆惨为副，韩愈荐李翊于陆惨，遂中第。

② 韩愈（768—824年），字退之，世称“韩昌黎”“昌黎先生”。唐朝中期官员、文学家、思想家、哲学家、政治家、教育家。

③ 下而恭：谦虚而恭敬。

④ 其外之文：作为道德之外部表现形式的文章。

⑤ 立言：著书立说。

⑥ 蕲：同祈，求，希望。

⑦ 诱于势利：为眼前的势利所诱惑。

⑧ 根：比喻道德、学问的修养。

而俟其实[①]，加其膏而希其光。根之茂者其实遂[②]，膏之沃者其光晔[③]；仁义之人，其言蔼如[④]也。

抑又有难者：愈之所为，不自知其至犹未也，虽然，学之二十余年矣。始者非三代两汉之书不敢观，非圣人之志不敢存，处若忘，行若遗，俨乎其若思，茫乎其若迷。当其取于心而注于手也，惟陈言[⑤]之务去，戛戛乎[⑥]其难哉。其观于人，不知其非笑之为非笑也。如是者亦有年，犹不改，然后识古书之正伪，与虽正而不至焉者，昭昭然[⑦]白黑分矣，而务去之，乃徐有得也。当其取于心而注于手也，汩汩然[⑧]来矣。其观于人也，笑之则以为喜，誉之则以为忧，以其犹有人之说[⑨]者存也。如是者亦有年，然后浩乎其沛然矣。吾又惧其杂也，迎而距之[⑩]，平心而察之，其皆醇也，然后肆焉。虽然，不可以不养[⑪]也。行之乎仁义之途[⑫]，游之乎《诗》《书》之源[⑬]，无迷其途，无绝其源，终吾身而已矣。

气，水也；言，浮物也。水大而物之浮者大小毕浮，气之与言犹是也，气盛[⑭]则言之短长与声之高下者皆宜。虽如是，其敢自谓几于成乎[⑮]？虽几于成，其用于人也奚取焉？虽然，待用于人者，其肖于器邪[⑯]？用与舍[⑰]属诸人[⑱]。君子则不然：处心有道[⑲]；行己有方[⑳]；用则施诸人，舍则传诸其徒，垂诸文而为后世法：如是者，其亦足乐乎？其无足乐也？

有志乎古者希[㉑]矣！志乎古必遗乎今，吾诚乐而悲之。亟称其人，所以劝

---

① 实：果实，喻立言作文。
② 遂：长得好。
③ 晔，明亮。
④ 蔼如：和蔼温顺的样子。
⑤ 陈言：没有表现力的陈词滥调。
⑥ 戛戛：吃力的样子。
⑦ 昭昭然：明白清晰的样子。
⑧ 汩汩然：水流急速的样子，喻文思泉涌。
⑨ 说：同悦，喜欢。
⑩ 迎而距之：试图从反面去批驳自己的文章，以检验其是否精纯。距同拒，抗拒，此指批驳。
⑪ 养：培养、充实自己。
⑫ 行之乎仁义之途：在儒家仁义之坦途上前进。
⑬ 游之乎《诗》《书》之源：在《诗经》《尚书》等儒家思想的源泉中遨游。
⑭ 气盛：文章的思想纯正、内容丰富。
⑮ 几于成：几乎达到完美无缺的地步。
⑯ 肖于器：像一件有固定用处的器物。
⑰ 舍：不用。
⑱ 属诸人：完全取决于别人。
⑲ 处心有道：心中有主见，即以儒家的思想、道德来考虑问题。
⑳ 行己有方：行为有准则。
㉑ 希：同稀，少人。

之，非敢褒其可褒而贬其可贬也①。问于愈者多矣，念生之言不志乎利②，聊相为言之。愈白。

欣赏与思考

1. 韩愈在《答李翊书》中提出了“文以载道”的观点。请结合文章内容，分析韩愈所说的“道”指的是什么，他认为文学创作应该如何体现“道”。

2. 韩愈在文章中采用了层层递进的论述方法。请分析文章的论述结构，并谈谈韩愈是如何通过举例、对比等手法来阐明自己的观点的。

3. 韩愈在《答李翊书》中强调文学创作应“惟陈言之务去”，即避免陈词滥调，追求创新。在当今社会，信息爆炸、内容同质化现象严重。你认为韩愈的这一观点对现代文学创作或内容创作有何启示？

风筝③

鲁迅④

北京的冬季，地上还有积雪，灰黑色的秃树枝丫叉于晴朗的天空中，而远处有一二风筝浮动，在我是一种惊异和悲哀。

故乡的风筝时节，是春二月，倘听到沙沙的风轮声，仰头便能看见一个淡墨色的蟹风筝或嫩蓝色的蜈蚣风筝。还有寂寞的瓦片风筝，没有风轮，又放得很低，伶仃地显出憔悴可怜模样。但此时地上的杨柳已经发芽，早的山桃也多吐蕾，和孩子们的天上的点缀相照应，打成一片春日的温和。我现在在那里呢？四面都还是严冬的肃杀，而久经诀别的故乡的久经逝去的春天，却就在这天空中荡漾了。

但我是向来不爱放风筝的，不但不爱，并且嫌恶他，因为我以为这是没出息孩子所做的玩艺。和我相反的是我的小兄弟，他那时大概十岁内外罢，多病，瘦得不堪，然而最喜欢风筝，自己买不起，我又不许放，他只得张着小嘴，呆看着空中出神，有时至于小半日。远处的蟹风筝突然落下来了，他惊呼；两个瓦片风筝的缠绕解开了，他高兴得跳跃。他的这些，在我看来都是笑柄，可鄙的。

---

① 非敢褒其可褒而贬其可贬：不敢随便褒奖自己认为可褒奖的人，贬斥自己认为可贬斥之。

② 不志乎利：用心不在于求利。

③ 鲁迅．鲁迅全集［M］．北京：人民文学出版社，2005.

④ 鲁迅（1881—1936年），原名周樟寿，后改名周树人，字豫山，后改字豫才，浙江绍兴人。中国著名文学家、思想家、革命家、教育家、民主战士，新文化运动的重要参与者，中国现代文学的奠基人之一。

有一天，我忽然想起，似乎多日不很看见他了，但记得曾见他在后园拾枯竹。我恍然大悟似的，便跑向少有人去的一间堆积杂物的小屋去，推开门，果然就在尘封的什物堆中发见了他。他向着大方凳，坐在小凳上；便很惊惶地站了起来，失了色瑟缩着。大方凳旁靠着一个胡蝶风筝的竹骨，还没有糊上纸，凳上是一对做眼睛用的小风轮，正用红纸条装饰着，将要完工了。我在破获秘密的满足中，又很愤怒他的瞒了我的眼睛，这样苦心孤诣地来偷做没出息孩子的玩艺。我即刻伸手折断了胡蝶的一支翅骨，又将风轮掷在地下，踏扁了。论长幼，论力气，他是都敌不过我的，我当然得到完全的胜利，于是傲然走出，留他绝望地站在小屋里。后来他怎样，我不知道，也没有留心。

然而我的惩罚终于轮到了，在我们离别得很久之后，我已经是中年。我不幸偶而看了一本外国的讲论儿童的书，才知道游戏是儿童最正当的行为，玩具是儿童的天使。于是二十年来毫不忆及的幼小时候对于精神的虐杀的这一幕，忽地在眼前展开，而我的心也仿佛同时变了铅块，很重很重的堕下去了。

但心又不竟堕下去而至于断绝，他只是很重很重地堕着，堕着。

我也知道补过的方法的：送他风筝，赞成他放，劝他放，我和他一同放。我们嚷着，跑着，笑着。——然而他其时已经和我一样，早已有了胡子了。

我也知道还有一个补过的方法的：去讨他的宽恕，等他说，“我可是毫不怪你呵。”那么，我的心一定就轻松了，这确是一个可行的方法。有一回，我们会面的时候，是脸上都已添刻了许多“生”的辛苦的条纹，而我的心很沉重。我们渐渐谈起儿时的旧事来，我便叙述到这一节，自说少年时代的胡涂。“我可是毫不怪你呵。”我想，他要说了，我即刻便受了宽恕，我的心从此也宽松了罢。

“有过这样的事么？”他惊异地笑着说，就像旁听着别人的故事一样。他什么也不记得了。

全然忘却，毫无怨恨，又有什么宽恕之可言呢？无怨的恕，说谎罢了。

我还能希求什么呢？我的心只得沉重着。

现在，故乡的春天又在这异地的空中了，既给我久经逝去的儿时的回忆，而一并也带着无可把握的悲哀。我倒不如躲到肃杀的严冬中去罢，——但是，四面又明明是严冬，正给我非常的寒威和冷气。

一九二五年一月二十四日。

欣赏与思考

1. 文章以“风筝”为线索展开叙述。请结合文章内容，分析“风筝”在文中的象征意义，并谈谈作者通过“风筝”表达了怎样的主题。

2. 文章的语言风格朴实却情感深沉。请分析文章的语言特点，并谈谈这些语言如何表达了作者的情感。

3. 鲁迅在《风筝》中表达了对弟弟的愧疚和对童年往事的反思。在当今社会，家庭教育中仍然存在类似的问题。你认为应该如何避免类似的情况发生？作为子女或未来的父母，你从这篇文章中学到了什么？

桨声灯影里的秦淮河①

朱自清②

一九二三年八月的一晚，我和平伯同游秦淮河；平伯是初泛，我是重来了。我们雇了一只“七板子”，在夕阳已去，皎月方来的时候，便下了船。于是桨声汩——汩，我们开始领略那晃荡着蔷薇色的历史的秦淮河的滋味了。

秦淮河里的船，比北京万生园，颐和园的船好，比西湖的船好，比扬州瘦西湖的船也好。这几处的船不是觉着笨，就是觉着简陋，局促；都不能引起乘客们的情韵，如秦淮河的船一样。秦淮河的船约略可分为两种：一是大船；一是小船，就是所谓“七板子”。大船舱口阔大，可容二三十人。里面陈设着字画和光洁的红木家具，桌上一律嵌着冰凉的大理石面。窗格雕镂颇细，使人起柔腻之感。窗格里映着红色蓝色的玻璃；玻璃上有精致的花纹，也颇悦人目。“七板子”规模虽不及大船，但那淡蓝色的栏杆，空敞的舱，也足系人情思。而最出色处却在它的舱前。舱前是甲板上的一部，上面有弧形的顶，两边用疏疏的栏杆支着。里面通常放着两张藤的躺椅。躺下，可以谈天，可以望远，可以顾盼两岸的河房。大船上也有这个，但在小船上更觉清隽罢了。舱前的顶下，一律悬着灯彩；灯的多少，明暗，彩苏的精粗，艳晦，是不一的，但好歹总还你一个灯彩。这灯彩实在是最能钩人的东西。夜幕垂垂地下来时，大小船上都点起灯火。从两重玻璃里映出那辐射着的黄黄的散光，反晕出一片朦胧的烟霭；透过这烟霭，在黯黯的水波里，又逗起缕缕的明漪。在这薄霭和微漪里，听着那悠然的间歇的桨声，谁能不被引入他的美梦去呢？只愁梦太多了，这些大小船儿如何载得起呀？我们这时模模糊糊的谈着明末的秦淮河的艳迹，如《桃花扇》及《板桥杂记》里所载的。我们真神往了。我们仿佛亲见那时华灯映水，画舫凌波的光景了。于是我们的船便成了历史的重载了。我们终于恍然秦淮河的船所以雅丽过于他处，而又有奇异的吸引力的，实在是许多历史的影象使然了。

秦淮河的水是碧阴阴的；看起来厚而不腻，或者是六朝金粉所凝么？我们

---

① 蔡清富．朱自清散文选集．天津：百花文艺出版社，1986.

② 朱自清（1898—1948 年），字佩弦。诗人、散文家、学者。曾执教于清华大学。有散文集《背影》《欧游杂记》等。

初上船的时候，天色还未断黑，那漾漾的柔波是这样恬静，委婉，使我们一面有水阔天空之想，一面又憧憬着纸醉金迷之境了。等到灯火明时，阴阴的变为沉沉了；黯淡的水光，象梦一般；那偶然闪烁着的光芒，就是梦的眼睛了。我们坐在舱前，因了那隆起的顶棚，仿佛总是昂着首向前走着似的；于是飘飘然如御风而行的我们，看着那些自在的湾泊着的船，船里走马灯般的人物，便象是下界一般，迢迢的远了，又象在雾里看花，尽朦朦胧胧的。这时我们已过了利涉桥，望见东关头了。沿路听见断续的歌声：有从沿河的妓楼飘来的，有从河上船里度来的。我们明知那些歌声，只是些因袭的言词，从生涩的歌喉里机械的发出来的；但它们经了夏夜的微风的吹漾和水波的摇拂，袅娜着到我们耳边的时候，已经不单是她们的歌声，而混着微风和河水的密语了。于是我们不得不被牵惹着，震撼着，相与浮沉于这歌声里了。从东关头转湾，不久就到大中桥。大中桥共有三个桥拱，都很阔大，俨然是三座门儿；使我们觉得我们的船和船里的我们，在桥下过去时，真是太无颜色了。桥砖是深褐色，表明它的历史的长久；但都完好无缺，令人太息于古昔工程的坚美。桥上两旁都是木壁的房子，中间应该有街路？这些房子都破旧了，多年烟熏的迹，遮没了当年的美丽。我想象秦淮河的极盛时，在这样宏阔的桥上，特地盖了房子，必然是髹漆得富富丽丽的；晚间必然是灯火通明的，现在却只剩下一片黑沉沉！但是桥上造着房子，毕竟使我们多少可以想见往日的繁华；这也慰情聊胜于无了。过了大中桥，便到了灯月交辉，笙歌彻夜的秦淮河，这才是秦淮河的真面目哩。

大中桥外，顿然空阔，和桥内两岸排着密密的人家的景象大异了。一眼望去，疏疏的林，淡淡的月，衬着蔚蓝的天，颇象荒江野渡光景；那边呢，郁丛丛的，阴森森的，又似乎藏着无边的黑暗：令人几乎不信那是繁华的秦淮河了。但是河中眩晕着的灯光，纵横着的画舫，悠扬着的笛韵，夹着那吱吱的胡琴声，终于使我们认识绿如茵陈酒的秦淮水了。此地天裸露着的多些，故觉夜来的独迟些；从清清的水影里，我们感到的只是薄薄的夜——这正是秦淮河的夜。大中桥外，本来还有一座复成桥，是船夫口中的我们的游迹尽处，或也是秦淮河繁华的尽处了。我的脚曾踏过复成桥的脊，在十三四岁的时候。但是两次游秦淮河，却都不曾见着复成桥的面；明知总在前途的，却常觉得有些虚无缥缈似的。我想，不见倒也好。这时正是盛夏。我们下船后，借着新生的晚凉和河上的微风，暑气已渐渐消散；到了此地，豁然开朗，身子顿然轻了——习习的清风荏苒在面上，手上，衣上，这便又感到了一缕新凉了。南京的日光，大概没有杭州猛烈；西湖的夏夜老是热蓬蓬的，水象沸着一般，秦淮河的水却尽是这样冷冷地绿着。任你人影的憧憧，歌声的扰扰，总象隔着一层薄薄的绿纱面幂似的；它尽是这样静静的，冷冷的绿着。我们出了大中桥，走不上半里路，船夫便将船划到一旁，停了桨由它宕着。他以为那里正是繁华的极点，再过去就是荒凉了；所以让我们多多赏鉴一会儿。他自己却静静的蹲着。他是看惯这光景的了，大约只是一个无可无不可。这无可无不可，无论是升的沉的，总之，都比我们高了。

那时河里闹热极了；船大半泊着，小半在水上穿梭似的来往。停泊着的都在近市的那一边，我们的船自然也夹在其中。因为这边略略的挤，便觉得那边十分的疏了。在每一只船从那边过去时，我们能画出它的轻轻的影和曲曲的波，在我们的心上；这显着是空，且显着是静了。那时处处都是歌声和凄厉的胡琴声，圆润的喉咙，确乎是很少的。但那生涩的，尖脆的调子能使人有少年的，粗率不拘的感觉，也正可快我们的意。况且多少隔开些儿听着，因为想象与渴慕的做美，总觉更有滋味；而竞发的喧嚣，抑扬的不齐，远近的杂沓，和乐器的嘈嘈切切，合成另一意味的谐音，也使我们无所适从，如随着大风而走，这实在因为我们的心枯涩久了，变为脆弱；故偶然润泽一下，便疯狂似的不能自主了。但秦淮河确也腻人。即如船里的人面，无论是和我们一堆儿泊着的，无论是从我们眼前过去的，总是模模糊糊的，甚至渺渺茫茫的；任你张圆了眼睛，揩净了眦垢，也是枉然。这真够人想呢。在我们停泊的地方，灯光原是纷然的；不过这些灯光都是黄而有晕的。黄已经不能明了，再加上了晕，便更不成了。灯愈多，晕就愈甚；在繁星般的黄的交错里，秦淮河仿佛笼上了一团光雾。光芒与雾气腾腾的晕着，什么都只剩了轮廓了；所以人面的详细的曲线，便消失于我们的眼底了。但灯光究竟夺不了那边的月色；灯光是浑的，月色是清的。在浑沌的灯光里，渗入一派清辉，却真是奇迹！那晚月儿已瘦削了两三分。她晚妆才罢，盈盈的上了柳梢头。天是蓝得可爱，仿佛一汪水似的；月儿便更出落得精神了。岸上原有三株两株的垂杨树，淡淡的影子，在水里摇曳着。它们那柔细的枝条浴着月光，就象一支支美人的臂膊，交互的缠着，挽着；又象是月儿披着的发。而月儿偶尔也从它们的交叉处偷偷窥看我们，大有小姑娘怕羞的样子。岸上另有几株不知名的老树，光光的立着；在月光里照起来，却又俨然是精神矍铄的老人。远处——快到天际线了，才有一两片白云，亮得现出异彩，象是美丽的贝壳一般。白云下便是黑黑的一带轮廓；是一条随意画的不规则的曲线。这一段光景，和河中的风味大异了。但灯与月竟能并存着，交融着，使月成了缠绵的月，灯射着渺渺的灵辉，这正是天之所以厚秦淮河，也正是天之所以厚我们了。

这时却遇着了难解的纠纷。秦淮河上原有一种歌妓，是以歌为业的。从前都在茶舫上，唱些大曲之类。每日午后一时起，什么时候止，却忘记了。晚上照样也有一回，也在黄晕的灯光里。我从前过南京时，曾随着朋友去听过两次。因为茶舫里的人脸太多了，觉得不大适意，终于听不出所以然。前年听说歌妓被取缔了，不知怎的，颇涉想了几次——却想不出什么。这次到南京，先到茶舫上去看看，觉得颇是寂寥，令我无端的怅怅了。不料她们却仍在秦淮河里挣扎着，不料她们竟会纠缠到我们，我于是很张皇了，她们也乘着“七板子”，她们总是坐在舱前的。舱前点着石油汽灯，光亮眩人眼目：坐在下面的，自然是纤毫毕见了——引诱客人们的力量，也便在此了。舱里躲着乐工等人，映着汽灯的余辉蠕动着；他们是永远不被注意的。每船的歌妓大约都是二人；天色一黑，她们的船就在大中桥外往来不息的兜生意。无论行着的船，泊着的船，都是要来兜揽的。这都是我后来推想出来的。那晚不知怎样，忽然轮着我们的船了。我们的船好好的停着，一只歌舫划向我们来了；渐渐和我们的船并着了。烁烁的灯光逼得我们皱起了眉头；我们的风尘色全给它托出来了，这使我踧踖不安了。那时一个伙计跨过船来，拿着摊开的歌折，就近塞向我的手里，说，“点几出吧！”他跨过来的时候，我们船上似乎有许多眼光跟着。同时相近的别的船上也似乎有许多眼睛炯炯的向我们船上看着。我真窘了！我也装出大方的样子，向歌妓们瞥了一眼，但究竟是不成的！我勉强将那歌折翻了一翻，却不曾看清了几个字；便赶紧递还那伙计，一面不好意思地说：“不要。我们……不要。”他便塞给平伯，平伯掉转头去，摇手说：“不要。”那人还腻着不走。平伯又回过脸来，摇着头道，“不要！”于是那人重到我处。我窘着再拒绝了他。他这才有所不屑似的走了。我的心立刻放下，如释了重负一般。我们就开始自白了。

我说我受了道德律的压迫，拒绝了她们；心里似乎很抱歉的。这所谓抱歉，一面对于她们，一面对于我自己。她们于我们虽然没有很奢的希望；但总有些希望的。我们拒绝了她们，无论理由如何充足，却使她们的希望受了伤；这总有几分不做美了。这是我觉得很怅怅的。至于我自己，更有一种不足之感。我这时被四面的歌声诱惑了，降伏了；但是远远的，远远的歌声总仿佛隔着重衣搔痒似的，越搔越搔不着痒处。我于是憧憬着贴耳的妙音了。在歌舫划来时，我的憧憬，变为盼望；我固执的盼望着，有如饥渴。虽然从浅薄的经验里，也能够推知，那贴耳的歌声，将剥去了一切的美妙；但一个平常的人象我的，谁愿凭了理性之力去丑化未来呢？我宁愿自己骗着了。不过我的社会感性是很敏锐的；我的思力能拆穿道德律的西洋镜，而我的感情却终于被它压服着。我于是有所顾忌了，尤其是在众目昭彰的时候。道德律的力，本来是民众赋予的；在民众的面前，自然更显出它的威严了。我这时一面盼望，一面却感到了两重的禁制：一，在通俗的意义上，接近妓者总算一种不正当的行为；二，妓是一种不健全的职业，我们对于她们，应有哀矜勿喜之心，不应赏玩的去听她们的歌。在众目睽睽之下，这两种思想在我心里最为旺盛。她们暂时压倒了我的听歌的盼望，这便成就了我的灰色的拒绝。那时的心实在异常状态中，觉得颇是昏乱。歌舫去了，暂时宁靖之后，我的思绪又如潮涌了。两个相反的意思在我心头往复：卖歌和卖淫不同，听歌和狎妓不同，又干道德甚事？——但是，但是，她们既被逼的以歌为业，她们的歌必无艺术味的；况她们的身世，我们究竟该同情的。所以拒绝倒也是正办。但这些意思终于不曾撇开我的听歌的盼望。它力量异常坚强；它总想将别的思绪踏在脚下。从这重重的争斗里，我感到了浓厚的不足之感。这不足之感使我的心盘旋不安，起坐都不安宁了。唉！我承认我是一个自私的人！平伯呢，却与我不同。他引周启明先生的诗，“因为我有妻子，所以我爱一切的女人；因为我有子女，所以我爱一切的孩子。”他的意思可以见了。他因为推及的同情，爱着那些歌妓，并且尊重着她们，所以拒绝了她们。在这种情形下，他自然以为听歌是对于她们的一种侮辱。但他也是想听歌的，虽然不和我一样。所以在他的心中，当然也有一番小小的争斗；争斗的结果，是同情胜了。至于道德律，在他是没有什么的；因为他很有蔑视一切的倾向，民众的力量在他是不大觉着的。这时他的心意的活动比较简单，又比较松弱，故事后还怡然自若；我却不能了。这里平伯又比我高了。

在我们谈话中间，又来了两只歌舫。伙计照前一样的请我们点戏，我们照前一样的拒绝了。我受了三次窘，心里的不安更甚了。清艳的夜景也为之减色。船夫大约因为要赶第二趟生意，催着我们回去；我们无可无不可的答应了。我们渐渐和那些晕黄的灯光远了，只有些月色冷清清的随着我们的归舟。我们的船竟没个伴儿，秦淮河的夜正长哩！到大中桥近处，才遇着一只来船。这是一只载妓的板船，黑漆漆的没有一点光。船头上坐着一个妓女；暗里看出，白地小花的衫子，黑的下衣。她手里拉着胡琴，口里唱着青衫的调子。她唱得响亮而圆转；当她的船箭一般驶过去时，余音还袅袅的在我们耳际，使我们倾听而向往。想不到在弩末的游踪里，还能领略到这样的清歌！这时船过大中桥了，森森的水影，如黑暗张着巨口，要将我们的船吞了下去。我们回顾那渺渺的黄光，不胜依恋之情：我们感到了寂寞了！这一段地方夜色甚浓，又有两头的灯火招邀着；桥外的灯火不用说了，过了桥另有东关头疏疏的灯火。我们忽然仰头看见依人的素月，不觉深悔归来之早了！走过东关头，有一两只大船湾泊着，又有几只船向我们来着。嚣嚣的一阵歌声人语，仿佛笑我们无伴的孤舟哩。东关头转湾，河上的夜色更浓了；临水的妓楼上，时时从帘缝里射出一线一线的灯光；仿佛黑暗从酣睡里眨了一眨眼。我们默然的对着，静听那汩——汩的桨声，几乎要入睡了；朦胧里却温寻着适才的繁华的余味。我那不安的心在静里愈显活跃了！这时我们都有了不足之感，而我的更其浓厚。我们却又不愿回去，于是只能由懊悔而怅惘了。船里便满载着怅惘了。直到利涉桥下，微微嘈杂的人声，才使我豁然一惊；那光景却又不同。右岸的河房里，都大开了窗户，里面亮着晃晃的电灯，电灯的光射到水上，蜿蜒曲折，闪闪不息，正如跳舞着的仙女的臂膊。我们的船已在她的臂膊里了；如睡在摇篮里一样，倦了的我们便又入梦了。那电灯下的人物，只觉得象蚂蚁一般，更不去萦念。这是最后的梦；可惜的是最短的梦！黑暗重复落在我们面前，我们看见傍岸的空船上一星两星的，枯燥无力又摇摇不定的灯光。我们的梦醒了，我们知道就要上岸了；我们心里充满了幻灭的情思。

一九二三年十月十一日作完，于温州。

欣赏与思考

1. 作者为什么选择夜晚的秦淮河作为描写对象？夜晚这一时间设置对全篇氛围的营造起到了什么作用？

2. 文中多次出现“我愿意永远这样下去”的表达，这样的反复抒情体现了作者怎样的心理状态与情感走向？

3. 文章以小见大，通过一段短暂的游河经历唤起了对传统文化和历史的思考。你认为本文在文化记忆和现实批判之间达成了怎样的平衡？

想起外婆吐舌头的样子①

李娟②

想起外婆有个习惯性的小动作，就是吐舌头。通常这一动作会出现在她老人家做了错事之后。而她做了错事通常会先掖着瞒着。比如打碎了糖罐子，就悄悄把碎片扫一扫，剩下的糖撮一撮，换个一模一样的罐子装了原样摆着。直到你问她：糖为什么突然少了半罐子？她才吐吐舌头，笑眯眯地坦白。

金鱼死后，鱼缸一直空在那里，空了很久。有一天却发现鱼缸有些不对劲儿，似乎缩小了许多。端起来左看右看，没错，是瘦了两三寸。逮住外婆一问，果然，是她老人家打碎后又悄悄去市场买回一个。大约是原样大小的有些贵了，便买了小一号。还自以为神不知鬼不觉呢。当然，被揭穿后，也只是吐了一下舌头而已。

吐舌头的外婆，飞快地把舌头吐一下，“对不起”和“气死你”两种意味水乳交融。而且又吐得那么快，一转眼就神情如故，该干什么干什么去了。休想让她为做错的事情多愧疚一丝一毫。

然后又想到外婆的竹林。

外婆的老家不是我的老家，我从没有在那里生活过。但想到外婆正是在那

① 李娟．我的阿勒泰［M］．广州：花城出版社，2021.

② 李娟（1979—），中国当代作家。2003 年出版首部散文集《九篇雪》。2010 年出版散文集《阿勒泰的角落》《我的阿勒泰》。2012 年相继出版长篇散文《冬牧场》与《羊道》系列散文。2017 年出版散文集《遥远的向日葵地》，2018 年凭此散文集获第七届鲁迅文学奖散文杂文奖。

里的一间老瓦房里生活了近半个世纪，就觉得那里实在是一个无比温柔之处。老屋前前后后种着重重竹林，我从坡上走下来，一走进竹林，就听到外婆的声音。她正在塌了半边的老屋门口和一群乡下女子说笑。她手持长长的竹竿（后来，她用这竹竿为我从橘子树上捅下来许多鲜艳的橘子），站在那里大声揶揄其中一个女邻居，好像是在模仿她夫妻俩之间的什么事。所有人笑得前仰后合。那女人又急又气，抡起巨大的竹扫帚挥打外婆的屁股。我站在半坡的竹林里看了好一会儿。当外婆和我们一起生活时，我们是否也给过她同样的快乐？那时她八十五岁了，已经离开我们两年，独自回到乡下的旧居，在废墟里仅剩的半间老屋里生活。

我一边大声喊外婆，一边从坡上走下来。所有人都回头仰望我来的方向。外婆答应着，意犹未尽地继续数落着那个女人，继续大笑，一边向我迎上来。我从上往下看到旧屋天井里的青石台阶，看到一根竹管从后山伸向屋檐下的石槽，细细的清泉注满了石槽。世界似乎一开始就如此古老。

从来没想过，离开熟悉的地方会是这么可怕的事情！外婆终究没能留在老家的坟山里。她孤零零地被埋在万里以外的戈壁荒滩中，好像她在死之后还得再重新开始一场适应新生活的漫长过程。好像她孤独的、意志坚决的一生仍不曾结束。

之前两天，我紧赶慢赶，还是晚了一步。差了十个钟头。接到噩耗后，我仍然坐在夜班车上继续往家赶，往已经死去了的外婆身边赶。我知道她还在等我。我不能勘破生死，但也能渐渐明白死亡并不可怕。死亡不是断然的中止，而是对另外一场旅行的试探吧？外婆死前有那么多强烈的意愿。她挣扎着要活，什么也不愿放弃。她还有那么多的挂念。然而一旦落气，面容那么安和、轻松。像刚吐完舌头，刚满不在乎地承认了一个错误。

死亡之后那辽阔空旷的安静感，是外婆最后为我所做的事情。以前念小学的时候，很多个清晨我起床一看，早饭又是红苕稀饭和酸菜，就赌气不吃，饿着肚子去上学。因为我知道，不一会儿，外婆一定会追到学校来给我捎一只滚烫的红糖锅盔……那时我都上六年级了，六年级班设在六楼。八十岁的外婆，怀里揣着烫烫的锅盔，从一楼开始慢慢地爬楼梯。在早自习的琅琅书声中，一阶一阶向上。爬啊爬啊，最后终于出现在六楼我的教室门前……那是我所能体会到的最初的、最宽广的安静感……在外婆给我带来的一场又一场安静之中，生命中的恶意一点点消散，渐渐开始澄明懂事起来。今天的我，似乎达到了生命中前所未有的勇敢状态，又似乎以后还会更加勇敢。

又想起那一次，我拎了一只公鸡去乡下看外婆。独自走过漫长孤独的山路，几经周折才找到陌生的老屋。外婆迎上来对我说：“我很想你，我天天都在想你。”

外婆，你不要再想我了，你忘记我吧！忘记这一生里发生过的一切，忘记竹林，忘记小学的六楼。吐一吐舌头，继续你绵绵无期的命运。外婆，“痛苦”这东西，天生应该用来藏在心底，悲伤天生是要被努力节制的，受到的伤害和欺骗总得去原谅。满不在乎的人不是无情的人……你常常对我说：娟啊，其实你不结婚也是可以的，不生孩子也是可以的。你不要再受那些罪了。你妈妈不晓得这些，我晓得的……外婆，直到现在我才渐渐有些明白你的意思。虽然现在的我还是一团混沌，无可言说，无从解脱。但能想象得到，若是自己也能活到九十六岁，仍然清清静静、了无牵挂，其实，也是认认真真对生命负了一场责。最安静与最孤独的成长，也是能使人踏实，自信，强大，善良的。大不了，吐吐舌头而已……

欣赏与思考

1. 外婆的竹林、旧居和瓦房屡次出现，这些意象有什么象征意义？它们如何连接外婆的生命和作者的情感？

2. “最安静与最孤独的成长，也是能使人踏实，自信，强大，善良的。”结合全文，外婆对作者的成长有什么影响？这句话对你有什么启发？

3. 死亡是“对另外一场旅行的试探”，如何理解这种对死亡的看法？外婆的生死经历对作者的生命观有何影响？

4. 面对亲人的离别，你会选择怎样的方式去怀念和释怀？

泛读作品

《论语》五则[①]

子曰：“吾十有五而志于学，三十而立，四十而不惑，五十而知天命，六十而耳顺，七十而从心所欲不逾矩。”（《论语·为政》）

子曰：“学而不思则罔，思而不学则殆[②]。”（《论语·为政》）

子曰：“富与贵是人之所欲也，不以其道得之，不处也；贫与贱是人之所恶也，不以其道得之，不去也[③]。君子去仁，恶[④]乎成名？君子无终食之间违仁，

① 《论语》是儒家经典著作之一，是一部以记言为主的语录体散文集，主要以语录和对话文体的形式记录了孔子及其弟子的言行，集中体现了孔子的政治、审美、道德伦理和功利等价值思想。

② 学而不思则罔，思而不学则殆：只知道学习，却不知道思考，到头来等于白学；只知道思考却不去学习，则不会有所得。罔，迷惑而无所得。殆，通“怠”，精神疲倦而无所得。

③ 不以其道得之，不去也：假如不是按正道来摆脱贫贱，那宁可不摆脱它。去，摆脱。

④ 恶：厌恶。

造次必于是，颠沛必于是[1]。（《论语·里仁》）

子曰："其身正，不令而行；其身不正，虽令不从。"（《论语·子路》）

子贡问曰："有一言[2]而可以终身行之者乎？"子曰："其恕[3]乎！己所不欲，勿施于人。"（《论语·卫灵公》）

赏读提示

《论语》集中体现了孔子思想的精华，具有极高的思想价值和文学价值。质朴中见博大，率真中见深远。正确地理解和借鉴，可以提升我们的认识，丰富我们的思想，规范我们的行为，促使我们更好地成长成才。

赤壁赋[4]

苏轼

壬戌[5]之秋，七月既望[6]，苏子与客泛舟游于赤壁之下。清风徐来，水波不兴。举酒属[7]客，诵明月之诗[8]，歌窈窕之章[9]。少焉，月出于东山之上，徘徊于斗牛之间[10]。白露横江[11]，水光接天。纵一苇之所如，凌万顷之茫然[12]。浩浩乎如冯虚御风[13]，而不知其所止；飘飘乎如遗世[14]独立，羽化[15]而登仙[16]。

---

① 君子无终食之间违仁，造次必于是，颠沛必于是：君子不会在哪怕一顿饭之间违背仁道。他即使在仓促匆忙中也必定如此，即使在困苦中也必定如此。造次，匆忙、仓促。颠沛，困苦。

② 一言：一字。

③ 恕：用自己的心推测别人的心，文中指儒家推己及人、仁爱待人的思想。

④ 《赤壁赋》是北宋文学家苏轼创作的一篇赋，作于宋神宗元丰五年（1082年）作者贬谪黄州（今湖北黄冈）时。

⑤ 壬戌：元丰五年（1082年），岁次壬戌。古代以干支纪年，该年为壬戌年。

⑥ 既望：农历每月十六日。农历每月十五日为"望日"，十六日为"既望"。

⑦ 属：倾注，引申为劝酒。

⑧ 明月之诗：指《诗经·陈风·月出》。

⑨ 窈窕之章：《诗经·陈风·月出》诗首章为："月出皎兮，佼人僚兮。舒窈纠兮，劳心悄兮。""窈纠"同"窈窕"。

⑩ 斗牛：星座名，即斗宿（南斗）、牛宿。

⑪ 白露：白茫茫的水汽。横江：横贯江面。

⑫ 纵一苇之所如，凌万顷之茫然：任凭小船在宽广的江面上漂荡。纵，任凭。一苇，比喻极小的船。《诗经·卫风·河广》："谁谓河广，一苇杭（航）之。"如，往。凌，越过。万顷，极为宽阔的江面。茫然，旷远的样子。

⑬ 冯虚御风：乘风腾空而遨游。冯虚，凭空，凌空。冯，通"凭"，乘。虚，太空。御，驾。

⑭ 遗世：离开尘世。

⑮ 羽化：传说成仙的人能像长了翅膀一样飞升。

⑯ 登仙：登上仙境。

于是饮酒乐甚，扣舷[1]而歌之。歌曰："桂棹兮兰桨[2]，击空明兮溯[3]流光[4]。渺渺[5]兮予怀，望美人[6]兮天一方。"客有吹洞箫者，倚歌[7]而和之。其声呜呜然，如怨[8]如慕[9]，如泣如诉，馀音袅袅[10]，不绝如缕。舞幽壑之潜蛟[11]，泣孤舟之嫠妇[12]。

苏子愀然[13]，正襟危坐而问客曰："何为其然也?"客曰："'月明星稀，乌鹊南飞'，此非曹孟德之诗乎？西望夏口[14]，东望武昌[15]，山川相缪[16]，郁[17]乎苍苍，此非孟德之困于周郎者乎？方其破荆州，下江陵，顺流而东也，舳舻千里，旌旗蔽空，酾酒临江，横槊赋诗，固一世之雄也，而今安在哉？况吾与子渔樵于江渚之上，侣[18]鱼虾而友麋鹿。驾一叶之扁舟，举匏尊[19]以相属。寄蜉蝣[20]于天地，渺沧海[21]之一粟。哀吾生之须臾，羡长江之无穷。挟飞仙以遨游，抱明月而长终。知不可乎骤得，托遗响[22]于悲风[23]。"

苏子曰："客亦知夫水与月乎？逝者如斯[24]，而未尝往也；盈虚者如彼[25]，而卒莫消长也。盖将自其变者而观之，则天地曾不能以一瞬；自其不变者而观之，则物与我皆无尽也，而又何羡乎！且夫天地之间，物各有主，苟非吾之所有，虽一毫而莫取。惟江上之清风，与山间之明月，耳得之而为声，目遇之而

---

① 扣舷：敲打着船边，指打节拍。
② 桂棹兮兰桨：桂树做的棹，兰木做的桨。
③ 溯：逆流而上。
④ 流光：在水波上闪动的月光。
⑤ 渺渺：悠远的样子。
⑥ 望美人：比喻心中美好的理想或好的君王。
⑦ 倚歌：按照歌曲的声调节拍。
⑧ 怨：哀怨。
⑨ 慕：眷恋。
⑩ 袅袅：形容声音婉转悠长。
⑪ 幽壑：深谷，这里指深渊。此句意为潜藏在深渊里的蛟龙为之起舞。
⑫ 嫠妇：寡妇。白居易《琵琶行》写孤居的商人妻云："去来江口守空船，绕船月明江水寒。夜深忽梦少年事，梦啼妆泪红阑干。"这里化用其事。
⑬ 愀然：容色改变的样子。
⑭ 夏口：在今湖北武昌的西面。
⑮ 武昌：今湖北鄂州。
⑯ 缪：通"缭"，盘绕。
⑰ 郁：茂盛的样子。
⑱ 侣：以……为伴侣，这里为意动用法。
⑲ 匏尊：用葫芦做成的酒器。匏，葫芦。尊，同"樽"。
⑳ 蜉蝣：一种朝生暮死的昆虫。此句比喻人生之短暂。
㉑ 沧海：大海。此句比喻人类在天地之间极为渺小。
㉒ 遗响：余音，指箫声。
㉓ 悲风：秋风。
㉔ 逝者如斯：流逝的像这江水。语出《论语·子罕》："子在川上曰：'逝者如斯夫，不舍昼夜。'"逝，往。斯，指水。
㉕ 盈虚者如彼：指月亮的圆缺。

成色，取之无禁，用之不竭，是造物者之无尽藏也，而吾与子之所共适。”

客喜而笑，洗盏更酌。肴核既尽，杯盘狼籍。相与枕藉[①]乎舟中，不知东方之既白。

赏读提示

苏轼的《赤壁赋》是一曲穿越千年的生命咏叹。在赤壁的月色下，作者以江水、明月为镜，照见人生的短暂与永恒。最震撼人心的是，苏轼将个人的际遇升华为对宇宙人生的深刻思考，以“寄蜉蝣于天地，渺沧海之一粟”的豁达，展现了超越时空的生命智慧。

这篇赋文不仅是文学史上的瑰宝，更是一剂治愈心灵的良方，让我们在纷繁世事中学会以豁达的胸襟面对人生起伏，在浩瀚宇宙中寻找生命的诗意栖居。

一片阳光[②]

林徽因[③]

放了假，春初的日子松弛下来。将午未午时候的阳光，澄黄的一片，由窗棂横浸到室内，晶莹地四处射。

我有点发怔，习惯地在沉寂中惊讶我的周围。我望着太阳那湛明的体质，像要辨别它那交织绚烂的色泽，追逐它那不着痕迹的流动。看它洁净地映到书桌上时，我感到桌面上平铺着一种恬静，一种精神上的豪兴，情趣上的闲逸；即或所谓“窗明几净”，那里默守着神秘的期待，漾开诗的气氛。

那种静，在静里似可听到那一处琤琮的泉流，和着仿佛是断续的琴声，低诉着一个幽独者自娱的音调。

看到这同一片阳光射到地上时，我感到地面上花影浮动，暗香吹拂左右，人随着晌午的光霭花气在变幻，那种动，柔谐婉转有如无声音乐，令人悠然轻快，不自觉地脱落伤愁。至多，在舒扬理智的客观里使我偶一回头，看看过去幼年记忆步履所留的残迹，有点儿惋惜时间；微微怪时间不能保存情绪，保存那一切情绪所曾流连的境界。

倚在软椅上不但奢侈，也许更是一种过失，有闲的过失。但东坡的辩护“懒者常似静，静岂懒者徒”，不是没有道理。如果此刻不倚榻上而“静”，则方

① 枕藉：相互靠着。
② 林徽因．林徽因诗文集：你是人间的四月天［M］．北京：高等教育出版社，2016.
③ 林徽因（1904—1955年），中国近现代建筑学家、文学家，清华大学建筑系教授。

才情绪所兜的小小圈子便无条件地失落了去！人家就不可惜它，自己却实在不能不感到这种亲密的损失的可哀。

就说它是情绪上的小小旅行吧，不走并无不可，不过走走未始不是更好。归根说，我们活在这世上到底最珍惜一些什么？果真珍惜万物之灵的人的活动所产生的种种，所谓人类文化？这人类文化到底又靠一些什么？

我们怀疑或许就是人身上那一撮精神同机体的感觉，生理心理所共起的情感，所激发出的一串行为，所聚敛的一点智慧——那么一点点人之所以为人的表现。

宇宙万物客观的本无所可珍惜，反映在人性上的山川草木禽兽才开始有了秀丽，有了气质，有了灵犀。反映在人性上的人自己更不用说。没有人的感觉，人的情感，即便有自然，也就没有自然的美，质或神方面更无所谓人的智慧，人的创造，人的一切生活艺术的表现！

这样说来，谁该鄙弃自己感觉上的小小旅行？为壮壮自己胆子，我们更该相信惟其人类有这类情绪的驰骋，实际的世间才赓续着产生我们精神所寄托的文物精粹。

此刻我竟可以微微一咳嗽，乃至于用播音的圆润口调说：我们既然无疑的珍惜文化，即尊重盘古到今种种的艺术——无论是抽象的思想的艺术，或是具体的驾驭天然材料另创的非天然形象——则对于艺术所由来的渊源，那点点人的感觉，人的情感智慧（通称人的情绪），又当如何地珍惜才算合理？

但是情绪的驰骋，显然不是诗或画或任何其他艺术建造的完成。这驰骋此刻虽占了自己生活的若干时间，却并不在空间里占任何一个小小位置！这个情形自己需完全明了。

此刻它仅是一种无踪迹的流动，并无栖身的形体。它或含有各种或可捉摸的质素，但是好奇地探讨这个质素而具体要表现它的差事，无论其有无意义，除却本人外，别人是无能为力的。

我此刻为着一片清婉可喜的阳光，分明自己在对内心交流变化的各种联想发生一种兴趣的注意，换句话说，这好奇与兴趣的注意已是我此刻生活的活动。一种力量又迫着我来把握住这个活动，而设法表现它，这不易抑制的冲动，或即所谓艺术冲动也未可知！

只记得冷静的杜工部散散步，看看花，也不免会有“江上被花恼不彻，无处告诉只颠狂”的情绪上一片紊乱！玲珑煦暖的阳光照人面前，那美的感人力量就不减于花，不容我生硬地自己把情绪分划为有闲与实际的两种，而权其轻重，然后再决定取舍的。我也只有情绪上的一片紊乱。

情绪的旅行本偶然的事，今天一开头并为着这片春初晌午的阳光，现在也还是为着它。房间内有两种豪侈的光常叫我的心绪紧张如同花开，趁着感觉的微风，深浅零乱于冷智的枝叶中间。一种是烛光，高高的台座，长垂的烛泪，熊熊红焰当帘幕四下时各处光影掩映。那种闪烁明艳，雅有古意，明明是画中景象，却含有更多诗的成分。另一种便是这初春晌午的阳光，到时候有意无意的大片子洒落满室，那些窗棂栏板几案笔砚浴在光霭中，一时全成了静物图案；再有红蕊细枝点缀几处，室内更是轻香浮溢，叫人俯仰全触到一种灵性。

这种说法怕有点会发生误会，我并不说这片阳光射入室内，需要笔砚花香那些儒雅的托衬才能动人，我的意思倒是：室内顶寻常的一些供设，只要一片阳光这样又幽娴又洒脱地落在上面，一切都会带上另一种动人的气息。

这里要说到我最初认识的一片阳光。那年我六岁，记得是刚刚出了水珠以后——水珠即寻常水痘，不过我家乡的话叫它做水珠。当时我很喜欢那美丽的名字，忘却它是一种病，因而也觉到一种神秘的骄傲。只要人过我窗口问问出"水珠"么？我就感到一种荣耀。那个感觉至今还印在脑子里。也为这个缘故，我还记得病中奢侈的愉悦心境。

虽然同其他多次的害病一样，那次我仍然是孤独的被囚禁在一间房屋里休养的。那是我们老宅子里最后的一进房子，白粉墙围着小小院子，北面一排三间，当中夹着一个开敞的厅堂。我病在东头娘的卧室里。西头是婶婶的住房。娘同婶永远要在祖母的前院里行使她们女人们的职务的，于是我常是这三间房屋惟一留守的主人。

在那三间屋子里病着，那经验是难堪的。时间过得特别慢，尤其是在日中毫无睡意的时候。起初，我仅集注我的听觉在各种似脚步，又不似脚步的上面。猜想着，等候着，希望着人来。间或听听隔墙各种琐碎的声音，由墙基底下传达出来又消敛了去。过一会儿，我就不耐烦了——不记得是怎样的，我就蹑着鞋，挨着木床走到房门边。房门向着厅堂斜斜地开着一扇，我便扶着门框好奇地向外探望。

那时大概刚是午后两点钟光景，一张刚开过饭的八仙桌，异常寂寞地立在当中。桌下一片由厅口处射进来的阳光，泄泄融融地倒在那里。一个绝对悄寂的周围伴着这一片无声的金色的晶莹，不知为什么，忽使我六岁孩子的心里起了一次极不平常的振荡。

那里并没有几案花香，美术的布置，只是一张极寻常的八仙桌。如果我的记忆没有错，那上面在不多时间以前，是刚陈列过咸鱼、酱菜一类极寻常俭朴的午餐的。小孩子的心却呆了。或许两只眼睛倒张大一点，四处地望，似乎在寻觅一个问题的答案。为什么那片阳光美得那样动人？

我记得我爬到房内窗前的桌子上坐着，有意无意地望望窗外，院里粉墙疏影同室内那片金色和煦绝然不同趣味。顺便我翻开手边娘梳妆用的旧式镜箱，又上下摇动那小排状抽屉，同那刻成花篮形小铜坠子，不时听雀跃过枝清脆的鸟语。心里却仍为那片阳光隐着一片模糊的疑问。

时间经过二十多年，直到今天，又是这样一泄阳光，一片不可捉摸，不可思议流动的而又恬静的瑰宝，我才明白我那问题是永远没有答案的。事实上仅是如此：一张孤独的桌，一角寂寞的厅堂。一只灵巧的镜箱，或窗外断续的鸟语，和水珠——那美丽小孩子的病名——便凑巧永远同初春静沉的阳光整整复斜斜地成了我回忆中极自然的联想。

赏读提示

文章开篇即以“将午未午时候的阳光，澄黄的一片，由窗棂横浸到室内”这样的细腻描写，将读者带入一个充满阳光与温暖的世界。随着作者的笔触，我们仿佛能亲眼见到那片澄黄的阳光如何穿透窗棂，洒满整个房间，感受到那份宁静与美好。

赏读时，不妨闭上眼睛，想象自己置身于那样的场景中，用心感受那份来自自然的馈赠。赏读时，可以留意作者情感的变化，思考那些回忆对她来说意味着什么，以及它们如何与眼前的阳光相互映照。

雅舍

梁实秋①

赏读提示

梁实秋的《雅舍》以诙谐幽默的笔调，将一间简陋的住所描绘得妙趣横生。最令人称道的是，作者以“雅”字点化平凡，将漏雨、鼠患等生活窘境转化为独特的审美体验。作品展现了作者豁达乐观的人生态度和高雅的生活情趣，教会我们在简朴中寻找诗意，在困境中保持优雅。

微课

梁实秋《雅舍》赏析

这篇散文不仅是一幅生动的居所写照，更是一曲生活艺术的赞歌，让我们懂得：真正的“雅”，不在于物质的丰盈，而在于心灵的富足。

---

① 梁实秋（1903—1987年），中国现当代散文家、学者、文学批评家、翻译家。梁实秋给中国文坛留下了两千多万字的著作，创造了中国现代散文著作出版的最高纪录，是中国国内第一个研究莎士比亚的权威。

吃瓜子

丰子恺①

赏读提示

微课

丰子恺《吃瓜子》赏析

丰子恺的《吃瓜子》以独特的视角，将寻常的嗑瓜子写得妙趣横生。作者以细腻的观察和幽默的笔触，描绘了国人吃瓜子的百态，既展现了这一日常小事的趣味，又暗含了对生活方式的深刻思考。

作品最精彩之处在于，它让我们看到：生活的艺术往往藏在最平凡的细节中。一粒小小的瓜子，也能嗑出生活的况味，品出文化的意蕴。这篇散文启示我们：用心感受生活的点滴，平凡中也能发现不平凡的美。

听听那冷雨

余光中②

赏读提示

微课

余光中《听听那冷雨》赏析

余光中的《听听那冷雨》是一曲动人的乡愁乐章。作者以“冷雨”为引，将雨声化作记忆的琴键，在现实与回忆间编织出一幅动人的情感画卷。最令人惊叹的是，作品将中国古典诗词的意境与现代散文的笔法完美融合，让雨声承载着千年的文化记忆，在字里行间流淌。

这篇散文不仅是对故土的深情告白，更是一次穿越时空的文化寻根，让我们在雨声中听见了中华文化绵延不绝的回响。

---

① 丰子恺（1898—1975年），中国现代书画家、文学家、散文家、翻译家、漫画家，被誉为“现代中国最艺术的艺术家”“中国现代漫画的鼻祖”。

② 余光中（1928—2017年），当代著名作家、诗人、学者、翻译家，驰骋文坛逾半个世纪，涉猎广泛。

学习体会

自我评价

任务七　散文创作练习

学习要求

1. 掌握散文的基本特征（形散神聚、语言灵活等），理解叙事、描写、抒情等表达方式，掌握散文中细节刻画、线索串联等写作技巧。

2. 能够围绕特定主题筛选生活素材，运用个性化语言完成结构完整、情感真挚的散文作品，并尝试将专业实践或职业体验融入创作。

3. 通过散文写作培养对生活的细致观察力与理性思考力，增强职业责任感与社会关怀意识，提升人文素养与审美能力。

写作范本1

匆匆①

朱自清②

燕子去了，有再来的时候；杨柳枯了，有再青的时候；桃花谢了，有再开的时候。但是，聪明的，你告诉我，我们的日子为什么一去不复返呢？——是有人偷了他们罢：那是谁？又藏在何处呢？是他们自己逃走了罢：现在又到了哪里呢？

我不知道他们给了我多少日子；但我的手确乎是渐渐空虚了。在默默里算着，八千多日子已经从我手中溜去；像针尖上一滴水滴在大海里，我的日子滴在时间的流里，没有声音，也没有影子。我不禁头涔涔③而泪潸潸④了。

去的尽管去了，来的尽管来着；去来的中间，又怎样地匆匆呢？早上我起来的时候，小屋里射进两三方斜斜的太阳。太阳他有脚啊，轻轻悄悄地挪移了；我也茫茫然跟着旋转。于是——洗手的时候，日子从水盆里过去；吃饭的时候，日子从饭碗里过去；默默时，便从凝然的双眼前过去。我觉察他去的匆匆了，伸出手遮挽时，他又从遮挽着的手边过去，天黑时，我躺在床上，他便伶伶俐

---

① 朱自清．名家散文：朱自清 热闹是它们的，我什么也没有［M］．杭州：浙江文艺出版社，2024.

② 朱自清（1898—1948年），现代杰出的散文家、诗人、学者、民主战士。主要作品有《背影》《春》《荷塘月色》。

③ 涔涔（cén cén）：形容汗、泪等不断往下流的样子。

④ 潸潸（shān shān）：形容流泪不止的样子。

俐地从我身上跨过，从我脚边飞去了。等我睁开眼和太阳再见，这算又溜走了一日。我掩着面叹息。但是新来的日子的影儿又开始在叹息里闪过了。

在逃去如飞的日子里，在千门万户的世界里的我能做些什么呢？只有徘徊罢了，只有匆匆罢了；在八千多日的匆匆里，除徘徊外，又剩些什么呢？过去的日子如轻烟，被微风吹散了，如薄雾，被初阳蒸融了；我留着些什么痕迹呢？我何曾留着像游丝样的痕迹呢？我赤裸裸来到这世界，转眼间也将赤裸裸的回去罢？但不能平的，为什么偏要白白走这一遭啊？

你聪明的，告诉我，我们的日子为什么一去不复返呢？

写作提示

朱自清的《匆匆》以诗意的语言表达了对时光流逝的感叹与无奈。请以此文为写作范本，结合自己的学习或实践经历，记录那些悄然流逝却值得铭记的“匆匆时光”。

1. 确定你的“匆匆”主题

回忆一下，自己在哪个时刻最强烈地感受到时间的飞逝？

参考选题：宿舍里的不眠之夜、实训室里的光阴、见习护士的值守夜。

2. 精选能记录时光痕迹的意象

时间看不见，但它会留下痕迹。通过观察物品、动作或环境的变化，把抽象时间具象化，让读者“看见”时间。

物品变化：实训服上的油渍、翻旧的教材、脱落的笔帽。

动作细节：敲代码时颤抖的指尖、晨练中略显沉重的脚步。

环境对照：空无一人的教室与熙熙攘攘的走廊。

3. 构建情感逻辑

一篇好的散文需要情感的起伏与推进。可参考下列结构，层层递进地展现“匆匆”的心路历程。

开端：一个不经意的细节引发回忆（如“翻到那页课本，发现上面残留一滴咖啡渍”）。

发展：串联起那段时光的日常（如“那是准备技能考核的深夜，咖啡几乎成了标配”）。

高潮：表达对时间飞逝的感慨与矛盾（如“我们追着时间跑，却从未握住它”）。

结尾：思考与升华（如“也许最宝贵的不是留住时间，而是在时间的流逝中看见自己努力的样子”）。

4. 锤炼散文语言

语言是情感的载体。尽量避免直接表达情绪，多用语言、动作、环境、细节等描写含蓄表达情绪。

直白句式："教师资格考试成绩出来了，综合素质又没过，我难过极了。"

含蓄手法："下铺耳机漏出的歌曲一首接一首，像被困在屋里的苍蝇，追着我嗡嗡吵个不停。"

写"匆匆"，不是单纯讲时间快，而是让人感受到"你经历了什么"。在真诚中写出细节，在细节中传递情感。让时间不只是流逝，更成为你成长的印记。

你的创作：

写作范本 2

外婆的早饭①

李娟

一般来说，外婆吃过早饭都会睡一会儿觉的。睡醒了，屋前屋后转一转。然后，一般来说，还要再睡一觉。这一觉得睡到午饭做好了才能结束。吃完午饭后，一般来说，她老人家还得躺上一会儿。躺到半下午，睡得实在睡不着了，起来再屋前屋后转一转。然后，回到帐篷里，往床上一倒——一般来说，又要睡到晚上开饭的时候……

白天睡成这样，那晚上干什么？晚上就开始玩了呗。一整夜，她睡的帐篷角落那边窸窸窣窣响个不停。有时会有"哐啷"一声，肯定是摔跤了，要不就一定是弄倒了什么东西。

"吱！吱吱!"的声音源自一捏就响的橡皮小耗子（真后悔，当初为什么要给她买这个……）。

"嚓嚓～嚓嚓～嚓嚓……"在给会跳的玩具小青蛙拧发条（后悔……）。

"啪嗒、啪嗒、啪嗒……"小青蛙开始跳了。

"窸窸哗哗……"不用说，又在数她的私房钱。

有时候，各种各样的怪声音还会一路延伸到摆放糖果的小食品货架那边……也不能怪老太太嘴馋，闲着也闲着，不吃怎么着？

而她老人家只要来了兴致，深更半夜也会旁若无人地唱歌。唱那种川味极浓的，调儿根本不带拐弯的，招魂一般的曲子。好在我们也听习惯了。乍一听的人还真受不了呢。

总之一夜不得安宁。直到天蒙蒙亮了，我们才能疲惫地沉沉睡去。那时，天大的声响也惊动不了。

那样的时刻，外婆也开始起床准备早饭了。

如果那个时候我醒着，会从帐篷缝里看到外婆一手拎一截小木桩（我们家的小板凳），一手捏着窄窄一溜儿桦树皮，弓着腰，慢慢向炉灶那边走去。

为预防火灾，我们家的灶砌得离帐篷比较远，在沼泽边的下风处。炉子很简单，三块石头往那儿一堆就行了。旁边还有一块大大的石头，很平，炒菜时可以放些油盐酱醋。没有风的时候，我们也把它当作饭桌围着吃饭。炉灶旁边还支了个"人"字形的小棚，里边垛了柴火。

---

① 李娟．阿勒泰的角落［M］．3 版．北京：新星出版社，2024.

外婆引燃桦树皮，小心放在灶膛里，又添些碎柴掩在上面，拢着手罩上火苗，挡住风。等火苗慢慢地越燎越大，才轻轻地搁上大柴。然后置锅烧水，淘米下锅。

就这样，清晨里，世界的第一缕炊烟在群山和森林间缥缥缈缈地升起了。我又朦胧睡去，梦里也去到了炊烟所抵达的最高处……

除了外婆，一些牧羊人和从外地来收购羊和羊皮的维族人、回族人也要早早地开始一天的内容。而在此之前，他们已经在路上走了很久了。早上多冷啊，他们裹着沉重的皮大衣，在清晨发白发亮的冷空气里走着。草地被冻上了，泛着白霜，硬硬的，被踩得“嘎吱嘎吱”响。太阳还没出来，天空也白茫茫一片，整个世界清晰而冷淡。

这时，第一缕炊烟在群山和森林间缥缥缈缈地升起。

如果我也是一个远行的人，看到这种情景也会马上改变自己原来的方向，非常高兴地循着炊烟而去。

于是每天清晨，在荒野里的火炉旁，总会围过来很多寒冷的行人烤火取暖。还有人在路上远远地朝这边打招呼，急急忙忙往这边赶。他们以炉灶为中心紧紧围坐一圈，高兴地说这说那，不时帮忙往炉子里添一块柴。稀饭沸开了，就赶紧帮着揭一下锅盖。每到那时，外婆就会进帐篷捧出一摞碗出来，为他们一人匀出小半碗滚烫的米汤。他们连忙感激地接过（虽然有些穆斯林忌讳汉人的食物，但拒绝像我外婆这样上了年纪的人是没有礼貌的。再说，我们在民族地区待久了，差不多也就跟着“清真”了嘛。再再说——这天多冷呀……），谢个不停。然后在热气腾腾的水蒸气和炊烟里，很幸福地小口小口啜饮。这时，远处的天空越来越蓝……突然，大地“轰”地一片金黄，太阳从群山间升起来了！

似乎也在同一时刻，羊群的咩叫声和牛哞声突然密集起来，一声声长呼短应。整条山谷都热闹起来。听着这声音，我们倦意更浓，犹在梦中。只觉得枕边一片透亮，被窝更加温暖了。偶尔眨开条眼缝，从帐篷缝隙里瞟到外面炉灶边的人们正恋恋不舍地起身离开。远一点的地方有他们的牛羊，在朝阳里耸动着点点金黄。

外婆早饭的火炉多亲切啊，它砌进了多少寒冷行人的幸福时光之中……

但是，正在最感动着的时候——

“大懒虫小懒虫快起来！太阳晒屁股啦！都睡一晚上了还没有睡够？”

真是窝火！也不知是谁让我们睡一晚上都没法睡够的……

但这时候要是再不起来的话，就有顾客钻进帐篷掀被窝买东西了。没办法，我睡在柜台上，我妈睡在货架下。都不大雅观。

我们便哈欠连天地离开被窝，迷糊着眼睛叠铺盖、穿戴、梳洗。但是看到稀饭已经盛出，新新鲜鲜、热气腾腾地搁在炉灶边的大石头上。三碗稀饭间摆着一碟子泡菜，也刚捞出来，水淋淋的。不禁让人精神一振，好心情伴着好胃口全来了。

我们一边喝稀饭，一边装作什么也不知道似的问道：

“咦，你什么时候把饭给做好了？”

她得意得呀——

“我就怕吵醒你们，干什么都悄悄的……”

这话真是比什么都气人。

接下来她又很体谅地说道：“你们从早到晚干活，太辛苦了，我给你们做顿饭嘛，也没什么的。我又不是老得动不得的人，能干一点就干一点嘛……你们太辛苦了，我只想让你们好好地休息……你们只要休息得好，我也就放心了……”

真是毫无办法。

吃完这顿珍贵的早饭，一般来说，她老人家又上床睡觉去了。

写作提示

向李娟学习日常生活的诗意凝视

——以《外婆的早饭》为范本的散文创作指南

李娟在《外婆的早饭》中展现了一种独特的写作智慧。她没有刻意编织复杂的情节，也没有使用直白抒情，而是通过一双善于发现的眼睛，捕捉生活中最平凡的细节。那些关于外婆生火煮粥的动作描写，关于夜间玩具声响的生动记录，都像是一幅幅细腻的工笔画，将生活的本真面貌徐徐展开。

这篇文章最打动人的地方在于它的克制与真诚。李娟不急于告诉读者应该感受什么，而是用从容的笔调，让外婆的形象在日常琐事中自然浮现。当写到“三块石头往那儿一堆就行了”的简易炉灶，或是外婆“悄悄地做饭”时流露的小得意，人物的性格与情感已然跃然纸上。

这种写作方式给我们很好的启示：好文章不一定要追求宏大主题或精巧结构。从最熟悉的生活场景入手，用心观察那些被我们忽视的习以为常的细节——母亲系围裙时打的结，父亲修理物品时专注的眉头，宿舍里清晨此起彼伏的闹铃声。用朴实生动的语言记录下这些细节，它们自会散发出温暖人心的力量。写作的真谛，就在于这份对生活的诚实与珍视。

微课

如何从生活中捕捉素材

微课

如何借景物表达思想情感

你的创作：

学习体会

自我评价

任务八　散文实践活动

学习要求

1. 能够通过访谈和拟人化写作，掌握人物描写与叙事技巧，理解职业工具的功能及背后的职业文化内涵。

2. 能够提升职业场景中的观察力、表达力和创造力，学会用生动的语言讲述职业故事。

3. 能够体会职业精神（如工匠精神、服务意识），增强职业认同感与文化自信，培养人文情怀与职业素养。

活动方案1

“职场人物速写——5～7分钟访谈录”活动方案

一、活动背景

为提升学生的职业洞察力、沟通表达能力和共情能力，特开展“职场人物速写——5～7分钟访谈录”活动。通过模拟职场访谈，引导学生深入挖掘职业故事，学习人物描写技巧，培养职业素养和人文情怀。

二、活动准备

1. 每个学生准备一份简短的职业故事（可以是自己的职业理想、实习经历或亲友的职业故事）。

2. 熟悉访谈技巧，准备3～5个开放式问题。

三、活动流程

（一）导入环节（5分钟）

1. 教师播放一段职场访谈视频，例如《职来职往》《非你莫属》等，激发学生兴趣。

2. 教师简要介绍活动内容和要求。

（二）访谈环节（60分钟）

1. 随意抽取10组学生。每组两人，分别扮演“采访者”和“被采访者”。

2. 采访者根据访谈提纲，对被采访者进行5～7分钟的访谈，挖掘其职业故事。

（三）写作环节（10 分钟）

任选一名被采访者，根据访谈内容撰写一篇 300 字左右的人物速写散文提交。

（四）评价环节（10 分钟）

1. 师生根据评分表对每位学生的人物速写散文进行评分。

2. 评选出“最佳人物速写奖”“最佳采访奖”“最具感染力奖”等。

（五）总结环节（5 分钟）

1. 教师总结活动情况，肯定学生的积极参与和精彩表现。

2. 引导学生思考职业故事的价值和意义，鼓励学生关注职业发展，提升职业素养。

四、写作建议

聚焦人物：以人物为中心，突出其职业特点、性格特征和精神品质。

细节描写：通过细节描写，展现人物的职业状态和内心世界。

情感表达：融入真情实感，引起读者共鸣。

语言生动：使用生动形象的语言，增强文章的可读性。

五、访谈提纲参考

您为什么选择这个职业？

您的工作日常是怎样的？

您在工作中遇到过哪些挑战？是如何克服的？

您认为从事这个职业需要具备哪些素质和能力？

您对这个职业的未来发展有什么看法？

六、评分表

评分项目	评分标准	分值	得分
内容深度	人物形象鲜明，职业特点突出，故事生动感人	30	
语言表达	语言流畅清晰，逻辑严谨，富有感染力	30	
细节描写	细节描写生动形象，能够展现人物内心世界	20	
情感表达	情感真挚饱满，能够引起读者共鸣	20	
总分		100	

活动方案 2

“物件漂流瓶——一个工具的自述”活动方案

一、活动背景

为激发学生的职业想象力与创造力，培养学生对职业工具的情感认同和技术理解，特开展“物件漂流瓶——一个工具的自述”活动。通过以职业工具的视角创作散文，引导学生从全新角度理解职业价值，提升叙事能力和职业素养。

二、活动准备

1. 每组抽取一件职业工具（如扫描枪、计算器、导游旗等）。

2. 利用课余时间查阅资料，了解工具的功能、使用场景及背后的职业故事。

3. 每人以工具视角撰写一篇300字左右的散文，小组内推出最优作品，提前做好课上展示准备。

三、活动流程

（一）导入环节（5分钟）

教师简要介绍活动内容和要求。

（二）分享环节（60分钟）

1. 各小组依次上台分享散文作品，形式可以是朗读、表演或PPT展示。

2. 分享结束后，其他小组可以进行简短的点评和交流。

（三）评价环节（10分钟）

1. 师生根据评分表对各小组的散文作品进行评分。

2. 评选出“最佳创意奖”“最佳叙事奖”“最具感染力奖”等。

（四）总结环节（15分钟）

1. 教师总结活动情况，肯定学生的积极参与和精彩表现。

2. 引导学生思考职业工具的价值和意义，鼓励学生关注职业细节，提升职业素养。

四、针对不同专业学生的写作建议举例

（一）旅游管理

以导游旗、讲解器等工具视角，讲述游客故事与职业感悟。

例如：导游旗的自述——“我见证了无数游客的笑脸，也经历了风雨的洗礼。”

（二）国际经济与贸易

以合同、计算器等工具视角，展现商务谈判与跨文化沟通。

例如：计算器的自述——“我见证了每一笔交易的达成，也记录了每一次谈判的博弈。”

（三）物流工程

以智能分拣机器人、RFID扫描枪等工具视角，讲述现代物流系统的运作。

例如：RFID扫描枪的自述——“我穿梭在货架之间，用数据连接着世界的每一个角落。”

（四）会计学、财务管理

以账本、计算器等工具视角，展现财务数据的严谨与职业操守。

例如：账本的自述——“我记录着每一笔收支，也见证着企业的成长与变迁。”

（五）计算机科学与技术、人工智能、物联网工程

以代码编辑器、神经网络模型等工具视角，探讨技术伦理与人类协作。

例如：代码编辑器的自述——“我见证了每一行代码的诞生，也参与了每一次技术的突破。”

五、评分表

评分项目	评分标准	分值	得分
创意构思	视角新颖，构思巧妙，富有想象力	30	
叙事技巧	情节生动，逻辑清晰，引人入胜	30	
细节描写	细节描写生动形象，能够展现工具特点	20	
情感表达	情感真挚饱满，能够引起读者共鸣	20	
总分		100	

学习体会

自我评价

专题三 小说

任务九　小说重新定义

学习要求

1. 了解中国小说的历史发展脉络，掌握小说的本质特点（虚构性）和构成要素（人物、情节、环境），理解不同时期代表作品的形式特点与艺术价值。

2. 能结合自身专业阐释对小说的理解和认识，能够将小说中的职业场景、技术伦理与专业实践相结合。

3. 培养创新思维与人文情怀，提升职场沟通与审美表达能力，增强文化自信，主动传承中华优秀传统文化。

知识积累

一、小说发展历程

小说是一种以塑造人物和讲述故事为主要特点的文学体裁，在我国有着悠久的发展历程。从先秦的寓言、志怪，到唐宋的传奇与话本，再到明清的长篇小说，以及现代小说，小说始终以生动的叙述反映社会生活、表达思想感情，是最贴近大众，也最具艺术魅力的文学形式之一。

（一）先秦两汉时期：从神话寓言到人物传记

先秦两汉时期，中国小说尚未发展为独立的文学体裁，但已出现大量具有叙事性和虚构性的作品，主要有神话传说、寓言故事和人物记载等。这些作品或来源于民间传说，或存在于诸子典籍与史传文献中。尽管形式各异、功能多样，这些作品却在题材、结构、表现手法等方面为后来的小说发展奠定了坚实基础。

神话传说是上古时期最具想象力的叙事形式，以《山海经》为典型代表。这部典籍内容庞杂，记载了大量充满奇幻色彩的地理风貌、异兽神祇和英雄传说——从夸父逐日的悲壮、女娲补天的创世，到刑天断首不屈的抗争，彰显远古先民对自然与生命的原始认知和宗教崇拜。

寓言是诸子百家典籍中的重要文体，《庄子》《韩非子》等著作中保存了大量经典寓言。这些故事如“庖丁解牛”“画蛇添足”等，以精练的语言、生动的情节传达深刻哲理。它们虽为说理服务，却在人物塑造和叙事结构上已具小说雏形，成为中国小说寓哲理于叙事的源头。

西汉文学在叙事艺术上取得重要突破。《列仙传》系统记载仙人传说，开创“仙传”文体，为后世志怪小说奠定基础。《史记》虽为史书，但其《刺客列传》等篇章运用小说笔法，通过精彩情节和生动对话塑造人物，展现了早期叙事文学的成熟技巧。

（二）魏晋南北朝时期：从人物轶事到神怪传说

魏晋南北朝时期，小说逐渐从史传文学中独立出来，形成独特的文体特征。社会动荡促使士人追求个性表达，推动了小说创作的发展。这一时期的作品主要分为两类：以记录名士言行为主的志人小说和以记载神怪故事为主的志怪小说。它们在叙事技巧和文学表现上都取得了显著进步。

志人小说以《世说新语》为代表，该书由刘义庆组织编撰。作品通过精练的语言和典型的情节，生动刻画了魏晋名士的风度与才情。其短小精悍的篇章和传神的描写手法，突破了传统史传的局限，开创了以气质写人的新范式。

志怪小说以《搜神记》最为著名，干宝搜集整理了众多神怪传说。“李寄斩蛇”“董永织女”等故事不仅想象奇特，更蕴含着深厚的民间智慧。这些作品在叙事结构上已初具规模，情节完整，人物鲜明，既有超自然的奇幻色彩，又折射出社会现实。

（三）唐宋时期：传奇与话本的流行

唐宋时期是中国小说艺术走向成熟的关键阶段。这一时期的小说创作在题材拓展、叙事结构和文学表现等方面都取得了突破性进展，形成了文人传奇与民间话本双轨并进的发展格局，为后世小说创作树立了重要典范。

唐代传奇代表着文人小说的艺术高峰。以《李娃传》《霍小玉传》为代表的传奇作品，在保持典雅文风的同时，开创性地将笔触深入人物内心世界。这些作品往往通过精巧的情节设计和细腻的心理描写，展现出文人叙事艺术的成熟魅力。特别值得注意的是，传奇作家们已开始有意识地运用“有意为小说”的创作理念，在虚实相生的叙事中探索人性的复杂维度。

宋代话本则展现了民间叙事的蓬勃生机。《碾玉观音》等作品不仅保留了说书艺术的口语化特色，更发展出完整的叙事框架。其突破性体现在三个方面：一是采用“入话一正话一散场”的固定结构；二是大量运用方言俗语增强表现力；三是通过戏剧性对白推进情节。这些特征使得话本既保持了民间文学的鲜活特质，又具备了书面文学的精致品格，为《水浒传》等章回小说的出现铺平了道路。

（四）明清时期：长篇小说的黄金时代

明清时期是中国古典小说艺术全面成熟的黄金时代。这一时期不仅短篇拟话本创作繁荣，更孕育了多部具有划时代意义的长篇巨著。冯梦龙的“三言”与凌濛初的“二拍”在宋元话本基础上推陈出新，以生动的情节和通俗的语言展现了市井百态，成为明代白话短篇小说的典范。真正代表这一时期小说艺术巅峰成就的，则是体制宏大、思想深邃的长篇章回小说。

章回小说在明清两代达到艺术高峰，形成了分回标目、情节连贯的固定体制。明代四大奇书《三国演义》《水浒传》《西游记》《金瓶梅》各擅胜场，或写历史风云，或绘英雄传奇，或述神魔世界，或描世情百态。至清代，《红楼梦》更以精微的笔触刻画贵族兴衰，其人物塑造之丰满、思想内涵之深刻，将中国古典小说艺术推向极致。这些作品在叙事结构、语言艺术和思想深度上均达到高度统一。

明清小说的艺术成就对后世影响深远。章回体的叙事模式为近现代长篇小说提供了重要借鉴，拟话本的语言风格深刻影响了通俗文学创作。这一时期最终确立了小说作为主流文学体裁的地位，使其成为最受民众喜爱的文艺形式，为中国文学史书写了辉煌篇章。

（五）现当代：从鲁迅到网络文学

中国现当代小说在时代变革中展现出强大的适应性与创新力。自五四新文化运动起，小说突破传统章回体桎梏，转向关注社会现实与个体命运。鲁迅的《狂人日记》开创白话小说先河，其笔下的阿 Q、祥林嫂等形象，以犀利的批判精神解剖国民劣根性。同期茅盾的《子夜》、巴金的《家》、老舍的《骆驼祥子》等作品，共同构建了现实主义的文学谱系。1949 年后，“伤痕文学”与“改革文学”延续这一传统，在集体叙事中注入人性关怀。

21 世纪以来，小说创作呈现多元化格局。严肃文学持续探索人性深度，如余华的《活着》对生命韧性的礼赞等。与此同时，网络文学异军突起，猫腻的《庆余年》糅合历史与权谋，唐家三少的《斗罗大陆》开创玄幻体系，Priest 的《默读》探索悬疑推理。这些作品通过付费阅读、IP 改编等新模式，实现文学与数字媒介的深度融合。

现当代小说的发展轨迹，既延续了“文以载道”的传统，又积极回应技术变革。从纸质出版到数字传播，从精英创作到大众参与，中国小说正在书写着传统与现代交融的新篇章。

中国小说的演进历程犹如一部浓缩的文明史诗。从先秦寓言的哲理萌芽，到唐宋传奇的文人叙事，再到明清章回小说的鸿篇巨制，直至现当代的多元探索，小说始终以独特的艺术形式记录着时代脉搏。通过梳理小说史，我们既能把握文学演进的规律，又能透过文字窥见不同时期的社会镜像与人性真相，在审美体验中获得思想启迪。

微课 小说的三要素

微课 小说的历史发展

微课 从篇幅角度看小说的分类

二、小说审美特征

小说是一种以虚构为特征、以叙事为核心的文学体裁，是最能展现复杂人性和生活全貌的艺术形式。它通过塑造鲜明的人物形象、编织曲折动人的情节、营造富有意味的环境，构建起真实而广阔的艺术世界。人物是小说的灵魂，情节是骨架，环境是背景，三者相辅相成，共同营造出具有艺术张力和思想深度的审美世界。

（一）鲜明的人物形象

人物是小说的灵魂。相比于其他文学体裁，小说更侧重通过典型人物的塑造展现社会风貌和复杂人性。一个成功的人物形象，往往超越具体情节，带有深刻的象征意味，具有穿越时空的生命力。

案例 1 《红楼梦》中的林黛玉

林黛玉是中国小说史上最具代表性的悲剧人物之一。她聪慧、孤傲、敏感，以诗言志，以泪寄情，才情与命运交织成一曲哀婉的悲歌。她的形象不仅展现了封建礼教下女性自我意识的觉醒与幻灭，更折射出时代的沉重与人性的脆弱，具有深远的艺术感染力。

案例 2 《水浒传》中的武松

武松以豪爽、刚烈、疾恶如仇著称，是中国古典小说中极具英雄气概的人物。醉打蒋门神、血溅鸳鸯楼等情节塑造出一个桀骜不驯、快意恩仇的硬汉形象，不仅展现了人们对正义的渴望，也反映出社会底层人物对压迫不屈抗争的精神。

（二）曲折的情节结构

情节是小说构建故事世界的重要骨架。通过精心设计的情节，小说制造矛盾冲突、推动人物成长，引发读者的期待与思考。曲折的情节不仅能增强作品的可读性，更能在复杂的事件演进中展现人物性格、深化主题内涵。

案例 1 《三国演义》中的赤壁之战

赤壁之战是《三国演义》中的高潮情节，描绘了孙刘联合抗曹的过程。曹操自恃兵强，南下伐吴，孙权、刘备暗中筹谋，诸葛亮舌战群儒、草船借箭，最终火烧赤壁，大败曹军。这一系列环环相扣的情节，充满计谋与悬念，展现了智谋博弈与战争变局的艺术魅力。

案例 2 《西游记》中的真假美猴王

真假美猴王是《西游记》中的经典情节。孙悟空在西行途中遭遇六耳猕猴冒充，引发真假难辨的混乱局面。众多神仙纷纷出手却无法辨认真伪，直到佛祖亲自断定，方才解开谜团。这一情节不仅增强了故事的悬念与趣味，也引发了人们对真假善恶的深层思考。

（三）深广的环境描写

小说通过对自然景物、社会背景、生活场景的细致描绘，为人物活动提供真实可信的空间，同时营造出富有象征意味的艺术氛围，使作品的思想深度与审美感染力得以增强。

案例 1 《红楼梦》中的大观园

《红楼梦》中的大观园是一个极具象征意蕴的艺术空间。作为贾府贵族生活的核心场所，它既是现实中的园林建筑，更是作者精心构筑的理想国。园中“翠嶂”“沁芳”等景致，通过诗化的语言呈现，既展现了贾府鼎盛时期的奢华气象，也暗含“盛极必衰”的隐喻。曹雪芹通过环境与命运的共振，完成了对封建家族没落的艺术写照。

案例 2 莫言《红高粱家族》中的高粱地

莫言精心构建的高粱地意象，是一个极具艺术张力的叙事空间。火红的高粱地不仅是故事展开的自然背景，更是承载着多重象征意蕴的艺术符号。它见证了余占鳌与九儿的炽烈爱情，目睹了抗日志士的血色抗争，最终升华为民族生命力的图腾。通过浓墨重彩的描写，高粱地既呈现出胶东大地的地域特色，又隐喻着中华民族在苦难中迸发的野性生命力，使作品获得史诗般的厚重质感。

三、如何赏析小说

阅读小说，不仅是对故事的欣赏，更是对人物塑造、情节安排、主题立意、语言风格、叙事技巧的全面解读。以下从五个方面介绍赏析小说的方法，并结合经典作品进行说明。

微课

如何赏析小说

（一）梳理情节结构，把握叙事脉络

情节是小说的骨架，通过事件发展推动人物命运，展现矛盾冲突，传递思想主题。赏析小说时，应梳理情节结构，把握叙事脉络，关注故事的起承转合，理清关键情节对人物变化和主题深化的作用，探究情节安排背后的艺术匠心。

案例 1 老舍《骆驼祥子》

《骆驼祥子》采用顺叙方式，围绕祥子三次买车、失车的经历展开，情节紧凑而递进。读者在梳理情节时，可以发现每一次失败不仅改变了祥子的命运，也加剧了人物内心的崩溃，从而体会作者如何借层层推进的情节展现底层小人物理想破灭的悲剧。

案例 2 路遥《平凡的世界》

《平凡的世界》运用多线并进的叙事结构，交织孙少安、孙少平兄弟的人生轨迹。读者可以在梳理情节线索时，发现小说巧妙地将个人成长与社会变革、城乡矛盾、爱情困境等交错融合，从而理解作者如何通过宏大的情节格局来表现普通人在时代洪流中的奋斗与坚韧。

（二）分析人物形象，透视人性本质

人物是小说的灵魂。赏析小说时，应关注人物的外在行为、语言、心理描写，以及他们在情节中的变化轨迹。通过分析人物形象，可以深入理解小说对人性、社会、时代的揭示。要注意人物的复杂性与多面性，探究其背后的情感动机和价值观，透视人性的矛盾与冲突。

案例 1 沈从文《边城》中的翠翠

翠翠是《边城》中纯真、美好而又孤独的少女形象。读者可以通过分析她在爱情、家庭、命运面前的内心变化，体会其性格中的善良、坚韧与无奈。同时，翠翠也象征着一种即将消逝的田园理想，展现了作者对人性温暖与孤独的深刻体悟。

案例 2 余华《活着》中的福贵

福贵是《活着》中的核心人物，亲人一个个离去，他仍顽强地活着。读者可以分析他从挥霍成性的少爷到默默承受苦难的农民的转变过程，体会他在极端境遇中的麻木与坚韧，进一步思考小说如何借福贵的形象揭示人在苦难压迫下的生存状态与人性的复杂。

（三）挖掘主题思想，领悟深层意蕴

小说不仅讲述故事、塑造人物，更借助情节冲突与人物命运传达深层的主题思想。赏析小说时，应关注作品所揭示的社会问题、人性探讨、历史反思等，从情节走向主题，从细节通往整体，把握小说隐含的价值取向与思想意蕴，领悟作品背后的批判、反思立场。

案例 1 张炜《古船》

《古船》以双水村三代人的家族纷争为线索，展现农村社会的变迁及在历史变革中的文化冲突与人性嬗变。读者可以从家族内部矛盾和人物命运的演变中，探究小说对于历史创伤、文化断裂与人性沉重的深刻反思，理解作者如何通过家族兴衰寓言式地表现民族历史的创痛。

案例 2 刘慈欣《三体》

《三体》通过“黑暗森林法则”展现宇宙中生存竞争的冷酷法则，提出关于

文明存续与宇宙伦理的深刻命题。读者可以从叶文洁的选择、罗辑的“面壁计划”等关键情节入手，思考小说如何通过人物行为与情节推进，展现科技发展带来的道德困境，引发对人类命运、文明未来与生存伦理的深刻反思。

（四）关注叙事视角，理解叙述策略

叙事视角是小说叙述的重要策略，决定了故事的呈现方式与读者的阅读体验。赏析小说时，应注意作者如何选择第一人称、第三人称或多重视角，以及这些视角如何影响情节推进、人物塑造和主题表达。通过分析叙述视角，可以帮助读者理解作品如何在“讲故事”的过程中制造距离、引导情感、构建意义。

案例 1 鲁迅《孔乙己》

《孔乙己》采用第一人称旁观者视角，以酒楼小伙计的口吻讲述孔乙己的故事。读者可以发现，这种视角限制了信息的全面性，却增强了故事的真实性和生活气息。通过小伙计冷漠而带有好奇的眼光，读者能够感受到孔乙己悲剧命运背后的社会冷漠与麻木。

案例 2 张爱玲《金锁记》

《金锁记》采用第三人称全知视角，深入描写曹七巧的生活困境和心理变化。读者可以关注这种视角如何让叙述既保持一定客观距离，又能细腻展现人物内心的扭曲与痛苦。通过全知视角的转换与切入，小说呈现出一个压抑而悲凉的时代画卷，使读者更深入地理解人物悲剧的社会根源。

（五）品味语言风格，感受艺术特色

语言是塑造人物、营造氛围、传递情感的载体。赏析小说时，要注意语言的风格特征，如简练、生动、抒情、冷峻等，以及修辞手法的运用。通过品味小说语言的节奏、意象、句式和修辞，读者可以感受作品的艺术气息，体会作者独特的审美追求。

案例 1 沈从文《边城》

《边城》的语言清新质朴，富有诗意。读者可以通过品读小说对自然风物、人物心境的细腻描绘，感受作者对湘西风土人情的深情书写。其语言温润内敛，

融合叙事与抒情，使故事呈现出淡淡的忧伤与温柔的底色，展现了沈从文独特的语言艺术。

案例 2 **莫言《蛙》**

《蛙》的语言融合乡土色彩与魔幻色彩，富有张力与冲击力。读者可以注意作者运用夸张、比喻、象征等手法，使严肃沉重的计划生育题材在荒诞夸张的叙述中呈现出震撼人心的力量。小说语言粗粝生猛，带有浓烈的地方气息，强化了作品的批判力度与艺术表现力。

四、结合专业思考

（一）从专业视角定义小说

从你的专业角度出发，重新定义小说的核心价值。例如：

护理专业：小说是用真实患者故事构建的叙事模型，帮助医护人员理解疾病背后的人性需求。

物流管理专业：小说是用情节冲突模拟供应链问题的虚拟沙盘，通过故事推演优化流程决策。

人工智能专业：小说是用数据与逻辑生成的人类情感图谱，训练 AI 理解复杂的社会关系。

环境艺术专业：小说是用文字构建的空间叙事，为景观设计提供灵感与情感脚本。

你的思考：____

____

____

____

（二）小说功能与职业应用

小说通过人物、情节反映社会现实。结合你的专业，谈谈如何用小说解决职业问题。例如：

金融专业：如何用商战小说中的角色博弈（如《大空头》），分析金融市场的人性弱点与风险控制？

建筑工程专业：如何用小说情节设计（如悬疑推理）模拟施工安全隐患，提升团队风险预判能力？

影视制作专业：如何将小说叙事技巧（如多线并行）应用于分镜脚本设计，增强影视作品的表现力？

电子商务专业：如何用小说故事化手法撰写客户购物体验案例，提升客户需求分析报告的可读性？

你的思考：____

____

____

____

（三）小说特征与职业迁移

小说的核心特征包括人物塑造、情节冲突、环境描写。结合你的专业，举例说明其应用价值。例如：

护理专业：如何用小说人物塑造方法设计患者心理档案，提升共情护理能力？

物流管理专业：如何用小说情节冲突模拟供应链突发事件（如港口罢工），优化应急预案？

人工智能专业：如何用小说环境描写技巧优化AI对话场景，使虚拟助手更具情境代入感？

环境艺术专业：如何用小说空间叙事逻辑（如《哈利·波特》对角巷）设计沉浸式商业街区？

你的思考：____

____

____

____

（四）小说思维赋能职业创新

小说的想象力与叙事逻辑可激发职业创新。结合你的专业，设计一个跨界项目。例如：

金融专业：以“区块链时代的信任危机”为主题，创作一部经济悬疑小说，探讨数字货币的人性博弈。

建筑工程专业：以“未来绿色城市”为背景，用小说形式设计一个智能建筑项目提案，融合科技与人文叙事。

影视制作专业：将短篇小说改编为互动式微电影剧本，观众通过选择剧情分支来影响故事结局。

电子商务专业：用小说连载形式打造品牌IP（如“双十一购物奇遇记”），通过故事化营销提升用户黏性。

你的思考：____

____

____

____

学习体会

自我评价

任务十　经典小说赏析

学习要求

1. 理解经典小说的核心要素（叙事结构、人物塑造、主题表达、环境描写等），学习小说赏析的基本方法。

2. 能够通过情节分析、人物关系梳理、语言风格辨析、主题探究等方法，独立完成对小说的多维度解读。

3. 通过阅读经典小说，提升审美品位与文学鉴赏力，培养对人性、社会与历史的深刻共情能力，增强人文关怀意识与社会责任感。

精读作品

长恨传①

唐·陈鸿

开元中，泰阶平，四海无事。玄宗在位岁久，倦于旰食宵衣，政无大小，始委于右丞相，稍深居游宴，以声色自娱。先是，元献皇后武淑妃皆有宠，相次即世。宫中虽良家子千数，无可悦目者。上心忽忽不乐。

时每岁十月，驾幸华清宫，内外命妇，熠耀景从。浴日余波，赐以汤沐，春风灵液，澹荡其间。上心油然，若有所遇，顾左右前后，粉色如土。诏高力士潜搜外宫，得弘农杨玄琰女于寿邸，既笄矣。鬓发腻理，纤秾中度，举止闲冶，如汉武帝李夫人。别疏汤泉，诏赐藻莹。既出水，体弱力微，若不任罗绮。光彩焕发，转动照人。上甚悦。进见之日，奏《霓裳羽衣曲》以导之；定情之夕，授金钗钿合以固之。又命戴步摇，垂金珰。明年，册为贵妃，半后服用。由是冶其容，敏其词，婉娈万态，以中上意。上益嬖焉。时省风九州，泥金五岳，骊山雪夜，上阳春朝，与上行同辇，居同室，宴专席，寝专房。虽有三夫人，九嫔，二十七世妇，八十一御妻，暨后宫才人，乐府妓女，使天子无顾盼意。自是六宫无复进幸者。非徒殊艳尤态致是，盖才智明慧，善巧便佞，先意希旨，有不可形容者。

① 鲁迅先生纪念委员会. 鲁迅全集：第十卷［M］. 广州：花城出版社，2021.

叔父昆弟皆列位清贵，爵为通侯。姊妹封国夫人，富埒王宫，车服邸第，与大长公主侔矣。而恩泽势力，则又过之，出入禁门不问，京师长吏为之侧目。故当时谣咏有云：“生女勿悲酸，生男勿喜欢。”又曰：“男不封侯女作妃，看女却为门上楣。”其人心羡慕如此。

天宝末，兄国忠盗丞相位，愚弄国柄。及安禄山引兵向阙，以讨杨氏为词。潼关不守，翠华南幸，出咸阳，道次马嵬亭。六军徘徊，持戟不进。从官郎吏伏上马前，请诛晁错以谢天下。国忠奉氂缨盘水，死于道周。左右之意未快。上问之。当时敢言者，请以贵妃塞天下怨。上知不免，而不忍见其死，反袂掩面，使牵之而去。仓皇展转，竟就死于尺组之下。

既而玄宗狩成都，肃宗受禅灵武。明年，大赦改元，大驾还都。尊玄宗为太上皇，就养南宫。自南宫迁于西内。时移事去，乐尽悲来。每至春之日，冬之夜，池莲夏开，宫槐秋落，梨园弟子，玉琯发音。闻《霓裳羽衣》一声，则天颜不怡，左右歔欷。三载一意，其念不衰。求之梦魂，杳不能得。

适有道士自蜀来，知上皇心念杨妃如是，自言有李少君之术。玄宗大喜，命致其神。方士乃竭其术以索之，不至。又能游神驭气，出天界，没地府，以求之，不见。又旁求四虚上下，东极天海，跨蓬壶。见最高仙山，上多楼阙，西厢下有洞户，东向，阖其门，署曰“玉妃太真院”。方士抽簪叩扉，有双鬟童女，出应其门。方士造次未及言，而双鬟复入。俄有碧衣侍女又至，诘其所从。方士因称唐天子使者，且致其命。碧衣云：“玉妃方寝，请少待之。”于时云海沉沉，洞天日晓，琼户重阖，悄然无声。方士屏息敛足，拱手门下。

久之，而碧衣延入，且曰：“玉妃出。”见一人冠金莲，披紫绡，珮红玉，曳凤舄，左右侍者七八人。揖方士问皇帝安否，次问天宝十四载已还事。言讫悯然，指碧衣取金钗钿合，各折其半，授使者曰：“为我谢太上皇，谨献是物，寻旧好也。”方士受辞与信，将行，色有不足。玉妃固征其意。复前跪致词：“请当时一事，不为他人闻者，验于太上皇。不然，恐钿合金钗，负新垣平之诈也。”

玉妃茫然退立，若有所思，徐而言曰：“昔天宝十载，侍辇避暑于骊山宫。秋七月，牵牛织女相见之夕，秦人风俗，是夜张锦绣，陈饮食，树瓜华，焚香于庭，号为乞巧。宫掖间尤尚之。时夜殆半，休侍卫于东西厢，独侍上。上凭肩而立，因仰天感牛女事，密相誓心，愿世世为夫妇。言毕，执手各呜咽。此独君王知之耳。”因自悲曰：“由此一念，又不得居此。复堕下界，且结后缘。或为天，或为人，决再相见，好合如旧。”因言：“太上皇亦不久人间，幸惟自安，无自苦耳。”使者还奏太上皇，皇心震悼，日日不豫。其年夏四月，南宫宴驾。

元和元年冬十二月，太原白乐天自校书郎尉于盩厔，鸿与琅邪王质夫家于是邑。暇日相携游仙游寺，话及此事，相与感叹。质夫举酒于乐天前曰：“夫希代之事，非遇出世之才润色之，则与时消没，不闻于世。乐天深于诗，多于情者也。试为歌之，如何?”乐天因为《长恨歌》。意者不但感其事，亦欲惩尤物，窒乱阶，垂于将来者也。歌既成，使鸿传焉。世所不闻者，予非开元遗民，不得知。世所知者，有《玄宗本纪》在。今但传《长恨歌》云尔。

【译文】

开元年间的时候，天下太平，国家无事。玄宗在皇位的日子长了，就厌倦了整日忙于政事的生活，把朝中的大小事务都委托右丞相处理，自己开始躲在深宫里游嬉宴乐，用音乐和女色来取乐。在这之前，元献皇后和武淑妃都受到过皇上的宠爱，不过她们都相继过世了。宫里虽然有好几千好人家的女子，但是没有特别看得入眼的，皇上心里空落落的，总是闷闷不乐。

当时每年的十月份，皇上都要去一趟华清宫，那时皇城内外有封号的女人，都会随同前往，整个队伍光彩照人。皇上洗过澡以后，也让这些女人们沐浴，春风吹动水波，一切都显得舒缓恬静。皇上忽然心动，好像遇见了中意的人，再看自己身边的女子，涂抹的脂粉就好像尘土一般黯淡无光。他下令让高力士偷偷地到宫外寻找美人，在寿王府里找到了弘农杨玄琰的女儿，已经十五岁了。她头发柔顺细滑，体态肥瘦合宜，举止闲散有风致，好像汉武帝的李夫人。于是另外为她开凿了一座温泉池，下诏赏赐给她洗澡。她从水里走出来，身体娇弱，气力全无，好像都无法承受身上丝织衣料的重量。她神采焕发，顾盼之间都能感染到他人。皇上非常高兴。杨氏觐见的日子，皇上让人演奏《霓裳羽衣曲》作为引导；两人定情的日子，他送她金钗和钿盒来巩固这段感情。又让她头戴步摇，耳挂金珰。第二年，册封她为贵妃，服饰和用度都参照皇后减半。从那以后，杨贵妃将自己打扮得格外妖娆，说话格外机敏，又百般和顺亲昵，来讨好皇上，皇上就更加宠爱她了。那时候，不管是到地方各州视察民风，还是祭祀五岳山川，不管是在骊山宫欣赏雪夜景致，还是在上阳宫度过春天的早晨，杨贵妃都与皇上在一起，他们行路的时候坐在一辆车里，止息的时候待在一间屋子里，宴饮的时候皇上专门要与她同席，睡觉的时候也专门要与她同房。虽说后宫有三位夫人、九位嫔、二十七位世妇、八十一位御妻，还有宫女才人、乐府歌伎，杨贵妃却能让皇上对她们全无兴趣。从那以后，宫里就再没有其他人能得到皇上的宠幸了。能够做到这些，并不仅仅是因为杨贵妃美艳出众，娇媚非常，也是因为她聪明机智，做人乖巧，善于阿谀奉承，能够预先猜测到皇上的心意，她这方面的才能真是无法用言语来形容的。

杨贵妃的叔父和兄弟都做上了高贵显要的官，并且被加封为最高一等的爵位。姐妹被封为国夫人，富有可比皇宫，车马、服饰、宅第的奢华程度，都跟大长公主一样了，而她们受到的恩宠和拥有的势力，却又要超出公主之上，在宫门出入从来不会通报名字，京城里地位较高的官员看到她们，都畏惧得不敢正视。所以当时有歌谣这么说："生了女儿不要悲伤难过，生了儿子不要高兴过头。"又说："儿子封不了侯，女儿倒可以当妃子，女儿好比是门楣，光宗耀祖全凭此。"老百姓对杨家的富贵竟然羡慕到了这种程度。

天宝末年，杨贵妃的哥哥杨国忠不合理地取得了丞相的官位，肆意处理国事。安禄山带兵攻向皇城的时候，就把讨伐杨家作为起兵的借口。潼关没有能守住，皇帝在仪仗队伍的护送下向南逃去。从咸阳城里出来，走到了马嵬坡的驿站，军队不再前进，士兵们手拿兵器在原地徘徊。皇上身边的侍从郎官匍匐着来到皇上马前，请求诛杀祸乱朝政的罪臣，向天下人谢罪。杨国忠按古时的惯例，拿着用牦牛尾做成的帽带，手捧一盘水，向皇帝谢罪，在路边被处死了。随行人员似乎还不满意。皇上询问原因，当时有个敢说话的人就请求皇上处死贵妃，这样才能平复天下人的怨恨之情。皇上知道保不住杨贵妃，又不忍心看着她死去，就用袖子遮住了脸，让别人把她带走。杨贵妃惊慌失措，忧惧不已，最后还是死在了白绫之下。

那以后，玄宗来到成都，在灵武把皇位禅让给了肃宗。第二年，变更年号，大赦天下，肃宗皇帝回到了京城，尊奉玄宗为太上皇，让他在南宫颐养天年。玄宗又从南宫搬到了皇城西面，时光流逝，往事只能回忆，生活开始变得没有滋味，玄宗渐渐觉得悲哀起来。每到春天时节，或是冬季夜晚，或是夏日里池塘中的莲花盛开，或是秋天里宫中的槐叶坠落的时候，当梨园弟子弹拨乐器，当玉管发出声响，只要听到《霓裳羽衣》的一个音调，玄宗就马上沉下脸来，身边服侍的人也就跟着叹息起来。三年过去了，还是一个样子，玄宗对贵妃的思念并没有衰减。想要在梦中与她相聚，却也没办法实现。

当时正好有个道士从蜀地来，知道太上皇思念杨贵妃到了这种地步，自称能够施展李少君的那种法术。玄宗非常高兴，让他把杨贵妃的魂魄招引来。这个道士于是竭尽所能，施展法术招引杨妃的魂魄，却没能招来。他又能让自己的精神离开躯体，乘着云气飞行，上到天界，下到地府，像这样去寻找，也没能找到。他又向四方天地寻找，向东越过天海，跨过蓬壶仙山，看到一座极高的仙山，山上有许多高楼，西边房屋那里有一间深邃的大房子，朝东，关着门，门额上写着"玉妃太真院"。道士拔出发簪来敲门，有个梳着两个环形发髻的小姑娘出来应门。道士慌忙间没有说上话，那小姑娘又进去了。过了一会儿，有个穿绿色衣服的侍女出来，问他是从哪里来的。道士就说是唐朝天子的使者，并且把玄宗让他寻找杨妃的事情告诉了她。绿衣服的侍女说："玉妃正在睡觉，请你稍等一会儿。"那时候屋子旁弥漫着深邃的云雾，早晨的太阳照进了幽深的住所，精美的门户一扇扇都关闭着，周围没有一点声响。道士屏住呼吸，停住脚步，恭敬地拱手等在门外。

过了很长时间，绿衣服的侍女一边请他进去，一边告诉他："玉妃出来了。"

只见一个人戴着金莲式样的帽子，披着紫色的薄纱衣衫，佩戴红色的玉佩，拖着凤头鞋，身边跟着七八个侍女。她向道士作揖，询问皇帝是否安好，接着又问天宝十四年以后的事情。说完话，她神情忧愁，指示绿衣侍女拿来金钗和钿盒，都折下一半交给使者说："替我告诉太上皇：恭敬地献上这些东西，算是重温过去在一起的时光。"道士接下了口信和信物，就要走了，脸上却露出了不满足的神色。玉妃坚持要他把心里的想法说出来。道士又向前下跪，说道："请告诉我一件当时的事情，别人都不知道的，这样太上皇才会相信我，要不然，我害怕手上的金钗和钿盒要跟汉代新垣平的玉杯一样，被别人说成骗人的玩意。"

玉妃惆怅地退后几步站着，好像在想些什么，然后慢慢地说道："天宝十年的时候，我陪伴皇上在骊山宫避暑。那是七月的秋天，牵牛星和织女星相会那天的晚上，按照秦地的风俗，那天晚上要在庭院地上铺开锦绣褥子，陈列食物饮料，摆放瓜果和鲜花，然后烧香祝祷，称作乞巧。宫廷里尤其推崇这种风俗。那时快半夜了，我让侍卫们退到东西厢房里，我一个人服侍皇上。皇上跟我并肩站着，抬头看着天空，为牛郎织女的故事而感慨起来，两个人私下里发誓，生生世世都要做夫妻。说完这个，拉着手都哭起来了。这件事是只有皇上知道的。"她说完又伤心地自言自语说："动了这个念头，我又不能待在这里了。大概要再次沦落到人间，或者可以成就后世的姻缘。不管是在天上，还是在人间，一定要和他再相见，像从前一样恩爱。"她于是接着说："太上皇在人间的日子也不会太长了，希望他保重身体，不要自寻烦恼。"道士回去报告太上皇，太上皇内心震动悲伤，天天闷闷不乐。这一年四月的夏天，太上皇在南宫宴饮的时候过世了。

元和元年十二月的冬天，太原白乐天由校书郎调任盩厔县尉，而我陈鸿和琅琊王质夫都住在这个地方。假日里，三个人一起来到仙游寺游玩，说到唐明皇与杨贵妃的故事，都感慨叹息起来。质夫举起酒杯，走到乐天面前说："一个时代难得发生的事情，如果没有这个时代杰出的人才写文章修饰润色，就会跟这个时代一起消亡湮没，后世的人再也不会知道。乐天你对诗歌的造诣很深，感情也很丰富，试着将这事写一首歌行吧，怎么样？"于是乐天就写了《长恨歌》，他的用意不仅仅是抒发自己的感慨，也想通过惩戒引发祸乱的美色、堵塞造成祸乱的根源，为后世提供警示。他写完《长恨歌》，让我作传。世上的人不知道的事，我不是经历过开元年的人，也没法知道。世上的人所能知道的事，史书《玄宗本纪》里都会记载，我现在就只是为《长恨歌》作传而已。

欣赏与思考

1.《长恨传》采用了怎样的叙事结构？请结合小说内容，分析作者如何通过倒叙、插叙等手法增强故事的吸引力和艺术效果。

2. 小说中的唐玄宗和杨贵妃是两个核心人物。请结合小说内容，分析作者如何通过语言、动作、心理描写等手法塑造这两个人物形象。你认为他们的形象具有怎样的特点？

3.《长恨传》不仅讲述了唐玄宗与杨贵妃的爱情故事，还隐含了对历史和政治的反思。请结合小说内容，分析作者通过这个故事表达了怎样的主题思想。你认为这个故事对现代读者有什么启示？

黛玉焚稿①

曹雪芹②

且说黛玉虽然服药，这病日重一日。紫鹃等在旁苦劝，说道："事情到了这个分儿，不得不说了。姑娘的心事，我们也都知道。至于意外之事是再没有的。姑娘不信，只拿宝玉的身子说起，这样大病，怎么做得亲呢。姑娘别听瞎话，自己安心保重才好。"黛玉微笑一笑，也不答言，又咳嗽数声，吐出好些血来。紫鹃等看去，只有一息奄奄，明知劝不过来，惟有守着流泪，天天三四趟去告诉贾母。鸳鸯测度贾母近日比前疼黛玉的心差了些，所以不常去回。况贾母这几日的心都在宝钗宝玉身上，不见黛玉的信儿也不大提起，只请太医调治罢了。

黛玉向来病着，自贾母起，直到姊妹们的下人，常来问候。今见贾府中上下人等都不过来，连一个问的人都没有，睁开眼，只有紫鹃一人。自料万无生理，因扎挣着向紫鹃说道："妹妹，你是我最知心的，虽是老太太派你伏侍我这几年，我拿你就当我的亲妹妹。"说到这里，气又接不上来。紫鹃听了，一阵心酸，早哭得说不出话来。迟了半日，黛玉又一面喘一面说道："紫鹃妹妹，我躺着不受用，你扶起我来靠着坐坐才好。"紫鹃道："姑娘的身上不大好，起来又要抖搂③着了。"黛玉听了，闭上眼不言语了。一时又要起来，紫鹃没法，只得同雪雁把他扶起，两边用软枕靠住，自己却倚在旁边。

黛玉那里坐得住，下身自觉硌的疼，狠命的撑着，叫过雪雁来道："我的诗本。"说着又喘。雪雁料是要他前日所理的诗稿，因找来送到黛玉跟前。黛玉点点头儿，又抬眼看那箱子。雪雁不解，只是发怔。黛玉气的两眼直瞪，又咳嗽

---

① 刘聪博，鱼国超．大学语文［M］．北京：中国人民大学出版社，2017.

② 曹雪芹（约1715—1763年），名霑，字梦阮，号雪芹，清代小说家，文学家。曹雪芹素性放达，爱好广泛，金石、诗书、绘画、园林、医药、工艺等均有涉猎。他出生于一个百年望族，后因家族衰败而饱尝了人生辛酸。他以坚韧不拔的毅力，"披阅十载，增删五次"，创作了《红楼梦》。今传《红楼梦》一百二十回本，红学界通常认为前八十回的绝大部分出于曹雪芹的手笔，后四十回则为他人所续，多称续者为高鹗，也有观点认为曹雪芹留下了后四十回的一些断篇，高鹗及其他人做了整理。这些说法至今尚无定论。

③ 抖搂：打开、掀动，又有"抖晾""抖落"的意思，这里指因掀开衣被而受凉感冒。

起来，又吐了一口血。雪雁连忙回身取了水来，黛玉漱了，吐在盒内。紫鹃用绢子给他拭了嘴。黛玉便拿那绢子指着箱子，又喘成一处，说不上来，闭了眼。紫鹃道："姑娘歪歪儿罢。"黛玉又摇摇头儿。紫鹃料是要绢子，便叫雪雁开箱，拿出一块白绫绢子来。黛玉瞧了，撂在一边，使劲说道："有字的！"紫鹃这才明白过来，要那块题诗的旧帕①，只得叫雪雁拿出来递给黛玉。紫鹃劝道："姑娘歇歇罢，何苦又劳神，等好了再瞧罢。"只见黛玉接到手里，也不瞧诗，扎挣着伸出那只手来狠命的撕那绢子，却是只有打颤的分儿，那里撕得动。紫鹃早已知他是恨宝玉，却也不敢说破，只说："姑娘何苦自己又生气！"黛玉点点头儿，掖在袖里，便叫雪雁点灯。雪雁答应，连忙点上灯来。

黛玉瞧瞧，又闭了眼坐着，喘了一会子，又道："笼上火盆。"紫鹃打谅他冷，因说道："姑娘躺下，多盖一件罢。那炭气只怕耽不住。"黛玉又摇头儿。雪雁只得笼上，搁在地下火盆架上。黛玉点头，意思叫挪到炕上来。雪雁只得端上来，出去拿那张火盆炕桌。那黛玉却又把身子欠起，紫鹃只得两只手来扶着他。黛玉这才将方才的绢子拿在手中，瞅着那火点点头儿，往上一撂。紫鹃唬了一跳，欲要抢时，两只手却不敢动。雪雁又出去拿火盆桌子，此时那绢子已经烧着了。紫鹃劝道："姑娘这是怎么说呢。"黛玉只作不闻，回手又把那诗稿拿起来，瞧了瞧又撂下了。紫鹃怕他也要烧，连忙将身倚住黛玉，腾出手来拿时，黛玉又早拾起，撂在火上。此时紫鹃却够不着，干急。雪雁正拿进桌子来，看见黛玉一撂，不知何物，赶忙抢时，那纸沾火就着，如何能够少待，早已烘烘的着了。雪雁也顾不得烧手，从火里抓起来撂在地下乱踩，却已烧得所余无几了。那黛玉把眼一闭，往后一仰，几乎不曾把紫鹃压倒。紫鹃连忙叫雪雁上来将黛玉扶着放倒，心里突突的乱跳。欲要叫人时，天又晚了；欲不叫人时，自己同着雪雁和鹦哥等几个小丫头，又怕一时有什么原故。好容易熬了一夜。

到了次日早起，觉黛玉又缓过一点儿来。饭后，忽然又嗽又吐，又紧起来。紫鹃看着不祥了，连忙将雪雁等都叫进来看守，自己却来回贾母。那知到了贾母上房，静悄悄的，只有两三个老妈妈和几个做粗活的丫头在那里看屋子呢。紫鹃因问道："老太太呢？"那些人都说不知道。紫鹃听这话诧异，遂到宝玉屋里去看，竟也无人。遂问屋里的丫头，也说不知。紫鹃已知八九，"但这些人怎么竟这样狠毒冷淡！"又想到黛玉这几天竟连一个人问的也没有，越想越悲，索性激起一腔闷气来，一扭身便出来了。自己想了一想，"今日倒要看看宝玉是何

① 题诗的旧帕句：指第三十四回宝玉挨打后让晴雯送给黛玉的，黛玉在帕上题了三首诗："眼空蓄泪泪空垂，暗洒闲抛却为谁？尺幅鲛绡劳解赠，叫人焉得不伤悲！""抛珠滚玉只偷潸，镇日无心镇日闲。枕上袖边难拂拭，任他点点与斑斑。""彩线难收面上珠，湘江旧迹已模糊。窗前亦有千竿竹，不识香痕渍也无？"

形状！看他见了我怎么样过的去！那一年我说了一句谎话[①]他就急病了，今日竟公然做出这件事来！可知天下男子之心真真是冰寒雪冷，令人切齿的！”一面走，一面想，早已来到怡红院。只见院门虚掩，里面却又寂静的很。紫鹃忽然想到：“他要娶亲，自然是有新屋子的，但不知他这新屋子在何处？”

正在那里徘徊瞻顾，看见墨雨飞跑，紫鹃便叫住他。墨雨过来笑嘻嘻的道：“姐姐在这里做什么？”紫鹃道：“我听见宝二爷娶亲，我要来看看热闹儿。谁知不在这里，也不知是几儿。”墨雨悄悄的道：“我这话只告诉姐姐，你可别告诉雪雁他们。上头吩咐了，连你们都不叫知道呢。就是今日夜里娶，那里是在这里，老爷派琏二爷另收拾了房子了。”说着又问：“姐姐有什么事么？”紫鹃道：“没什么事，你去罢。”墨雨仍旧飞跑去了。紫鹃自己也发了一回呆，忽然想起黛玉来，这时候还不知是死是活。因两泪汪汪，咬着牙发狠道：“宝玉，我看他明儿死了，你算是躲的过不见了！你过了你那如心如意的事儿，拿什么脸来见我！”一面哭，一面走，呜呜咽咽的自回去了。

还未到潇湘馆，只见两个小丫头在门里往外探头探脑的，一眼看见紫鹃，那一个便嚷道：“那不是紫鹃姐姐来了吗。”紫鹃知道不好了，连忙摆手儿不叫嚷，赶忙进去看时，只见黛玉肝火上炎，两颧红赤。紫鹃觉得不妥，叫了黛玉的奶妈王奶奶来。一看，他便大哭起来。

欣赏与思考

1.《黛玉焚稿》这一片段的情节安排极具戏剧性。请结合文本内容，分析作者是如何通过黛玉焚稿、撕帕等动作推动情节发展的。这些情节安排对增强故事的悲剧效果起到了什么作用？

2. 在焚稿的过程中，黛玉的心理活动极为复杂。请结合文本内容，分析黛玉在焚稿时的心理变化，并谈谈这些心理描写如何进一步刻画了她的性格。

3.《黛玉焚稿》不仅是黛玉个人命运的转折点，也是《红楼梦》整体悲剧主题的集中体现。请结合这一片段，分析作者通过黛玉焚稿表达了怎样的主题思想。你认为这一片段对整部小说的悲剧意义有何贡献？

伤逝[②]

——涓生的手记

鲁迅

如果我能够，我要写下我的悔恨和悲哀，为子君，为自己。

---

① “一句谎话”句：指第五十七回紫鹃骗宝玉说，黛玉要回苏州。

② 鲁迅．鲁迅全集［M］．北京：人民文学出版社，2005.

会馆①里的被遗忘在偏僻里的破屋是这样地寂静和空虚。时光过得真快，我爱子君，仗着她逃出这寂静和空虚，已经满一年了。事情又这么不凑巧，我重来时，偏偏空着的又只有这一间屋。依然是这样的破窗，这样的窗外的半枯的槐树和老紫藤，这样的窗前的方桌，这样的败壁，这样的靠壁的板床。深夜中独自躺在床上，就如我未曾和子君同居以前一般，过去一年中的时光全被消灭，全未有过，我并没有曾经从这破屋子搬出，在吉兆胡同创立了满怀希望的小小的家庭。

不但如此。在一年之前，这寂静和空虚是并不这样的，常常含着期待；期待子君的到来。在久待的焦躁中，一听到皮鞋的高底尖触着砖路的清响，是怎样地使我骤然生动起来呵！于是就看见带着笑涡的苍白的圆脸，苍白的瘦的臂膊，布的有条纹的衫子，玄色的裙。她又带了窗外的半枯的槐树的新叶来，使我看见，还有挂在铁似的老干上的一房一房的紫白的藤花。

然而现在呢，只有寂静和空虚依旧，子君却决不再来了，而且永远，永远地！……

子君不在我这破屋里时，我什么也看不见。在百无聊赖中，顺手抓过一本书来，科学也好，文学也好，横竖什么都一样；看下去，看下去，忽而自己觉得，已经翻了十多页了，但是毫不记得书上所说的事。只是耳朵却分外地灵，仿佛听到大门外一切往来的履声，从中便有子君的，而且橐橐地逐渐临近，——但是，往往又逐渐渺茫，终于消失在别的步声的杂沓中了。我憎恶那不像子君鞋声的穿布底鞋的长班②的儿子，我憎恶那太像子君鞋声的常常穿着新皮鞋的邻院的搽雪花膏的小东西！

莫非她翻了车么？莫非她被电车撞伤了么？……

我便要取了帽子去看她，然而她的胞叔就曾经当面骂过我。

蓦然，她的鞋声近来了，一步响于一步，迎出去时，却已经走过紫藤棚下，脸上带着微笑的酒窝。她在她叔子的家里大约并未受气；我的心宁帖了，默默地相视片时之后，破屋里便渐渐充满了我的语声，谈家庭专制，谈打破旧习惯，谈男女平等，谈伊孛生③，谈泰戈尔④，谈雪莱⑤……。她总是微笑点头，两眼

---

① 旧时都市中同乡会或同业公会设立的馆舍，供同乡或同业旅居、聚会之用。

② 旧时官员的随身仆人，也用来称呼一般的“听差”。

③ 伊孛生（H. Ibsen，1828—1906年），通译易卜生，挪威剧作家。

④ 泰戈尔（R. Tagore，1861—1941年），印度诗人，1924年曾来过我国，当时他的诗作译成中文的有《新月集》《飞鸟集》等。

⑤ 雪莱（P. B. Shelley，1792—1822年），英国诗人。曾参加爱尔兰民族独立运动，因传播革命思想和争取婚姻自由而屡遭迫害，后在海里覆舟淹死。他的《西风颂》《云雀颂》等著名短诗，五四运动后被介绍到我国。

里弥漫着稚气的好奇的光泽。壁上就钉着一张铜板的雪莱半身像，是从杂志上裁下来的，是他的最美的一张像。当我指给她看时，她却只草草一看，便低了头，似乎不好意思了。这些地方，子君就大概还未脱尽旧思想的束缚，——我后来也想，倒不如换一张雪莱淹死在海里的记念像或是伊孛生的罢；但也终于没有换，现在是连这一张也不知那里去了。

“我是我自己的，他们谁也没有干涉我的权利！”

这是我们交际了半年，又谈起她在这里的胞叔和在家的父亲时，她默想了一会之后，分明地，坚决地，沉静地说了出来的话。其时是我已经说尽了我的意见，我的身世，我的缺点，很少隐瞒；她也完全了解的了。这几句话很震动了我的灵魂，此后许多天还在耳中发响，而且说不出的狂喜，知道中国女性，并不如厌世家所说那样的无法可施，在不远的将来，便要看见辉煌的曙色的。

送她出门，照例是相离十多步远；照例是那鲇鱼须的老东西的脸又紧帖在脏的窗玻璃上了，连鼻尖都挤成一个小平面；到外院，照例又是明晃晃的玻璃窗里的那小东西的脸，加厚的雪花膏。她目不邪视地骄傲地走了，没有看见；我骄傲地回来。

“我是我自己的，他们谁也没有干涉我的权利！”这彻底的思想就在她的脑里，比我还透澈，坚强得多。半瓶雪花膏和鼻尖的小平面，于她能算什么东西呢？

我已经记不清那时怎样地将我的纯真热烈的爱表示给她。岂但现在，那时的事后便已模胡，夜间回想，早只剩了一些断片了；同居以后一两月，便连这些断片也化作无可追踪的梦影。我只记得那时以前的十几天，曾经很仔细地研究过表示的态度，排列过措辞的先后，以及倘或遭了拒绝以后的情形。可是临时似乎都无用，在慌张中，身不由己地竟用了在电影上见过的方法了。后来一想到，就使我很愧恧，但在记忆上却偏只有这一点永远留遗，至今还如暗室的孤灯一般，照见我含泪握着她的手，一条腿跪了下去……。

不但我自己的，便是子君的言语举动，我那时就没有看得分明；仅知道她已经允许我了。但也还仿佛记得她脸色变成青白，后来又渐渐转作绯红，——没有见过，也没有再见的绯红；孩子似的眼里射出悲喜，但是夹着惊疑的光，虽然力避我的视线，张皇地似乎要破窗飞去。然而我知道她已经允许我了，没有知道她怎样说或是没有说。

她却是什么都记得：我的言辞，竟至于读熟了的一般，能够滔滔背诵；我的举动，就如有一张我所看不见的影片挂在眼下，叙述得如生，很细微，自然连那使我不愿再想的浅薄的电影的一闪。夜阑人静，是相对温习的时候了，我常是被质问，被考验，并且被命复述当时的言语，然而常须由她补足，由她纠正，像一个丁等的学生。

这温习后来也渐渐稀疏起来。但我只要看见她两眼注视空中，出神似的凝想着，于是神色越加柔和，笑窝也深下去，便知道她又在自修旧课了，只是我很怕她看到我那可笑的电影的一闪。但我又知道，她一定要看见，而且也非看不可的。

然而她并不觉得可笑。即使我自己以为可笑，甚而至于可鄙的，她也毫不以为可笑。这事我知道得很清楚，因为她爱我，是这样地热烈，这样地纯真。

去年的暮春是最为幸福，也是最为忙碌的时光。我的心平静下去了，但又有别一部分和身体一同忙碌起来。我们这时才在路上同行，也到过几回公园，最多的是寻住所。我觉得在路上时时遇到探索，讥笑，猥亵和轻蔑的眼光，一不小心，便使我的全身有些瑟缩，只得即刻提起我的骄傲和反抗来支持。她却是大无畏的，对于这些全不关心，只是镇静地缓缓前行，坦然如入无人之境。

寻住所实在不是容易事，大半是被托辞拒绝，小半是我们以为不相宜。起先我们选择得很苛酷，——也非苛酷，因为看去大抵不像是我们的安身之所；后来，便只要他们能相容了。看了二十多处，这才得到可以暂且敷衍的处所，是吉兆胡同一所小屋里的两间南屋；主人是一个小官，然而倒是明白人，自住着正屋和厢房。他只有夫人和一个不到周岁的女孩子，雇一个乡下的女工，只要孩子不啼哭，是极其安闲幽静的。

我们的家具很简单，但已经用去了我的筹来的款子的大半；子君还卖掉了她唯一的金戒指和耳环。我拦阻她，还是定要卖，我也就不再坚持下去了；我知道不给她加入一点股分去，她是住不舒服的。

和她的叔子，她早经闹开，至于使他气愤到不再认她做侄女；我也陆续和几个自以为忠告，其实是替我胆怯，或者竟是嫉妒的朋友绝了交。然而这倒很清静。每日办公散后，虽然已近黄昏，车夫又一定走得这样慢，但究竟还有二人相对的时候。我们先是沉默的相视，接着是放怀而亲密的交谈，后来又是沉默。大家低头沉思着，却并未想着什么事。我也渐渐清醒地读遍了她的身体，她的灵魂，不过三星期，我似乎于她已经更加了解，揭去许多先前以为了解而现在看来却是隔膜，即所谓真的隔膜了。

子君也逐日活泼起来。但她并不爱花，我在庙会时买来的两盆小草花，四天不浇，枯死在壁角了，我又没有照顾一切的闲暇。然而她爱动物，也许是从官太太那里传染的罢，不一月，我们的眷属便骤然加得很多，四只小油鸡，在小院子里和房主人的十多只在一同走。但她们却认识鸡的相貌，各知道那一只是自家的。还有一只花白的叭儿狗，从庙会买来，记得似乎原有名字，子君却给它另起了一个，叫作阿随。我就叫它阿随，但我不喜欢这名字。

这是真的，爱情必须时时更新，生长，创造。我和子君说起这，她也领会地点点头。

唉唉，那是怎样的宁静而幸福的夜呵！

安宁和幸福是要凝固的，永久是这样的安宁和幸福。我们在会馆里时，还偶有议论的冲突和意思的误会，自从到吉兆胡同以来，连这一点也没有了；我们只在灯下对坐的怀旧谭中，回味那时冲突以后的和解的重生一般的乐趣。

子君竟胖了起来，脸色也红活了；可惜的是忙。管了家务便连谈天的工夫也没有，何况读书和散步。我们常说，我们总还得雇一个女工。

这就使我也一样地不快活，傍晚回来，常见她包藏着不快活的颜色，尤其使我不乐的是她要装作勉强的笑容。幸而探听出来了，也还是和那小官太太的暗斗，导火线便是两家的小油鸡。但又何必硬不告诉我呢？人总该有一个独立的家庭。这样的处所，是不能居住的。

我的路也铸定了，每星期中的六天，是由家到局，又由局到家。在局里便坐在办公桌前钞，钞，钞些公文和信件；在家里是和她相对或帮她生白炉子，煮饭，蒸馒头。我的学会了煮饭，就在这时候。

但我的食品却比在会馆里时好得多了。做菜虽不是子君的特长，然而她于此却倾注着全力；对于她的日夜的操心，使我也不能不一同操心，来算作分甘共苦。况且她又这样地终日汗流满面，短发都粘在脑额上；两只手又只是这样地粗糙起来。

况且还要饲阿随，饲油鸡，……都是非她不可的工作。

我曾经忠告她：我不吃，倒也罢了；却万不可这样地操劳。她只看了我一眼，不开口，神色却似乎有点凄然；我也只好不开口。然而她还是这样地操劳。

我所豫期的打击果然到来。双十节的前一晚，我呆坐着，她在洗碗。听到打门声，我去开门时，是局里的信差，交给我一张油印的纸条。我就有些料到了，到灯下去一看，果然，印着的就是：

> 奉
>
> 局长谕史涓生着毋庸到局办事
>
> 秘书处启　十月九号

这在会馆里时，我就早已料到了；那雪花膏便是局长的儿子的赌友，一定要去添些谣言，设法报告的。到现在才发生效验，已经要算是很晚的了。其实这在我不能算是一个打击，因为我早就决定，可以给别人去钞写，或者教读，或者虽然费力，也还可以译点书，况且《自由之友》的总编辑便是见过几次的熟人，两月前还通过信。但我的心却跳跃着。那么一个无畏的子君也变了色，尤其使我痛心；她近来似乎也较为怯弱了。

“那算什么。哼，我们干新的。我们……。”她说。

她的话没有说完；不知怎地，那声音在我听去却只是浮浮的；灯光也觉得格外黯淡。人们真是可笑的动物，一点极微末的小事情，便会受着很深的影响。我们先是默默地相视，逐渐商量起来，终于决定将现有的钱竭力节省，一面登“小广告”去寻求钞写和教读，一面写信给《自由之友》的总编辑，说明我目下的遭遇，请他收用我的译本，给我帮一点艰辛时候的忙。

“说做，就做罢！来开一条新的路！”

我立刻转身向了书案，推开盛香油的瓶子和醋碟，子君便送过那黯淡的灯来。我先拟广告；其次是选定可译的书，迁移以来未曾翻阅过，每本的头上都满漫着灰尘了；最后才写信。

我很费踌蹰，不知道怎样措辞好，当停笔凝思的时候，转眼去一瞥她的脸，在昏暗的灯光下，又很见得凄然。我真不料这样微细的小事情，竟会给坚决的，无畏的子君以这么显著的变化。她近来实在变得很怯弱了，但也并不是今夜才开始的。我的心因此更缭乱，忽然有安宁的生活的影像——会馆里的破屋的寂静，在眼前一闪，刚刚想定睛凝视，却又看见了昏暗的灯光。

许久之后，信也写成了，是一封颇长的信；很觉得疲劳，仿佛近来自己也较为怯弱了。于是我们决定，广告和发信，就在明日一同实行。大家不约而同地伸直了腰肢，在无言中，似乎又都感到彼此的坚忍崛强的精神，还看见从新萌芽起来的将来的希望。

外来的打击其实倒是振作了我们的新精神。局里的生活，原如鸟贩子手里的禽鸟一般，仅有一点小米维系残生，决不会肥胖；日子一久，只落得麻痹了翅子，即使放出笼外，早已不能奋飞。现在总算脱出这牢笼了，我从此要在新的开阔的天空中翱翔，趁我还未忘却了我的翅子的扇动。

小广告是一时自然不会发生效力的；但译书也不是容易事，先前看过，以为已经懂得的，一动手，却疑难百出了，进行得很慢。然而我决计努力地做，一本半新的字典，不到半月，边上便有了一大片乌黑的指痕，这就证明着我的工作的切实。《自由之友》的总编辑曾经说过，他的刊物是决不会埋没好稿子的。

可惜的是我没有一间静室，子君又没有先前那么幽静，善于体帖了，屋子里总是散乱着碗碟，弥漫着煤烟，使人不能安心做事，但是这自然还只能怨我自己无力置一间书斋。然而又加以阿随，加以油鸡们。加以油鸡们又大起来了，更容易成为两家争吵的引线。

加以每日的“川流不息”的吃饭；子君的功业，仿佛就完全建立在这吃饭中。吃了筹钱，筹来吃饭，还要喂阿随，饲油鸡；她似乎将先前所知道的全都忘掉了，也不想到我的构思就常常为了这催促吃饭而打断。即使在坐中给看一点怒色，她总是不改变，仍然毫无感触似的大嚼起来。

使她明白了我的作工不能受规定的吃饭的束缚，就费去五星期。她明白之后，大约很不高兴罢，可是没有说。我的工作果然从此较为迅速地进行，不久就共译了五万言，只要润色一回，便可以和做好的两篇小品，一同寄给《自由之友》去。只是吃饭却依然给我苦恼。菜冷，是无妨的，然而竟不够；有时连饭也不够，虽然我因为终日坐在家里用脑，饭量已经比先前要减少得多。这是先去喂了阿随了，有时还并那近来连自己也轻易不吃的羊肉。她说，阿随实在瘦得太可怜，房东太太还因此嗤笑我们了，她受不住这样的奚落。

于是吃我残饭的便只有油鸡们。这是我积久才看出来的，但同时也如赫胥黎[①]的论定“人类在宇宙间的位置”一般，自觉了我在这里的位置：不过是叭儿狗和油鸡之间。

后来，经多次的抗争和催逼，油鸡们也逐渐成为肴馔，我们和阿随都享用了十多日的鲜肥；可是其实都很瘦，因为它们早已每日只能得到几粒高粱了。从此便清静得多。只有子君很颓唐，似乎常觉得凄苦和无聊，至于不大愿意开口。我想，人是多么容易改变呵！

但是阿随也将留不住了。我们已经不能再希望从什么地方会有来信，子君也早没有一点食物可以引它打拱或直立起来。冬季又逼近得这么快，火炉就要成为很大的问题；它的食量，在我们其实早是一个极易觉得的很重的负担。于是连它也留不住了。

倘使插了草标[②]到庙市去出卖，也许能得几文钱罢，然而我们都不能，也不愿这样做。终于是用包袱蒙着头，由我带到西郊去放掉了，还要追上来，便推在一个并不很深的土坑里。

我一回寓，觉得又清静得多多了；但子君的凄惨的神色，却使我很吃惊。那是没有见过的神色，自然是为阿随。但又何至于此呢？我还没有说起推在土坑里的事。

---

① 赫胥黎（T. Huxley，1825—1895 年），英国生物学家。他的《人类在宇宙间的位置》（今译《人类在自然界的位置》）是宣传达尔文的进化论的重要著作。

② 旧时在被卖的人身上或物品上插置的草杆，作为出卖的标志。

到夜间，在她的凄惨的神色中，加上冰冷的分子了。

“奇怪。——子君，你怎么今天这样儿了？”我忍不住问。

“什么？”她连看也不看我。

“你的脸色……。”

“没有什么，——什么也没有。”

我终于从她言动上看出，她大概已经认定我是一个忍心的人。其实，我一个人，是容易生活的，虽然因为骄傲，向来不与世交来往，迁居以后，也疏远了所有旧识的人，然而只要能远走高飞，生路还宽广得很。现在忍受着这生活压迫的苦痛，大半倒是为她，便是放掉阿随，也何尝不如此。但子君的识见却似乎只是浅薄起来，竟至于连这一点也想不到了。

我拣了一个机会，将这些道理暗示她；她领会似的点头。然而看她后来的情形，她是没有懂，或者是并不相信的。

天气的冷和神情的冷，逼迫我不能在家庭中安身。但是，往那里去呢？大道上，公园里，虽然没有冰冷的神情，冷风究竟也刺得人皮肤欲裂。我终于在通俗图书馆里觅得了我的天堂。

那里无须买票；阅书室里又装着两个铁火炉。纵使不过是烧着不死不活的煤的火炉，但单是看见装着它，精神上也就总觉得有些温暖。书却无可看：旧的陈腐，新的是几乎没有的。

好在我到那里去也并非为看书。另外时常还有几个人，多则十余人，都是单薄衣裳，正如我，各人看各人的书，作为取暖的口实。这于我尤为合式。道路上容易遇见熟人，得到轻蔑的一瞥，但此地却决无那样的横祸，因为他们是永远围在别的铁炉旁，或者靠在自家的白炉边的。

那里虽然没有书给我看，却还有安闲容得我想。待到孤身枯坐，回忆从前，这才觉得大半年来，只为了爱，——盲目的爱，——而将别的人生的要义全盘疏忽了。第一，便是生活。人必生活着，爱才有所附丽。世界上并非没有为了奋斗者而开的活路；我也还未忘却翅子的扇动，虽然比先前已经颓唐得多……。

屋子和读者渐渐消失了，我看见怒涛中的渔夫，战壕中的兵士，摩托车①中的贵人，洋场上的投机家，深山密林中的豪杰，讲台上的教授，昏夜的运动者和深夜的偷儿……。子君，——不在近旁。她的勇气都失掉了，只为着阿随悲愤，为着做饭出神；然而奇怪的是倒也并不怎样瘦损……。

冷了起来，火炉里的不死不活的几片硬煤，也终于烧尽了，已是闭馆的时候。又须回到吉兆胡同，领略冰冷的颜色去了。近来也间或遇到温暖的神情，

① 当时对小汽车的称呼。

但这却反而增加我的苦痛。记得有一夜，子君的眼里忽而又发出久已不见的稚气的光来，笑着和我谈到还在会馆时候的情形，时时又很带些恐怖的神色。我知道我近来的超过她的冷漠，已经引起她的忧疑来，只得也勉力谈笑，想给她一点慰藉。然而我的笑貌一上脸，我的话一出口，却即刻变为空虚，这空虚又即刻发生反响，回向我的耳目里，给我一个难堪的恶毒的冷嘲。

子君似乎也觉得的，从此便失掉了她往常的麻木似的镇静，虽然竭力掩饰，总还是时时露出忧疑的神色来，但对我却温和得多了。

我要明告她，但我还没有敢，当决心要说的时候，看见她孩子一般的眼色，就使我只得暂且改作勉强的欢容。但是这又即刻来冷嘲我，并使我失却那冷漠的镇静。

她从此又开始了往事的温习和新的考验，逼我做出许多虚伪的温存的答案来，将温存示给她，虚伪的草稿便写在自己的心上。我的心渐被这些草稿填满了，常觉得难于呼吸。我在苦恼中常常想，说真实自然须有极大的勇气的；假如没有这勇气，而苟安于虚伪，那也便是不能开辟新的生路的人。不独不是这个，连这人也未尝有！

子君有怨色，在早晨，极冷的早晨，这是从未见过的，但也许是从我看来的怨色。我那时冷冷地气愤和暗笑了；她所磨练的思想和豁达无畏的言论，到底也还是一个空虚，而对于这空虚却并未自觉。她早已什么书也不看，已不知道人的生活的第一着是求生，向着这求生的道路，是必须携手同行，或奋身孤往的了，倘使只知道搥着一个人的衣角，那便是虽战士也难于战斗，只得一同灭亡。

我觉得新的希望就只在我们的分离；她应该决然舍去，——我也突然想到她的死，然而立刻自责，忏悔了。幸而是早晨，时间正多，我可以说我的真实。我们的新的道路的开辟，便在这一遭。

我和她闲谈，故意地引起我们的往事，提到文艺，于是涉及外国的文人，文人的作品：《诺拉》①，《海的女人》②。称扬诺拉的果决……。也还是去年在会馆的破屋里讲过的那些话，但现在已经变成空虚，从我的嘴传入自己的耳中，时时疑心有一个隐形的坏孩子，在背后恶意地刻毒地学舌。

她还是点头答应着倾听，后来沉默了。我也就断续地说完了我的话，连余音都消失在虚空中了。

“是的。”她又沉默了一会，说，“但是，……涓生，我觉得你近来很两样

---

① 《诺拉》通译《娜拉》，又译作《玩偶之家》，是易卜生的著名剧作。

② 《海的女人》通译《海的夫人》，是易卜生的著名剧作。

了。可是的？你，——你老实告诉我。”

我觉得这似乎给了我当头一击，但也立即定了神，说出我的意见和主张来：新的路的开辟，新的生活的再造，为的是免得一同灭亡。

临末，我用了十分的决心，加上这几句话：

“……况且你已经可以无须顾虑，勇往直前了。你要我老实说；是的，人是不该虚伪的。我老实说罢：因为，因为我已经不爱你了！但这于你倒好得多，因为你更可以毫无挂念地做事……。”

我同时豫期着大的变故的到来，然而只有沉默。她脸色陡然变成灰黄，死了似的；瞬间便又苏生，眼里也发了稚气的闪闪的光泽。这眼光射向四处，正如孩子在饥渴中寻求着慈爱的母亲，但只在空中寻求，恐怖地回避着我的眼。

我不能看下去了，幸而是早晨，我冒着寒风径奔通俗图书馆。

在那里看见《自由之友》，我的小品文都登出了。这使我一惊，仿佛得了一点生气。我想，生活的路还很多，——但是，现在这样也还是不行的。

我开始去访问久已不相闻问的熟人，但这也不过一两次；他们的屋子自然是暖和的，我在骨髓中却觉得寒洌。夜间，便蜷伏在比冰还冷的冷屋中。

冰的针刺着我的灵魂，使我永远苦于麻木的疼痛。生活的路还很多，我也还没有忘却翅子的扇动，我想。——我突然想到她的死，然而立刻自责，忏悔了。

在通俗图书馆里往往瞥见一闪的光明，新的生路横在前面。她勇猛地觉悟了，毅然走出这冰冷的家，而且，——毫无怨恨的神色。我便轻如行云，漂浮空际，上有蔚蓝的天，下是深山大海，广厦高楼，战场，摩托车，洋场，公馆，晴明的闹市，黑暗的夜……。

而且，真的，我豫感得这新生面便要来到了。

我们总算度过了极难忍受的冬天，这北京的冬天；就如蜻蜓落在恶作剧的坏孩子的手里一般，被系着细线，尽情玩弄，虐待，虽然幸而没有送掉性命，结果也还是躺在地上，只争着一个迟早之间。

写给《自由之友》的总编辑已经有三封信，这才得到回信，信封里只有两张书券①：两角的和三角的。我却单是催，就用了九分的邮票，一天的饥饿，又都白挨给于己一无所得的空虚了。

然而觉得要来的事，却终于来到了。

---

① 购书用的代金券，可按券面金额到指定书店选购，旧时有的报刊用它代替现金支付稿酬。

这是冬春之交的事，风已没有这么冷，我也更久地在外面徘徊；待到回家，大概已经昏黑。就在这样一个昏黑的晚上，我照常没精打采地回来，一看见寓所的门，也照常更加丧气，使脚步放得更缓。但终于走进自己的屋子里了，没有灯火；摸火柴点起来时，是异样的寂寞和空虚！

正在错愕中，官太太便到窗外来叫我出去。

“今天子君的父亲来到这里，将她接回去了。”她很简单地说。

这似乎又不是意料中的事，我便如脑后受了一击，无言地站着。

“她去了么？”过了些时，我只问出这样一句话。

“她去了。”

“她，——她可说什么？”

“没说什么。单是托我见你回来时告诉你，说她去了。”

我不信；但是屋子里是异样的寂寞和空虚。我遍看各处，寻觅子君；只见几件破旧而黯淡的家具，都显得极其清疏，在证明着它们毫无隐匿一人一物的能力。我转念寻信或她留下的字迹，也没有；只是盐和干辣椒，面粉，半株白菜，却聚集在一处了，旁边还有几十枚铜元。这是我们两人生活材料的全副，现在她就郑重地将这留给我一个人，在不言中，教我借此去维持较久的生活。

我似乎被周围所排挤，奔到院子中间，有昏黑在我的周围；正屋的纸窗上映出明亮的灯光，他们正在逗着孩子玩笑。我的心也沉静下来，觉得在沉重的迫压中，渐渐隐约地现出脱走的路径：深山大泽，洋场，电灯下的盛筵，壕沟，最黑最黑的深夜，利刃的一击，毫无声响的脚步……。

心地有些轻松，舒展了，想到旅费，并且嘘一口气。

躺着，在合着的眼前经过的豫想的前途，不到半夜已经现尽；暗中忽然仿佛看见一堆食物，这之后，便浮出一个子君的灰黄的脸来，睁了孩子气的眼睛，恳托似的看着我。我一定神，什么也没有了。

但我的心却又觉得沉重。我为什么偏不忍耐几天，要这样急急地告诉她真话的呢？现在她知道，她以后所有的只是她父亲——儿女的债主——的烈日一般的严威和旁人的赛过冰霜的冷眼。此外便是虚空。负着虚空的重担，在严威和冷眼中走着所谓人生的路，这是怎么可怕的事呵！而况这路的尽头，又不过是——连墓碑也没有的坟墓。

我不应该将真实说给子君，我们相爱过，我应该永久奉献她我的说谎。如果真实可以宝贵，这在子君就不该是一个沉重的空虚。谎语当然也是一个空虚，然而临末，至多也不过这样地沉重。

我以为将真实说给子君，她便可以毫无顾虑，坚决地毅然前行，一如我们将要同居时那样。但这恐怕是我错误了。她当时的勇敢和无畏是因为爱。

我没有负着虚伪的重担的勇气，却将真实的重担卸给她了。她爱我之后，就要负了这重担，在严威和冷眼中走着所谓人生的路。

我想到她的死……。我看见我是一个卑怯者，应该被摈于强有力的人们，无论是真实者，虚伪者。然而她却自始至终，还希望我维持较久的生活……。

我要离开吉兆胡同，在这里是异样的空虚和寂寞。我想，只要离开这里，子君便如还在我的身边；至少，也如还在城中，有一天，将要出乎意表地访我，像住在会馆时候似的。

然而一切请托和书信，都是一无反响；我不得已，只好访问一个久不问候的世交去了。他是我伯父的幼年的同窗，以正经出名的拔贡①，寓京很久，交游也广阔的。

大概因为衣服的破旧罢，一登门便很遭门房的白眼。好容易才相见，也还相识，但是很冷落。我们的往事，他全都知道了。

"自然，你也不能在这里了，"他听了我托他在别处觅事之后，冷冷地说，"但那里去呢？很难。——你那，什么呢，你的朋友罢，子君，你可知道，她死了。"

我惊得没有话。

"真的？"我终于不自觉地问。

"哈哈。自然真的。我家的王升的家，就和她家同村。"

"但是，——不知道是怎么死的？"

"谁知道呢。总之是死了就是了。"

我已经忘却了怎样辞别他，回到自己的寓所。我知道他是不说谎话的；子君总不会再来的了，像去年那样。她虽是想在严威和冷眼中负着虚空的重担来走所谓人生的路，也已经不能。她的命运，已经决定她在我所给与的真实——无爱的人间死灭了！

自然，我不能在这里了；但是，"那里去呢？"

四围是广大的空虚，还有死的寂静。死于无爱的人们的眼前的黑暗，我仿佛一一看见，还听得一切苦闷和绝望的挣扎的声音。

我还期待着新的东西到来，无名的，意外的。但一天一天，无非是死的寂静。

我比先前已经不大出门，只坐卧在广大的空虚里，一任这死的寂静侵蚀着我的灵魂。死的寂静有时也自己战栗，自己退藏，于是在这绝续之交，便闪出

---

① 清代科举考试制度：在规定的年限（原定六年，后改为十二年）选拔"文行兼优"的秀才，保送到京师，贡入国子监，称为"拔贡"，是贡生的一种。

无名的，意外的，新的期待。

一天是阴沉的上午，太阳还不能从云里面挣扎出来，连空气都疲乏着。耳中听到细碎的步声和咻咻的鼻息，使我睁开眼。大致一看，屋子里还是空虚；但偶然看到地面，却盘旋着一匹小小的动物，瘦弱的，半死的，满身灰土的……。

我一细看，我的心就一停，接着便直跳起来。

那是阿随。它回来了。

我的离开吉兆胡同，也不单是为了房主人们和他家女工的冷眼，大半就为着这阿随。但是，“那里去呢？”新的生路自然还很多，我约略知道，也间或依稀看见，觉得就在我面前，然而我还没有知道跨进那里去的第一步的方法。

经过许多回的思量和比较，也还只有会馆是还能相容的地方。依然是这样的破屋，这样的板床，这样的半枯的槐树和紫藤，但那时使我希望，欢欣，爱，生活的，却全都逝去了，只有一个虚空，我用真实去换来的虚空存在。

新的生路还很多，我必须跨进去，因为我还活着。但我还不知道怎样跨出那第一步。有时，仿佛看见那生路就像一条灰白的长蛇，自己蜿蜒地向我奔来，我等着，等着，看看临近，但忽然便消失在黑暗里了。

初春的夜，还是那么长。长久的枯坐中记起上午在街头所见的葬式，前面是纸人纸马，后面是唱歌一般的哭声。我现在已经知道他们的聪明了，这是多么轻松简截的事。

然而子君的葬式却又在我的眼前，是独自负着虚空的重担，在灰白的长路上前行，而又即刻消失在周围的严威和冷眼里了。

我愿意真有所谓鬼魂，真有所谓地狱，那么，即使在孽风怒吼之中，我也将寻觅子君，当面说出我的悔恨和悲哀，祈求她的饶恕；否则，地狱的毒焰将围绕我，猛烈地烧尽我的悔恨和悲哀。

我将在孽风和毒焰中拥抱子君，乞她宽容，或者使她快意……。

但是，这却更虚空于新的生路；现在所有的只是初春的夜，竟还是那么长。我活着，我总得向着新的生路跨出去，那第一步，——却不过是写下我的悔恨和悲哀，为子君，为自己。

我仍然只有唱歌一般的哭声，给子君送葬，葬在遗忘中。

我要遗忘；我为自己，并且要不再想到这用了遗忘给子君送葬。

我要向着新的生路跨进第一步去，我要将真实深深地藏在心的创伤中，默默地前行，用遗忘和说谎做我的前导……。

一九二五年十月二十一日毕。

欣赏与思考

1.《伤逝》采用了第一人称叙述视角，由涓生回忆与子君的爱情故事。请结合小说内容，分析这种叙述视角对故事表达的效果有何影响。作者如何通过涓生的叙述展现子君的形象和命运？

2. 涓生和子君是小说的两个核心人物。请结合小说内容，分析涓生和子君的性格特点及其变化，并谈谈他们的性格如何影响了他们的命运。

微课

鲁迅《伤逝》赏析

3.《伤逝》不仅讲述了一个爱情悲剧，还隐含了对封建礼教和社会现实的批判。请结合小说内容，分析作者通过涓生和子君的故事表达了怎样的主题思想。你认为这个故事对现代社会有什么启示？

断魂枪[①]

老舍[②]

“生命是闹着玩，事事显出如此；从前我这么想过，现在我懂得了。”

沙子龙的镖局[③]已改成客栈。

东方的大梦没法子不醒了。炮声压下去马来与印度野林中的虎啸。半醒的人们，揉着眼，祷告着祖先与神灵；不大会儿，失去了国土、自由与权利。门外立着不同面色的人，枪口还热着。他们的长矛毒弩，花蛇斑彩的厚盾，都有什么用呢；连祖先与祖先所信的神明全不灵了啊！龙旗[④]的中国也不再神秘，有了火车呀，穿坟过墓的破坏着风水。枣红色多穗的镖旗，绿鲨皮鞘的钢刀，响着串铃的口马[⑤]，江湖上的智慧与黑话，义气与声名，连沙子龙，他的武艺，事业，都梦似的变成昨夜的。今天是火车，快枪，通商与恐怖。听说，有人还要杀下皇帝的头呢！

这是走镖已没有饭吃，而国术还没被革命党与教育家提倡起来的时候。

谁不晓得沙子龙是利落，短瘦，硬棒，两眼明得像霜夜的大星？可是，现在他身上放了肉。镖局改了客栈，他自己在后小院占着三间北房，大枪立在墙

---

① 钱谷融．中国现当代文学作品选：上卷［M］．4版．上海：华东师范大学出版社，2020.

② 老舍（1899—1966年），原名舒庆春，字舍予，中国现代小说家、剧作家。因创作《龙须沟》获得“人民艺术家”称号。代表作品有长篇小说《四世同堂》、话剧《茶馆》等。

③ 镖局：旧时为客人行旅或货物运输提供保镖服务的业务机构。

④ 龙旗：清朝的国旗。

⑤ 口马：张家口外的马匹。

角，院子里有几只楼鸽。只是在夜间，他把小院的门关好，熟习熟习他的“五虎断魂枪”。这条枪与这套枪，二十年的工夫，在西北一带，给他创出来：“神枪沙子龙”五个字，没遇见过敌手。现在，这条枪与这套枪不会再替他增光显胜了；只是摸摸这凉，滑，硬而发颤的杆子，使他心中少难过一些而已。只有在夜间独自拿起枪来，才能相信自己还是“神枪沙”。在白天，他不大谈武艺与往事；他的世界已被狂风吹了走。

在他手下创练起来的少年们还时常来找他。他们大多数是没落子的，都有点武艺，可是没地方去用。有的在庙会上去卖艺：踢两趟腿，练套家伙，翻几个跟头，附带着卖点大力丸，混个三吊两吊的。有的实在闲不起了，去弄筐果子，或挑些毛豆角，赶早儿在街上论斤吆喝出去。那时候，米贱肉贱，肯卖膀子力气本来可以混个肚儿圆；他们可是不成；肚量既大，而且得吃口管事儿的；干饽饽、辣饼子咽不下去。况且他们还时常去走会：五虎棍，开路，太狮少狮……虽然算不了什么——比起走镖来——可是到底有个机会活动活动，露露脸。是的，走会捧场是买脸的事，他们打扮的得像个样儿，至少得有条青洋绉裤子，新漂白细市布的小褂，和一双鱼鳞洒鞋——顶好是青缎子抓地虎靴子。他们是神枪沙子龙的徒弟——虽然沙子龙并不承认——得到处露脸，走会得赔上俩钱，说不定还得打场架。没钱，上沙老师那里去求。沙老师不含糊，多少不拘，不让他们空着手儿走。可是，为打架或献技去讨教一个招数，或是请给说个对子——什么空手夺刀，或虎头钩进枪——沙老师有时说句笑话，马虎过去：“教什么？拿开水浇吧！”有时直接把他们逐出去。他们不大明白沙老师是怎么了，心中也有点不乐意。

可是，他们到处为沙老师吹腾，一来是愿意使人知道他们的武艺有真传授，受过高人的指教；二来是为激动沙老师：万一有人不服气而找上老师来，老师难道还不露一两手真的么？所以：沙老师一拳就砸倒了个牛！沙老师一脚把人踢到房上去，并没使多大的劲！他们谁也没见过这种事，但是说着说着，他们相信这是真的了，有年月，有地方，千真万确，敢起誓！

王三胜——沙子龙的大伙计——在土地庙拉开了场子，摆好了家伙。抹了一鼻子茶叶末色的鼻烟，他抡了几下竹节钢鞭，把场子打大一些。放下鞭，没向四周作揖，叉着腰念了两句：“脚踢天下好汉，拳打五路英雄！”向四围扫了一眼：“乡亲们，王三胜不是卖艺的；玩艺儿会几套，西北路上走过镖，会过绿林中的朋友。现在闲着没事，拉个场子陪诸位玩玩。有爱练的尽管下来，王三胜以武会友，有赏脸的，我陪着。神枪沙子龙是我的师傅；玩艺地道！诸位，有愿下来的没有？”他看着，准知道没人敢下来，他的话硬，可是那条钢鞭更硬，十八斤重。

王三胜，大个子，一脸横肉，努着对大黑眼珠，看着四围。大家不出声。

他脱了小褂，紧了紧深月白色的“腰里硬”，把肚子杀进去。给手心一口吐沫，抄起大刀来：

“诸位，王三胜先练趟瞧瞧。不白练，练完了，带着的扔几个；没钱，给喊个好，助助威。这儿没生意口。好，上眼[①]！”

大刀靠了身，眼珠努出多高，脸上绷紧，胸脯子鼓出，像两块老桦木根子。一跺脚，刀横起，大红缨子在肩前摆动。削砍劈拨，蹲越闪转，手起风生，忽忽直响。忽然刀在右手心上旋转，身弯下去，四围鸦雀无声，只有缨铃轻叫。刀顺过来，猛的一个“跺泥”，身子直挺，比众人高着一头，黑塔似的。收了势：“诸位！”一手持刀，一手叉腰，看着四围。稀稀的扔下几个铜钱，他点点头。“诸位！”他等着，等着，地上依旧是那几个亮而削薄的铜钱，外层的人偷偷散去。他咽了口气：“没人懂！”他低声的说，可是大家全听见了。

“有功夫！”西北角上一个黄胡子老头儿答了话。

“啊？”王三胜好似没听明白。

“我说：你——有——功——夫！”老头子的语气很不得人心。

放下大刀，王三胜随着大家的头往西北看。谁也没看起这个老人：小干巴个儿，披着件粗蓝布大衫，脸上窝窝瘪瘪，眼陷进去很深，嘴上几根细黄胡，肩上扛着条小黄草辫子，有筷子那么细，而绝对不像筷子那么直顺。王三胜可是看出这老家伙有功夫，脑门亮，眼睛亮——眼眶虽深，眼珠可黑得像两口小井，深深的闪着黑光。王三胜不怕：他看得出别人有功夫没有，可更相信自己的本事，他是沙子龙手下的大将。

“下来玩玩，大叔！”王三胜说得很得体。

点点头，老头儿往里走。这一走，四外全笑了。他的胳臂不大动；左脚往前迈，右脚随着拉上来，一步步的往前拉扯，身子整着，像是患过瘫痪病。蹭到场中，把大衫扔在地上，一点没理会四围怎样笑他。

“神枪沙子龙的徒弟，你说？好，让你使枪吧；我呢？”老头子非常的干脆，很像久想动手。

人们全回来了，邻场耍狗熊的无论怎么敲锣也不中用了。

“三截棍进枪吧？”王三胜要看老头子一手，三截棍不是随便就拿得起来的家伙。

老头子又点点头，拾起家伙来。

王三胜努着眼，抖着枪，脸上十分难看。

老头子的黑眼珠更深更小了，像两个香火头，随着面前的枪尖儿转，王三胜忽然觉得不舒服，那俩黑眼珠似乎要把枪尖吸进去！四处已围得风雨不透，

---

① 上眼：请观众注意看。

大家都觉出老头子确是有威。为躲那对眼睛，王三胜耍了个枪花。老头子的黄胡子一动："请!"王三胜一扣枪，向前躬步，枪尖奔了老头子的喉头去，枪缨打了一个红旋。老人的身子忽然活展了，将身微偏，让过枪尖，前把一挂，后把撩王三胜的手。拍，拍，两响，王三胜的枪撒了手。场外叫了好。王三胜连脸带胸口全紫了；抄起枪来，一个花子，连枪带人滚了过来，枪尖奔了老人的中部。老头子的眼亮得发着黑光；腿轻轻一屈，下把掩裆，上把打着刚要抽回的枪杆；拍，枪又落在地上。

场外又是一片彩声。王三胜流了汗，不再去拾枪，努着眼，木在那里。老头子扔下家伙，拾起大衫，还是拉拉着腿，可是走得很快了。大衫搭在臂上，他过来拍了王三胜一下："还得练哪，伙计!"

"别走!"王三胜擦着汗："你不离，姓王的服了！可有一样，你敢会会沙老师?"

"就是为会他才来的!"老头子的干巴脸上皱起点来，似乎是笑呢。"走；收了吧；晚饭我请!"

王三胜把兵器拢在一处，寄放在变戏法二麻子那里，陪着老头子往庙外走。后面跟着不少人，他把他们骂散。

"你老贵姓?"他问。

"姓孙哪，"老头子的话与人一样，都那么干巴。"爱练；久想会会沙子龙。"

沙子龙不把你打扁了！王三胜心里说。他脚底下加了劲，可是没把孙老头落下。他看出来，老头子的腿是老走着查拳门中的连跳步；交起手来，必定很快。但是，无论他怎么快，沙子龙是没对手的。准知道孙老头要吃亏，他心中痛快了些，放慢了些脚步。

"孙大叔贵处?"

"河间的，小地方。"孙老者也和气了些："月棍年刀一辈子枪，不容易见功夫！说真的，你那两手就不坏!"

王三胜头上的汗又回来了，没言语。

到了客栈，他心中直跳，唯恐沙老师不在家，他急于报仇。他知道老师不爱管这种事，师弟们已碰过不少回钉子，可是他相信这回必定行，他是大伙计，不比那些毛孩子；再说，人家在庙会上点名叫阵，沙老师还能丢这个脸么?

"三胜，"沙子龙正在床上看着本《封神榜》，"有事吗?"

三胜的脸又紫了，嘴唇动着，说不出话来。

沙子龙坐起来，"怎么了，三胜?"

"栽了跟头!"

只打了个不甚长的哈欠，沙老师没别的表示。

王三胜心中不平，但是不敢发作；他得激动老师："姓孙的一个老头儿，门外等着老师呢；把我的枪，枪，打掉了两次！”他知道“枪”字在老师心中是多大分量。没等吩咐，他慌忙跑出去。

客人进来，沙子龙在外间屋等着呢。彼此拱手坐下，他叫三胜去泡茶。三胜希望两个老人立刻交了手，可是不能不沏茶去。孙老者没话讲，用深藏着的眼睛打量沙子龙。沙很客气：

“要是三胜得罪了你，不用理他，年纪还轻。”

孙老者有些失望，可是看出沙子龙的精明。他不知怎样好了，不能拿一个人的精明断定他的武艺。“我来领教领教枪法！”他不由的说出来。

沙子龙没接碴儿。王三胜提着茶壶走进来——急于看二人动手，他没管水开了没有，就沏在壶中。

“三胜，”沙子龙拿起个茶碗来，“去找小顺们去，天汇见，陪孙老者吃饭。”

“什么！”王三胜的眼珠几乎掉出来。看了看沙老师的脸，他敢怒而不敢言地说了声“是啦！”走出去，噘着大嘴。

“教徒弟不易！”孙老者说。

“我没收过徒弟。走吧，这个水不开！茶馆去喝，喝饿了就吃。”沙子龙从桌子上拿起缎子褡裢，一头装着鼻烟壶，一头装着点钱，挂在腰带上。

“不，我还不饿！”孙老者很坚决，两个“不”字把小辫从肩上抡到后边去。

“说会子话儿。”

“我来为领教领教枪法。”

“功夫早搁下了，”沙子龙指着身上，“已经放了肉！”

“这么办也行，”孙老者深深的看了沙老师一眼：“不比武，教给我那趟五虎断魂枪。”

“五虎断魂枪？”沙子龙笑了：“早忘净了！早忘净了！告诉你，在我这儿住几天，咱们逛逛各处，临走，多少送点盘缠。”

“我不逛，也用不着钱，我来学艺！”孙老者立起来，“我练趟给你看看，看够得上学艺不够！”一屈腰已到了院中，把楼鸽都吓飞起去。拉开架子，他打了趟查拳：腿快，手飘洒，一个飞脚起去，小辫儿飘在空中，像从天上落下来一个风筝；快之中，每个架子都摆得稳，准，利落；来回六趟，把院子满都打到，走得圆，接得紧，身子在一处，而精神贯串到四面八方。抱拳收势，身儿缩紧，好似满院乱飞的燕子忽然归了巢。

“好！好！”沙子龙在台阶上点着头喊。

“教给我那趟枪！”孙老者抱了抱拳。

沙子龙下了台阶，也抱着拳：“孙老者，说真的吧；那条枪和那套枪都跟我入棺材，一齐入棺材！”

“不传？”

"不传!"

孙老者的胡子嘴动了半天，没说出什么来。到屋里抄起蓝布大衫，拉拉着腿："打搅了，再会!"

"吃过饭走!"沙子龙说。

孙老者没言语。

沙子龙把客人送到小门，然后回到屋中，对着墙角立着的大枪点了点头。

他独自上了天汇，怕是王三胜们在那里等着。他们都没有去。

王三胜和小顺们都不敢再到土地庙去卖艺，大家谁也不再为沙子龙吹腾；反之，他们说沙子龙栽了跟头，不敢和个老头儿动手；那个老头子一脚能踢死个牛。不要说王三胜输给他，沙子龙也不是"个儿"。不过呢，王三胜到底和老头子见了个高低，而沙子龙连句硬话也没敢说。"神枪沙子龙"慢慢似乎被人们忘了。

夜静人稀，沙子龙关好了小门，一气把六十四枪刺下来；而后，拄着枪，望着天上的群星，想起当年在野店荒林的威风。叹一口气，用手指慢慢摸着凉滑的枪身，又微微一笑："不传！不传!"

欣赏与思考

1. 沙子龙是《断魂枪》的灵魂人物，他武艺高强，却生不逢时。你认为沙子龙是一个悲剧人物吗？为什么？你如何评价他最终选择将绝技带入坟墓的决定？

2. 老舍的语言通俗易懂，幽默风趣，极具北京地方特色。请举例说明小说中哪些语言体现了这些特点？这些语言特点对塑造人物形象、表达主题思想起到了什么作用？

3. 沙子龙的断魂枪技艺精湛，却最终被时代淘汰。你认为在当今社会，如何让自己的专业技能与时俱进，避免被时代淘汰？你的专业领域有哪些新兴技术或发展趋势？你将如何应对这些变化？

小城三月①

萧红②

一

三月的原野已经绿了，像地衣那样绿，透出在这里，那里。郊原上的草，是必须转折了好几个弯儿才能钻出地面的，草儿头上还顶着那胀破了种粒的壳，

---

① 钱谷融．中国现当代文学作品选：上卷［M］．4 版．上海：华东师范大学出版社，2020.

② 萧红（1911—1942 年），原名张廼莹，中国近现代女作家，代表作有《生死场》《呼兰河传》等，被誉为"二十世纪三十年代的文学洛神"。

发出一寸多高的芽子，欣幸的钻出了土皮。放牛的孩子，在掀起了墙脚片下面的瓦片时，找到了一片草芽了，孩子们到家里告诉妈妈，说："今天草芽出土了!"妈妈惊喜地说："那一定是向阳的地方!"抢根菜的白色的圆石似的籽儿在地上滚着，野孩子一升一斗地在拾。蒲公英发芽了，羊咩咩地叫，乌鸦绕着杨树林子飞。天气一天暖似一天，日子一寸一寸的都有意思。杨花满天照地飞，像棉花似的。人们出门都是用手捉着，杨花挂着他了。草和牛粪都横在道上，放散着强烈的气味。远远的有用石子打船的声音，空空……的大响传来。

河冰发了，冰块顶着冰块，苦闷地又奔放的向下流，乌鸦站在冰块上寻觅小鱼吃，或者是还在冬眠的青蛙。

天气突然的热起来，说是"二八月，小阳春"，自然冷天气还是要来的，但是这几天可热了。春天带着强烈的呼唤从这头走到那头……

小城里被杨花给装满了，在榆树还没变黄之前，大街小巷到处飞着，像纷纷落下的雪块……

春来了。人人像久久等待着一个大暴动，今天夜里就要举行，人人带着犯罪的心情，想参加到解放的尝试……春吹到每个人的心坎，带着呼唤，带着蛊惑……

我有一个姨，和我的堂哥哥大概是恋爱了。

姨母本来是很近的亲属，就是母亲的姊妹。但是我这个姨，她不是我的亲姨，她是我的继母的继母的女儿。那么她可算与我的继母有点血统的关系了，其实也是没有的。因为我这个外祖母是在已经做了寡妇之后才来到的外祖父家，翠姨就是这个外祖母的原来在另外的一家所生的女儿。

翠姨还有一个妹妹，她的妹妹小她两岁，大概是十七八岁，那么翠姨也就是十八九岁了。

翠姨生得并不是十分漂亮，但是她长得窈窕，走起路来沉静而且漂亮，讲起话来清楚的带着一种平静的感情。她伸手拿樱桃吃的时候，好像她的手指尖对那樱桃十分可怜的样子，她怕把它触坏了似的轻轻地捏着。

假若有人在她的背后招呼她一声，她若是正在走路，她就会停下！若是正在吃饭，就要把饭碗放下，而后把头向着自己的肩膀转过去，而全身并不大转，于是她自觉地闭合着嘴唇，像是有什么要说而一时说不出来似的……

而翠姨的妹妹，忘记了她叫什么名字，反正是一个大说大笑的，不十分修边幅，和她的姐姐完全不同。花的绿的，红的紫的，只要是市上流行的，她就不大加以选择，做起一件衣服来赶快就穿在身上。穿上了而后，到亲戚家去串门，人家恭维她的衣料怎样漂亮的时候，她总是说，和这完全一样的，还有一件，她给了她的姐姐了。

我到外祖父家去，外祖父家里没有像我一般大的女孩子陪着我玩，所以每当我去，外祖母总是把翠姨喊来陪我。

翠姨就住在外祖父的后院，隔着一道板墙，一招呼，听见就来了。

外祖父住的院子和翠姨住的院子，虽然只隔一道板墙，但是却没有门可通，所以还得绕到大街上去从正门进来。

因此有时翠姨先来到板墙这里，从板墙缝中和我打了招呼，而后回到屋去装饰了一番，才从大街上绕了个圈来到她母亲的家里。

翠姨很喜欢我，因为我在学堂里念书，而她没有，她想什么事我都比她明白。所以她总是有许多事务向我商量，看看我的意见如何。

到夜里，我住在外祖父家里了，她就陪着我也住下的。

每每从睡下了就谈，谈过了半夜，不知为什么总是谈不完……

开初谈的是衣服怎样穿，穿什么样的颜色的，穿什么样的料子。比如走路应该快或是应该慢。有时白天里她买了一个别针，到夜里她拿出来看看，问这别针到底是好看或是不好看，那时候，大概是十五年前的时候，我们不知别处如何装扮一个女子，而在这个城里几乎个个都有一条宽大的绒绳结的披肩，蓝的，紫的，各色的也有，但最多多不过枣红色了。几乎在街上所见的都是枣红色的大披肩了。

哪怕红的绿的那么多，但总没有枣红色的最流行。

翠姨的妹妹有一张，翠姨有一张，我的所有的同学，几乎每人有一张。就连素不考究的外祖母的肩上也披着一张，只不过披的是蓝色的，没有敢用那最流行的枣红色的就是了。因为她总算年纪大了一点，对年青人让了一步。

还有那时候都流行穿绒绳鞋，翠姨的妹妹就赶快地买了穿上。因为她那个人很粗心大意，好坏她不管，只是人家有她也有，别人是人穿衣裳，而翠姨的妹妹就好像被衣服所穿了似的，芜芜杂杂。但永远合乎着应有尽有的原则。

翠姨的妹妹的那绒绳鞋，买来了，穿上了。在地板上跑着，不大一会工夫，那每只鞋脸上系着的一只毛球，竟有一个毛球已经离开了鞋子，向上跳着，只还有一根绳连着，不然就要掉下来了。很好玩的，好像一颗大红枣被系到脚上去了。因为她的鞋子也是枣红色的。大家都在嘲笑她的鞋子一买回来就坏了。

翠姨，她没有买，她怀疑了好久，无管什么新样的东西到了，她总不是很快的就去买了来。也许她心里边早已经喜欢了，但是看上去她都像反对似的，好像她都不接受。

她必得等到许多人都开始采办了，这时候看样子，她才稍稍有些动心。

好比买绒绳鞋，夜里她和我谈话，问过我的意见，我说也是好看的，我有很多的同学，她们也都买了绒绳鞋。

第二天翠姨就要求我陪着她上街，先不告诉我去买什么，进了铺子选了半天别的，才问到我绒绳鞋。

走了几家铺子，都没有，都说是已经卖完了。我晓得店铺的人是这样瞎说的。表示他家这店铺平常总是最丰富的，只恰巧你要的这件东西，他就没有了。我劝翠姨说咱们慢慢的走，别家一定会有的。

我们是坐马车从街梢上的外祖父家来到街中心的。

见了第一家铺子，我们就下了马车。不用说，马车我们已经是付过了价钱的。等我们买好了东西回来的时候，会另外叫一辆的。因为我们不知道要有多久。大概看见什么好，虽然不需要也要买点，或是东西已经买全了不必要再多留连，也要留连一会，或是买东西的目的，本来只在一双鞋，而结果鞋子没有买到，反而啰哩啰嗦的买回来许多用不着的东西。

这一天，我们辞退了马车，进了第一家店铺。

在别的大城市里没有这种情形，而在我家乡里往往是这样，坐了马车，虽然是付过了钱，让他自由去兜揽生意，但是他常常还仍旧等候在铺子的门外，等一出来，他仍旧请你坐他的车。

我们走进第一个铺子，一问没有，于是就看了些别的东西，从绸缎看到呢绒，从呢绒再看到绸缎，布匹是根本不看的，并不像母亲们进了店铺那样子，这个买去做被单，那个买去做棉袄的，因为我们管不了被单棉袄的事。母亲们一月不进店铺，一进店铺又是这个便宜应该买；那个不贵，也应该买。比方一块在夏天才用得着的花洋布，母亲们冬天里就买起来了，说是趁着便宜多买点，总是用得着的。而我们就不然了，我们是天天进店铺的，天天搜寻些个是好看的，是贵的值钱的，平常时候绝对的用不到想不到的。

那一天我们就买了许多花边回来，钉着光片的，带着玻璃的。说不上要做什么样的衣服才配得着这种花边。也许根本没有想到做衣服，就贸然地把花边买下了。一边买着，一边说好，翠姨说好，我也说好。到了后来，回到家里，当众打开了让大家批判，这个一言，那个一语，让大家说得也有一点没有主意了，心里已经五六分空虚了。于是赶快的收拾了起来，或者从别人的手中夺过来，把它包起来，说他们不识货，不让她们看了。

勉强说着：

“我们要做一件红金丝绒的袍子，把这个黑琉璃边镶上。”

或是：

“这红的我们送人去……”

说虽仍旧如此说，心里已经八九分空虚了，大概是这些所心爱的，从此就不会再出头露面的了。在这小城里，商店究竟没有多少，到后来又加上看不到绒绳鞋，心里着急，也许跑得更快些，不一会工夫，只剩了三两家了。而那三两家，又偏偏是不常去的，铺子小，货物少，想来它那里也是一定不会有的了。

我们走进一个小铺子里去，果然有三四双，非小即大，而且颜色都不好看。

翠姨有意要买，我就觉得奇怪，原来就不十分喜欢，既然没有好的，又为什么要买呢？让我说着，没有买成回家去了。

过了两天，我把买鞋子这件事情早忘了。

翠姨忽然又提议要去买。

从此我知道了她的秘密，她早就爱上了那绒绳鞋子，不过她没有说出来就是。她的恋爱的秘密就是这样子的，她似乎要把它带到坟墓里去，一直不要说出口，好像天底下没有一个人值得听她的告诉……

在外边飞着满天的大雪，我和翠姨坐着马车去买绒绳鞋。我们身上围着皮褥子，赶车的车夫高高的坐在车夫台上，摇晃着身子唱着沙哑的山歌："喝咧咧……"耳边的风呜呜地啸着，从天上倾下来的大雪迷乱了我们的眼睛，远远的天隐在云雾里，我默默地祝福翠姨快快买到可爱的绒绳鞋，我从心里愿意她得救……

市中心远远的朦朦胧胧地站着，行人很少，全街静悄无声。我们一家挨一家地问着，我比她更急切，我想赶快买到吧，我小心地盘问着那些店员们，我从来不放弃一个细微的机会，我鼓励翠姨，没有忘记一家。使她都有点儿诧异，我为什么忽然这样热心起来，但是我完全不管她的猜疑，我不顾一切的想在这小城里，找出一双绒绳鞋来。

只有我们的马车，因为载着翠姨的愿望，在街上奔驰得特别的清醒，又特别的快。雪下的更大了，街上什么都没有了，只有我们两个人，催着车夫，跑来跑去，一直到天都很晚了，鞋子没有买到。翠姨深深地看到我的眼里说："我的命，不会好的。"我很想装出大人的样子，来安慰她，但是没有等到找出什么适当的话来，泪便流出来了。

二

翠姨以后也常来我家住着，是我的继母把她接来的。

因为她的妹妹订婚了，怕是她一旦的结了婚，忽然会剩下她一个人来，使她难过。因为她的家里并没有多少人，只有她的一个六十多岁的老祖父，再就是一个也是寡妇的伯母，带一个女儿。

堂妹妹本该在一起玩耍解闷的，但是因为性格的相差太远，一向是水火不同炉的过着日子。

她的堂妹妹，我见过，永久是穿着深色的衣裳，黑黑的脸，一天到晚陪着母亲坐在屋子里。母亲洗衣裳，她也洗衣裳；母亲哭，她也哭。也许她帮着母亲哭她死去的父亲，也许哭的是她们的家穷。那别人就不晓得了。

本来是一家的女儿，翠姨她们两姊妹却像有钱的人家的小姐，而那个堂姊妹，看上去却像乡下丫头。这一点使她得到常常到我们家里来住的权利。

她的亲妹妹订婚了，再过一年就出嫁了。在这一年中，妹妹大大的阔气了起来，因为婆家那方面一订了婚就来了聘礼。这个城里，从前不用大洋票，而用的是广信公司出的帖子，一百吊一千吊的论。她妹妹的聘礼大概是几万吊，所以她忽然不得了起来，今天买这样，明天买那样。花别针一个又一个的，丝头绳一团一团的，带穗的耳坠子，洋手表，样样都有了。每逢出街的时候，她和她的姐姐一道，现在总是她付车钱了，她的姐姐要付，她却百般的不肯，有时当着人面，姐姐一定要付，妹妹一定不肯，结果闹得很窘，姐姐无形中觉得一种权利被人剥夺了。

但是关于妹妹的订婚，翠姨一点也没有羡慕的心理。妹妹未来的丈夫，她是看过的，没有什么好看，很高，穿着蓝袍子黑马褂，好像商人，又像一个小土绅士。又加上翠姨太年青了，想不到什么丈夫，什么结婚。

因此，虽然妹妹在她的旁边一天比一天的丰富起来，妹妹是有钱了，但是妹妹为什么有钱的，她没有考查过。

所以当妹妹尚未离开她之前，她绝对的没有重视“订婚”的事。

就是妹妹已经出嫁了，她也还是没有重视这“订婚”的事。

不过她常常的感到寂寞。她和妹妹出来进去的，因为家庭环境孤寂，竟好像一对双生子似的，而今去了一个，不但翠姨自己觉得单调，就是她的祖父也觉得她可怜。

所以自从她的妹妹嫁了，她就不大回家，总是住在她的母亲的家里。有时我的继母也把她接到我们家里。

翠姨非常聪明，她会弹大正琴，就是前些年所流行在中国的一种日本琴。她还会吹箫或是会吹笛子。不过弹那琴的时候却很多。住在我家里的时候，我家的伯父，每在晚饭之后必同我们玩这些乐器的。笛子、箫、日本琴、风琴、月琴，还有什么打琴。真正的西洋的乐器，可一样也没有。

在这种正玩得热闹的时候，翠姨也来参加了。翠姨弹了一个曲子，和我们大家立刻就配合上了。于是大家都觉得在我们那已经天天闹熟了的老调子之中，又多了一个新的花样。于是立刻我们就加倍的努力，正在吹笛子的把笛子吹得特别响，把笛膜振抖得似乎就要爆裂了似的滋滋的叫着。十岁的弟弟在吹口琴，他摇着头，好像要把那口琴吞下去似的，至于他吹的是什么调子，已经是没有人留意了。在大家忽然来了勇气的时候，似乎只需要这种胡闹。

而那按风琴的人，因为越按越快，到后来也许是已经找不到琴键了，只是那踏脚板越踏越快，踏的呜呜的响，好像有意要毁坏了那风琴，而想把风琴撕裂了一般地。

大概所奏的曲子是《梅花三弄》，也不知道接连的弹过了多少圈，看大家的意思都不想要停下来。不过到了后来，实在是气力没有了，找不着拍子的找不着拍子，跟不上调的跟不上调，于是在大笑之中，大家停下来了。

不知为什么，在这么快乐的调子里边，大家都有点伤心，也许是乐极生悲了，把我们都笑得一边流着眼泪，一边还笑。

正在这时候，我们往门窗处一看，我的最小的小弟弟，刚会走路，他也背着一个很大的破手风琴来参加了。

谁都知道，那手风琴从来也不会响的。把大家笑死了。在这回得到了快乐。

我的哥哥（伯父的儿子，钢琴弹得很好）吹箫吹得最好，这时候他放下了箫，对翠姨说："你来吹吧！"翠姨却没有言语，站起身来，跑到自己的屋子去了，我的哥哥，好久好久地看住那帘子。

三

翠姨在我家，和我住一个屋子。月明之夜，屋子照得通亮。翠姨和我谈话，往往谈到鸡叫，觉得也不过刚刚才夜。

鸡叫了，才说："快睡吧，天亮了。"

有的时候，一转身，她又问我：

"是不是一个人结婚太早不好，或许是女子结婚太早是不好的！"

我们以前谈了很多话，但没有谈到这些。

总是谈什么，衣服怎样穿，鞋子怎样买，颜色怎样配；买了毛线来，这毛线应该打个什么的花纹；买了帽子来，应该批判这帽子还微微有点缺点，这缺点究竟在什么地方，虽然说是不要紧，或者是一点关系也没有，但批评总是要批评的。

有时再谈得远一点，就是表姊表妹之类订了婆家，或是什么亲戚的女儿出嫁了。或是什么耳闻的，听说的，新娘子和新姑爷闹别扭之类。

那个时候，我们的县里，早就有了洋学堂了。小学好几个，大学没有。只有一个男子中学，往往成为谈论的目标。谈论这个，不单是翠姨、外祖母、姑姑、姐姐之类，都愿意讲究这当地中学的学生。因为他们一切洋化，穿着裤子，把裤腿卷起来一寸，一张口，"格得毛宁"外国话，他们彼此一说话就"答答答"，听说这是什么俄国话，而更奇怪的就是他们见了女人不怕羞。这一点，大家都批评说是不如从前了，从前的书生，一见了女人脸就红。

我家算是最开通的了，叔叔和哥哥他们都到北京和哈尔滨那些大地方去读书了，他们开了不少的眼界。回到家里来，大讲他们那里都是男孩子和女孩子同学。

这一题目，非常的新奇，开初都认为这是造了反。后来因为叔叔也常和女同学通信，因为叔叔在家庭里是有点地位的人。并且父亲从前也加入过国民党，革过命，所以这个家庭都"咸与维新"起来。

因此在我家里一切都是很随便的，逛公园，正月十五看花灯，都是不分男女，一齐去。

而且我家里设了网球场，一天到晚地打网球，亲戚家的男孩子来了，我们也一齐的打。

这都不谈，仍旧来谈翠姨。

翠姨听了很多的故事，关系男学生结婚的事情，就是我们本县里，已经有几件事情不幸的了。有的结婚了，从此就不回家了；有的娶来了太太，把太太放在另一间屋子里住着，而且自己却永久住在书房里。

每逢讲到这些故事时，多半别人都是站在女的一面，说那男子都是念书念坏了。一看了那不识字的又不是女学生之类就生气。觉得处处都不如他。天天总说是婚姻不自由，可是自古至今，都是爹许娘配的，偏偏到了今天，都要自由，看吧，这还没有自由呢，就先来了花头故事了，娶了太太的不回家，或是把太太放在另一个屋子里。这些都是念书念坏了的。

翠姨听了许多别人家的评论。大概她心里边也有些不平，她就问我不读书是不是很坏的，我自然说是很坏的。而且她看了我们家里男孩子、女孩子通通到学堂去念书的。而且我们亲戚家的孩子也都是读书的。

因此她对我很佩服，因为我是读书的。

但是不久，翠姨就订婚了。就是她妹妹出嫁不久的事情。

她的未来的丈夫，我见过。在外祖父的家里。人长得又低又小，穿一身蓝布棉袍子，黑马褂，头上戴一顶赶大车的人所戴的五耳帽子。

当时翠姨也在的，但她不知道那是她的什么人，她只当是哪里来了这样一位乡下的客人。外祖母偷着把我叫过去，特别告诉了我一番，这就是翠姨将来的丈夫。

不久翠姨就很有钱，她的丈夫的家里，比她妹妹丈夫的家里还更有钱得多。婆婆也是个寡妇，守着个独生的儿子。儿子才十七岁，是在乡下的私学馆里读书。

翠姨的母亲常常替翠姨解说，人小点不要紧，岁数还小呢，再长上两三年两个人就一般高了。劝翠姨不要难过，婆家有钱就好的。聘礼的钱十多万都交过来了，而且就由外祖母的手亲自交给了翠姨；而且还有别的条件保障着，那就是说，三年之内绝对的不准娶亲，借着男的一方面年纪太小为辞，翠姨更愿意远远的推着。

翠姨自从订婚之后，是很有钱的了，什么新样子的东西一到，虽说不是一定抢先去买了来，总是过不了多久，箱子里就要有的了。那时候夏天最流行银灰色市布大衫，而翠姨的穿起来最好，因为她有好几件，穿过两次不新鲜就不要了，就只在家里穿，而出门就又去做一件新的。

那时候正流行着一种长穗的耳坠子，翠姨就有两对，一对红宝石的，一对绿的，而我的母亲才能有两对，而我才有一对。可见翠姨是顶阔气的了。

还有那时候就已经开始流行高跟鞋了。可是在我们本街上却不大有人穿，只有我的继母早就开始穿，其余就算是翠姨。并不是一定因为我的母亲有钱，也不是因为高跟鞋一定贵，只是女人们没有那么摩登的行为，或者说她们不很容易接受新的思想。

翠姨第一天穿起高跟鞋来，走路还很不安定，但到第二天就比较的习惯了。到了第三天，就是说以后，她就是跑起来也是很平稳的。而且走路的姿态更加可爱了。

我们有时也去打网球玩玩，球撞到她脸上的时候，她才用球拍遮了一下，否则她半天也打不到一个球。因为她一上了场站在白线上就是白线上，站在格子里就是格子里，她根本的不动。有的时候她竟拿着网球拍子站着一边去看风景去。尤其是大家打完了网球，吃东西的吃东西去了，洗脸的洗脸去了，惟有她一个人站在短篱前面，向着远远的哈尔滨市影痴望着。

有一次我同翠姨一同去做客。我继母的族中娶媳妇。她们是八旗人，也就是满人，满人才讲究场面呢，所有的族中的年青的媳妇都必得到场，而个个打扮得如花似玉。似乎咱们中国的社会，是没这么繁华的社交场面的，也许那时候，我是小孩子，把什么都看得特别繁华，就只说女人们的衣服吧，就个个都穿得和现在西洋女人在夜会里边那么庄严。一律都穿着绣花大袄。而她们是八旗人，大袄的襟下一律的没有开口。而且很长。大袄的颜色枣红的居多，绛色的也有，玫瑰紫色的也有。而那上边绣的颜色，有的荷花，有的玫瑰，有的松竹梅，一句话，特别的繁华。

她们的脸上，都擦着白粉，她们的嘴上都染得桃红。

每逢一个客人到了门前，她们是要列着队出来应接的，她们都是我的舅母，一个一个地上前来问候了我和翠姨。

翠姨早就熟识他们的，有的叫表嫂子，有的叫四嫂子。而在我，她们就都是一样的，好像小孩子的时候，所玩的用花纸剪的纸人，这个和那个都是一样，完全没有分别。都是花缎的袍子，都是白白的脸，都是很红的嘴唇。

就是这一次，翠姨出了风头了，她进到屋里，靠着一张大镜子旁坐下了。

女人们就忽然都上前来看她，也许她从来没有这么漂亮过，今天把别人都惊住了。

依我看翠姨还没有她从前漂亮呢，不过她们说翠姨漂亮得像棵新开的腊梅。翠姨从来不擦胭脂的，而那天又穿了一件为着将来作新娘子而准备的蓝色缎子满是金花的夹袍。

翠姨让她们围起看着，难为情了起来，站起来想要逃掉似的，迈着很勇敢的步子，茫然地往里边的房间里闪开了。

谁知那里边就是新房呢，于是许多的嫂嫂们就哗然的叫着，说：

“翠姐姐不要急，明年就是个漂亮的新娘子，现在先试试去。”

当天吃饭饮酒的时候，许多客人从别的屋子来呆呆的望着翠姨。翠姨举着筷子，似乎是在思量着，保持着镇静的态度，用温和的眼光看着她们。仿佛她不晓得人们专门在看着她似的。但是别的女人们羡慕了翠姨半天了，脸上又都突然的冷落起来，觉得有什么话要说出，又都没有说，然后彼此对望着，笑了一下，吃菜了。

四

有一年冬天，刚过了年，翠姨就来到了我家。

伯父的儿子——我的哥哥，就正在我家里。

我的哥哥，人很漂亮，很直的鼻子，很黑的眼睛，嘴也好看，头发也梳得好看，人很长，走路很爽快。大概在我们所有的家族中，没有这么漂亮的人物。

冬天，学校放了寒假，所以来我们家里休息。大概不久，学校开学就要上学去了。哥哥是在哈尔滨读书。

我们的音乐会，自然要为这新来的角色而开了。翠姨也参加的。

于是非常的热闹。比方我的母亲，她一点也不懂这行，但是她也列了席，她坐在旁边观看，连家里的厨子、女工，都停下了工作来望着我们，似乎他们不是听什么乐器，而是在看人。我们聚满了一客厅。这些乐器的声音，大概很远的邻居都可以听到。

第二天邻居来串门的，就说：

“昨天晚上，你们家又是给谁祝寿？”

我们就说，是欢迎我们的刚到的哥哥。

因此我们家是很好玩的，很有趣的。不久就来到了正月十五看花灯的时节了。

我们家里自从父亲维新革命，总之在我们家里，兄弟姊妹，一律相待，有好玩的就一齐玩，有好看的就一齐去看。

伯父带着我们，哥哥、弟弟、姨……共八九个人，在大月亮地里往大街里跑去了。那路之滑，滑得不能站脚，而且高低不平。他们男孩子们跑在前面，而我们因为跑得慢就落了后。

于是那在前边的他们回头来嘲笑我们，说我们是小姐，说我们是娘娘。说我们走不动。

我们和翠姨早就连成一排向前冲去，但是不是我倒，就是她倒。到后来还是哥哥他们一个一个地来扶着我们，说是扶着，未免的太示弱了，也不过就是和他们连成一排向前进着。

不一会到了市里，满路花灯。人山人海。又加上狮子、旱船、龙灯、秧歌，闹得眼也花起来，一时也数不清多少玩艺。哪里会来得及看，似乎只是在眼前一晃，就过去了，而一会别的又来了，又过去了。其实也不见得繁华得多么了不得了，不过觉得世界上是不会比这个再繁华的了。

商店的门前，点着那么大的火把，好像热带的大椰子树似的。一个比一个亮。

我们进了一家商店，那是父亲的朋友开的。他们很好的招待我们，茶、点心、橘子、元宵。我们哪里吃得下去，听到门外一打鼓，就心慌了。而外边鼓和喇叭又那么多，一阵来了，一阵还没有去远，一阵又来了。

因为城本来是不大的，有许多熟人，也都是来看灯的都遇到了。其中我们本城里的在哈尔滨念书的几个男学生，他们也来看灯了。哥哥都认识他们。我也认识他们，因为这时候我们到哈尔滨念书去了。所以一遇到了我们，他们就和我们在一起，他们出去看灯，看了一会，又回到我们的地方，和伯父谈话，和哥哥谈话。我晓得他们，因为我们家比较有势力，他们是很愿和我们讲话的。

所以回家的一路上，又多了两个男孩子。

不管人讨厌不讨厌，他们穿得衣服总算都市化了。个个都穿着西装，戴着呢帽，外套都是到膝盖的地方，脚下很利落清爽。比起我们城里的那种怪样子的外套，好像大棉袍子似的好看得多了。而且颈间又都束着一条围巾，那围巾自然也是全丝全线的花纹。似乎一束起那围巾来，人就更显得庄严，漂亮。

翠姨觉得他们个个都很好看。

哥哥也穿的西装，自然哥哥也很好看。因为在路上她一直在看哥哥。

翠姨梳头梳得是很慢的，必定梳得一丝不乱；擦粉也要擦了洗掉，洗掉再擦，一直擦到认为满意为止。花灯节的第二天早晨她就梳得更慢，一边梳头一边在思量。本来按规矩每天吃早饭，必得三请两请才能出席，今天必得请到四次，她才来了。

我的伯父当年也是一位英雄，骑马、打枪绝对的好。后来虽然已经五十岁了，但是风采犹存。我们都爱伯父的，伯父从小也就爱我们。诗、词、文章，都是伯父教我们的。翠姨住在我们家里，伯父也很喜欢翠姨。今天早饭已经开好了。催了翠姨几次，翠姨总是不出来。

伯父说了一句："林黛玉……"

于是我们全家的人都笑了起来。

翠姨出来了，看见我们这样的笑，就问我们笑什么。我们没有人肯告诉她。翠姨知道一定是笑的她，她就说：

"你们赶快的告诉我，若不告诉我，今天我就不吃饭了，你们读书识字，我不懂，你们欺侮我……"

闹嚷了很久，还是我的哥哥讲给她听了。伯父当着自己的儿子面前到底有些难为情，喝了好些酒，总算是躲过去了。

翠姨从此想到了念书的问题，但是她已经二十岁了，上哪里去念书？上小学没有她这样的大学生；上中学，她是一字不识，怎样可以。所以仍旧住在我们家里。

弹琴、吹箫、看纸牌，我们一天到晚地玩着。我们玩的时候，全体参加，我的伯父，我的哥哥，我的母亲。

翠姨对我的哥哥没有什么特别的好，我的哥哥对翠姨就像对我们，也是完全的一样。

不过哥哥讲故事的时候，翠姨总比我们留心听些，那是因为她的年龄稍稍比我们大些，当然在理解力上，比我们更接近一些哥哥的了。哥哥对翠姨比对我们稍稍的客气一点。他和翠姨说话的时候，总是"是的""是的"的，而和我们说话则"对啦""对啦"。这显然因为翠姨是客人的关系，而且在名分上比他大。

不过有一天晚饭之后，翠姨和哥哥都没有了。每天饭后大概总要开个音乐会的。这一天也许因为伯父不在家，没有人领导的缘故。大家吃过也就散了。客厅里一个人也没有。我想找弟弟和我下一盘棋，弟弟也不见了。于是我就一个人在客厅里按起风琴来，玩了一下也觉得没有趣。客厅是静得很的，在我关上了风琴盖子之后，我就听见了在后屋里，或者在我的房子里是有人的。

我想一定是翠姨在屋里，快去看看她，叫她出来张罗着看纸牌。

我跑进去一看，不单是翠姨，还有哥哥陪着她。

看见了我，翠姨就赶快的站起来说：

"我们去玩吧。"

哥哥也说：

"我们下棋去，下棋去。"

他们出来陪我来玩棋，这次哥哥总是输。从前是他回回赢我的，我觉得奇怪，但是心里高兴极了。

不久寒假终了，我就回到哈尔滨的学校念书去了。可是哥哥没有同来，因为他上半年生了点病，曾在医院里休养了一些时候，这次伯父主张他再请两个月的假，留在家里。

以后家里的事情，我就不大知道了。都是由哥哥或母亲讲给我听的。我走了以后，翠姨还住在家里。

后来母亲还告诉过，就是在翠姨还没有订婚之前，有过这样一件事情。我的族中有一个小叔叔，和哥哥一般大的年纪，说话口吃，没有风采，也是和哥哥在一个学校里读书。虽然他也到我们家里来过，但怕翠姨没有见过。那时外祖母就主张给翠姨提婚。那族中的祖母，一听就拒绝，说是寡妇的孩子，命不好，也怕没有家教，何况父亲死了，母亲又出嫁了，好女不嫁二夫郎，这种人家的女儿，祖母不要。但是我母亲说，辈分合，他家还有钱，翠姨过门是一品当朝的日子，不会受气的。

这件事情翠姨是晓得的，而今天又见了我的哥哥，她不能不想哥哥大概是那样看她的。她自觉地觉得自己的命运不会好的。现在翠姨自己已经订了婚，是一个人的未婚妻；二则她是出了嫁的寡妇的女儿，她自己一天把这个背了不知有多少遍，她记得清清楚楚。

五

翠姨订婚，转眼三年了，正这时，翠姨的婆家，通了消息来，张罗要娶。她的母亲来接她回去整理嫁妆。

翠姨一听就得病了。

但没有几天，她的母亲就带着她到哈尔滨采办嫁妆去了。

偏偏那带着她采办嫁妆的向导又是哥哥给介绍来的他的同学。他们住在哈尔滨的秦家岗上，风景绝佳，是洋人最多的地方。那男学生们的宿舍里边，有暖气、洋床。翠姨带着哥哥的介绍信，像一个女同学似的被他们招待着。又加上已经学了俄国人的规矩，处处尊贵女子，所以翠姨当然受了他们不少的尊敬，请她吃大菜，请她看电影。坐马车的时候，上车让她先上；下车的时候，人家扶她下来。她每一动别人都为她服务，外套一脱，就接过去了。她刚一表示要穿外套，就给她穿上了。

不用说，买嫁妆她是不痛快的，但那几天，她总算一生中最开心的时候。

她觉得到底是读大学的人好，不野蛮，不会对女人不客气，绝不能像她的妹夫常常打她的妹妹。

经这到哈尔滨去一买嫁妆，翠姨就更不愿意出嫁了。她一想那个又丑又小的男人，她就恐怖。

她回来的时候，母亲又接她来到我们家来住着，说她的家里又黑，又冷，说她太孤单可怜。我们家是一团暖气的。

到了后来，她的母亲发现她对于出嫁太不热心，该剪裁的衣裳，她不去剪裁；有一些零碎还要去买的，她也不去买。做母亲的总是常常要加以督促，后来就要接她回去，接到她的身边，好随时提醒她。她的母亲以为年青的人必定要随时提醒的，不然总是贪玩。而况出嫁的日子又不远了，或者就是二三月。

想不到外祖母来接她的时候，她从心底不肯回去，她竟很勇敢地提出来她要读书的要求。她说她要念书，她想不到出嫁。

开初外祖母不肯，到后来，她说若是不让她读书，她是不出嫁的。外祖母知道她的心情，而且想起了很多可怕的事情……

外祖母没有办法，依了她。给她在家里请了一位老先生，就在自己家院子的空房子里边摆上了书桌，还有几个邻居家的姑娘，一齐念书。

翠姨白天念书，晚上回到外祖母家。

念了书，不多日子，人就开始咳嗽，而且整天的闷闷不乐。她的母亲问她，有什么不如意？陪嫁的东西买得不顺心吗？或者是想到我们家去玩吗？什么事都问到了。

翠姨摇着头不说什么。

过了一些日子，我的母亲去看翠姨，带着我的哥哥。她们一看见她，第一个印象，就觉得她苍白了不少。而且母亲断言地说，她活不久了。

大家都说是念书累的，外祖母也说是念书累的，没有什么要紧的；要出嫁的女儿们，总是先前瘦的，嫁过去就要胖了。

而翠姨自己则点点头，笑笑，不承认，也不加以否认。还是念书，也不到我们家来了，母亲接了几次，也不来，回说没有工夫。

翠姨越来越瘦了，哥哥去到外祖母家看了她两次，也不过是吃饭、喝酒，应酬了一番。而且说是去看外祖母的。在这里年青的男子，去拜访年青的女子，是不可以的。哥哥回来也并不带回什么欢喜或是什么新奇的忧郁，还是一样和我们打牌下棋。

翠姨后来支持不了啦，躺下了。她的婆婆听说她病，就要娶她，因为花了钱，死了不是可惜了吗？这一种消息，翠姨听了病就更加严重。婆家一听她病重，立刻要娶她。因为在迷信中有这样一章，病新娘娶过来一冲，就冲好了。翠姨听了就只盼望赶快死，拼命的糟蹋自己的身体，想死得越快一点儿越好。

母亲记起了翠姨，叫哥哥去看翠姨。是我的母亲派哥哥去的，母亲拿了一些钱让哥哥给翠姨去，说是母亲送她在病中随便买点什么吃的。母亲晓得他们年青人是很拘泥的，或者不好意思去看翠姨，也或者翠姨是很想看他的，他们好久不能看见了。同时翠姨不愿出嫁，母亲很久的就在心里边猜疑着他们了。

男子是不好去专访一位小姐的，这城里没有这样的风俗。母亲给了哥哥一件礼物，哥哥就可去了。

哥哥去的那天，她家里正没有人，只有她家的堂妹妹应接着这从未见过的生疏的年青的客人。

那堂妹妹还没问清客人的来由，就往外跑，说是去找她们的祖父去，请他等一等。大概她想是凡男客就是来会祖父的。

客人只说了自己的名字，那女孩子连听也没有听就跑出去了。

哥哥正想，翠姨在什么地方？或者在里屋吗？翠姨大概听出什么人来了，她就在里边说：

“请进来。”

哥哥进去了，坐在翠姨的枕边，他要去摸一摸翠姨的前额，是否发热，他说：

“好了点吗？”

他刚一伸出手去，翠姨就突然地拉了他的手，而且大声地哭起来了，好像一颗心也哭出来了似的。哥哥没有准备，就很害怕，不知道说什么，作什么。他不知道现在应该是保护翠姨的地位，还是保护自己的地位。同时听得见外边已经有人来了，就要开门进来了。一定是翠姨的祖父。

翠姨平静地向他笑着，说：

“你来得很好，一定是姐姐，你的母亲告诉你来的，我心里永远纪念着她。她爱我一场，可惜我不能去看她了……我不能报答她了……不过我总会记起在她家里的日子的……她待我也许没有什么，但是我觉得已经太好了……我永远不会忘记的……我现在也不知道为什么，心里只想死得快一点就好，多活一天也是多余的……人家也许以为我是任性……其实是不对的，不知为什么，那家对我也是很好的，我要是过去，他们对我也会是很好的，但是我不愿意。我小时候，就不好，我的脾气总是，不从心的事，我不愿意……这个脾气把我折磨到今天了……可是我怎能从心呢……真是笑话……谢谢姐姐她还惦着我……请你告诉她，我并不像她想的那么苦呢，我也很快乐……”翠姨苦笑了一笑，“我心里很安静，而且我求的我都得到了……”

哥哥茫然地不知道说什么。这时祖父进来了。看了翠姨的热度，又感谢了我的母亲，对我哥哥的降临，感到荣幸。他说请我母亲放心吧，翠姨的病马上就会好的，好了就嫁过去。

哥哥看了翠姨就退出去了，从此再没有看见她。

哥哥后来提起翠姨常常落泪，他不知翠姨为什么死，大家也都心中纳闷。

尾声

等我到春假回来，母亲还当我说：

“要是翠姨一定不愿意出嫁，那也是可以的，假如他们当我说。”

…… ……

翠姨坟头的草籽已经发芽了，一掀一掀的和土粘成了一片，坟头显出淡淡的青色，常常会有白色的山羊跑过。

这时城里的街巷，又装满了春天。

暖和的太阳，又转回来了。

街上有提着筐子卖蒲公英的了，也有卖小根蒜的了，更有些孩子们他们按着时节去折了那刚发芽的柳条，正好可以拧成哨子，就含在嘴里满街地吹。声音有高有低，因为那哨子有粗有细。

大街小巷，到处地呜呜呜，呜呜呜。好像春天是从他们的手里招待回来了似的。

但是这为期甚短。一转眼，吹哨子的不见了。

接着杨花飞起来了，榆钱飘满了一地。

在我的家乡里，春天是快的。五天不出屋，树发芽了，再过五天不看树，树长叶了，再过五天，这树就像绿得使人不认识它了。使人想，这棵树，就是前天的那棵树吗？自己回答自己，当然是的。春天就像跑的那么快。好像人能够看见似的。春天从老远的地方跑来了，跑到这个地方只向人的耳朵吹一句小小的声音："我来了呵，"而后很快地就跑过去了。

春，好像它不知道多么忙迫，好像无论什么地方都在招呼它，假若它晚到一刻，阳光会变色的，大地会干成石头，尤其是树木，那真是好像再多一刻工夫也不能忍耐，假若春天稍稍在什么地方留连了一下，就会误了不少的生命。

春天为什么它不早一点来，来到我们这城里多住一些日子，而后再慢慢地到另外的一个城里去，在另外一个城里也多住一些日子。

但那是不能的了，春天的命运就是这么短。

年青的姑娘们，她们三两成双，坐着马车，去选择衣料去了，因为就要换春装了。她们热心的弄着剪刀，打着衣样，想装成自己心中想得出的那么好，她们白天黑夜的忙着，不久春装换起来了，只是不见载着翠姨的马车来。

赏析与思考

1. 萧红的语言风格以细腻、抒情著称。请结合小说内容，分析《小城三月》的语言特点，并谈谈这些语言如何增强了小说的抒情效果。

2. 小说采用了第一人称叙述视角，由"我"回忆童年时的小城春天和翠姨的故事。请分析这种叙述视角对情感表达的效果有何影响。作者如何通过"我"的视角展现对翠姨的同情和对春天的怀念？

3.《小城三月》不仅描绘了小城春天的美景，还隐含了对人物命运的深刻思考。请结合小说内容，分析作者通过翠姨的故事表达了怎样的主题思想。你认为这个故事对现代读者有什么启示？

4.《小城三月》通过细腻的描写和真挚的情感打动了无数读者。请结合小说内容，谈谈你认为这篇小说为何能引起读者的共鸣，它的文学价值体现在哪些方面。

泛读作品

采薇[①]

鲁迅

一

这半年来，不知怎的连养老堂里也不大平静了，一部分的老头子，也都交头接耳，跑进跑出的很起劲。只有伯夷[②]最不留心闲事，秋凉到了，他又老的很怕冷，就整天的坐在阶沿上晒太阳，纵使听到匆忙的脚步声，也决不抬起头来看。

“大哥!”

一听声音自然就知道是叔齐。伯夷是向来最讲礼让的，便在抬头之前，先站起身，把手一摆，意思是请兄弟在阶沿上坐下。

“大哥，时局好像不大好!”叔齐一面并排坐下去，一面气喘吁吁的说，声音有些发抖。

“怎么了呀?”伯夷这才转过脸去看，只见叔齐的原是苍白的脸色，好像更加苍白了。

“您听到过从商王[③]那里，逃来两个瞎子的事了罢。”

“唔，前几天，散宜生[④]好像提起过。我没有留心。”

“我今天去拜访过了。一个是太师疵，一个是少师强，还带来许多乐器[⑤]。

---

① 鲁迅．呐喊 彷徨 故事新编：丁聪插图本［M］．北京：人民文学出版社，2013.

② 关于伯夷和叔齐，《史记·伯夷列传》中有如下的记载：“伯夷、叔齐，孤竹君之二子也。父欲立叔齐，及父卒，叔齐让伯夷。伯夷曰：‘父命也。’遂逃去。叔齐亦不肯立而逃之。国人立其中子。于是伯夷、叔齐闻西伯昌善养老，盍往归焉。及至，西伯卒。武王载木主，号为文王，东伐纣。伯夷、叔齐叩马而谏曰：‘父死不葬，爰及干戈，可谓孝乎？以臣弑君，可谓仁乎？’左右欲兵之，太公曰：‘此义人也。’扶而去之。武王已平殷乱，天下宗周，而伯夷、叔齐耻之，义不食周粟，隐于首阳山，采薇而食之。及饿且死，作歌，其辞曰：‘登彼西山兮，采其薇矣。以暴易暴兮，不知其非矣。神农虞夏忽焉没兮，我安适归矣？于嗟徂兮，命之衰矣！’遂饿死于首阳山。”

③ 商王指商纣，姓子名受，是商代最末的一个帝王。

④ 散宜生，周初功臣。商代末年往归西伯（周文王），后佐武王伐纣。

⑤ 关于太师疵和少师强，《史记·周本纪》载：“纣昏乱暴虐滋甚，杀王子比干，囚箕子；太师疵、少师彊（强）抱其乐器而犇周。”太师、少师都是乐官名。据《周礼·春官》郑玄注，凡担任这种官职的，都是盲人。

听说前几时还开过一个展览会，参观者都‘啧啧称美’，——不过好像这边就要动兵了。”

“为了乐器动兵，是不合先王之道的。”伯夷慢吞吞的说。

“也不单为了乐器。您不早听到过商王无道，砍早上渡河不怕水冷的人的脚骨，看看他的骨髓，挖出比干王爷的心来，看它可有七窍吗?[①] 先前还是传闻，瞎子一到，可就证实了。况且还切切实实的证明了商王的变乱旧章。变乱旧章，原是应该征伐的。不过我想，以下犯上，究竟也不合先王之道……”

“近来的烙饼，一天一天的小下去了，看来确也像要出事情，”伯夷想了一想，说。“但我看你还是少出门，少说话，仍旧每天练你的太极拳的好!”

“是……”叔齐是很悌的，应了半声。

“你想想看，”伯夷知道他心里其实并不服气，便接着说。“我们是客人，因为西伯肯养老[②]，呆在这里的。烙饼小下去了，固然不该说什么，就是事情闹起来了，也不该说什么的。”

“那么，我们可就成了为养老而养老了。”

“最好是少说话。我也没有力气来听这些事。”

伯夷咳了起来，叔齐也不再开口。咳嗽一止，万籁寂然，秋末的夕阳，照着两部白胡子，都在闪闪的发亮。

二

然而这不平静，却总是滋长起来，烙饼不但小下去，粉也粗起来了。养老堂的人们更加交头接耳，外面只听得车马行走声，叔齐更加喜欢出门，虽然回来也不说什么话，但那不安的神色，却惹得伯夷也很难闲适了：他似乎觉得这碗平稳饭快要吃不稳。

十一月下旬，叔齐照例一早起了床，要练太极拳，但他走到院子里，听了一听，却开开堂门，跑出去了。约摸有烙十张饼的时候，这才气急败坏的跑回来，鼻子冻得通红，嘴里一阵一阵的喷着白蒸气。

“大哥！你起来！出兵了!”他恭敬的垂手站在伯夷的床前，大声说，声音有些比平常粗。

伯夷怕冷，很不愿意这么早就起身，但他是非常友爱的，看见兄弟着急，只好把牙齿一咬，坐了起来，披上皮袍，在被窝里慢吞吞的穿裤子。

---

① 关于纣王砍脚、剖心的事，《尚书·泰誓》有如下记载：“今商王受……（斫）朝涉之胫，剖贤人之心。”《太平御览》卷八十三引《帝王世纪》：“（帝纣）斮朝涉之胫而视其髓。”又《史记·殷本纪》也记有比干被剖心的事：“纣愈淫乱不止。……比干曰：‘为人臣者，不得不以死争。’乃强谏纣。纣怒曰：‘吾闻圣人心有七窍。’剖比干，观其心。”

② “西伯肯养老”，西伯即周文王姬昌，商纣时为西伯，死后谥为文王。《史记》的《周本纪》和《伯夷列传》都说“西伯善养老”。《周本纪》说他“笃仁、敬老、慈少”。

“我刚要练拳，”叔齐等着，一面说。“却听得外面有人马走动，连忙跑到大路上去看时——果然，来了。首先是一乘白彩的大轿，总该有八十一人抬着罢，里面一座木主，写的是‘大周文王之灵位’；后面跟的都是兵。我想：这一定是要去伐纣了。现在的周王是孝子，他要做大事，一定是把文王抬在前面的。看了一会，我就跑回来，不料我们养老堂的墙外就贴着告示……”

伯夷的衣服穿好了，弟兄俩走出屋子，就觉得一阵冷气，赶紧缩紧了身子。伯夷向来不大走动，一出大门，很看得有些新鲜。不几步，叔齐就伸手向墙上一指，可真的贴着一张大告示①：

“照得今殷王纣，乃用其妇人之言，自绝于天，毁坏其三正，离逷其王父母弟。乃断弃其先祖之乐；乃为淫声，用变乱正声，怡说妇人。故今予发，维共行天罚。勉哉夫子，不可再，不可三！此示。”

两人看完之后，都不作声，径向大路走去。只见路边都挤满了民众，站得水泄不通。两人在后面说一声“借光”，民众回头一看，见是两位白须老者，便照文王敬老的上谕，赶忙闪开，让他们走到前面。这时打头的木主早已望不见了，走过去的都是一排一排的甲士，约有烙三百五十二张大饼的工夫，这才见别有许多兵丁，肩着九旒云罕旗②，仿佛五色云一样。接着又是甲士，后面一大队骑着高头大马的文武官员，簇拥着一位王爷，紫糖色脸，络腮胡子，左捏黄斧头，右拿白牛尾，威风凛凛：这正是“恭行天罚”的周王发③。

大路两旁的民众，个个肃然起敬，没有人动一下，没有人响一声。在百静中，不提防叔齐却拖着伯夷直扑上去，钻过几个马头，拉住了周王的马嚼子，直着脖子嚷起来道：

“老子死了不葬，倒来动兵，说得上‘孝’吗？臣子想要杀主子，说得上‘仁’吗？……”

开初，是路旁的民众，驾前的武将，都吓得呆了；连周王手里的白牛尾巴也歪了过去。但叔齐刚说了四句话，却就听得一片哗啷声响，有好几把大刀从

---

① 大告示：《史记·周本纪》载武王率师渡过盟津以后，曾发布誓师辞，即所谓《太（泰）誓》。这里的“告示”，除首尾“照得”“此示”数字外，都是《太誓》的原文。“毁坏其三正，离逷其王父母弟”，意思是毁坏了天、地、人的正道，抛弃他的祖辈和弟兄不用。

② 九旒云罕旗：《史记·周本纪》载武王克商后举行祭社典礼，有“百夫荷罕旗以先驱”的记载；南朝宋裴骃《集解》说：“蔡邕《独断》曰：‘前驱有九旒云罕。’”据《文选·东京赋》三国吴薛综注，云罕和九旒，都是旌旗的名称。

③ 周王发即周武王姬发，文王之子。《史记·周本纪》记有武王出兵的情形：“武王即位，太公望为师，周公旦为辅。……九年，武王上祭于毕，东观兵，至于盟津，为文王木主，载以车，中军。武王自称太子发，言奉文王以伐，不敢自专。……是时，诸侯不期而会盟津者八百诸侯。诸侯皆曰：‘纣可伐矣。’武王曰：‘女（汝）未知天命，未可也。’乃还师归。居二年，闻纣昏乱暴虐滋甚，……于是武王遍告诸侯曰：‘殷有重罪，不可以不毕伐。’乃遵文王，遂率戎车三百乘，虎贲三千人，甲士四万五千人，以东伐纣。”又记有牧野誓师时的情形：“武王左杖黄钺（黄斧头），右秉白旄（白牛尾）”。

他们的头上砍下来。

"且住!"

谁都知道这是姜太公的声音,岂敢不听,便连忙停了刀,看着这也是白须白发,然而胖得圆圆的脸。

"义士呢。放他们去罢!"

武将们立刻把刀收回,插在腰带上。一面是走上四个甲士来,恭敬的向伯夷和叔齐立正,举手,之后就两个挟一个,开正步向路旁走过去。民众们也赶紧让开道,放他们走到自己的背后去。

到得背后,甲士们便又恭敬的立正,放了手,用力在他们俩的脊梁上一推。两人只叫得一声"阿呀",跄跄踉踉的颠了周尺一丈①路远近,这才扑通的倒在地面上。叔齐还好,用手支着,只印了一脸泥;伯夷究竟比较的有了年纪,脑袋又恰巧磕在石头上,便晕过去了。

三

大军过去之后,什么也不再望得见,大家便换了方向,把躺着的伯夷和坐着的叔齐围起来。有几个是认识他们的,当场告诉人们,说这原是辽西的孤竹君的两位世子,因为让位,这才一同逃到这里,进了先王所设的养老堂。这报告引得众人连声赞叹,几个人便蹲下身子,歪着头去看叔齐的脸,几个人回家去烧姜汤,几个人去通知养老堂,叫他们快抬门板来接了。

大约过了烙好一百零三四张大饼的工夫,现状并无变化,看客也渐渐的走散;又好久,才有两个老头子抬着一扇门板,一拐一拐的走来,板上面还铺着一层稻草:这还是文王定下来的敬老的老规矩。板在地上一放,哐咙一声,震得伯夷突然张开了眼睛:他苏甦了。叔齐惊喜的发一声喊,帮那两个人一同轻轻的把伯夷扛上门板,抬向养老堂里去;自己是在旁边跟定,扶住了挂着门板的麻绳。

走了六七十步路,听得远远地有人在叫喊:

"您哪!等一下!姜汤来哩!"望去是一位年青的太太,手里端着一个瓦罐子,向这面跑来了,大约怕姜汤泼出罢,她跑得不很快。

大家只得停住,等候她的到来。叔齐谢了她的好意。她看见伯夷已经自己醒来了,似乎很有些失望,但想了一想,就劝他仍旧喝下去,可以暖暖胃。然而伯夷怕辣,一定不肯喝。

"这怎么办好呢?还是八年陈的老姜熬的呀。别人家还拿不出这样的东西来呢。我们的家里又没有爱吃辣的人……"她显然有点不高兴。

---

① 周尺一丈,相当于现在的七市尺。

叔齐只得接了瓦罐，做好做歹的硬劝伯夷喝了一口半，余下的还很多，便说自己也正在胃气痛，统统喝掉了。眼圈通红的，恭敬的夸赞了姜汤的力量，谢了那太太的好意之后，这才解决了这一场大纠纷。

他们回到养老堂里，倒也并没有什么余病，到第三天，伯夷就能够起床了，虽然前额上肿着一大块——然而胃口坏。

官民们都不肯给他们超然，时时送来些搅扰他们的消息，或者是官报，或者是新闻。十二月底，就听说大军已经渡了盟津，诸侯无一不到。不久也送了武王的《太誓》的钞本来。[①] 这是特别钞给养老堂看的，怕他们眼睛花，每个字都写得有核桃一般大。不过伯夷还是懒得看，只听叔齐朗诵了一遍，别的倒也并没有什么，但是“自弃其先祖肆祀不答，昏弃其家国……”这几句，断章取义，却好像很伤了自己的心。

传说也不少：有的说，周师到了牧野，和纣王的兵大战，杀得他们尸横遍野，血流成河，连木棍也浮起来，仿佛水上的草梗一样；[②] 有的却道纣王的兵虽然有七十万，其实并没有战，一望见姜太公带着大军前来，便回转身，反替武王开路了。[③]

这两种传说，固然略有些不同，但打了胜仗，却似乎确实的。此后又时时听到运来了鹿台的宝贝，巨桥的白米[④]，就更加证明了得胜的确实。伤兵也陆陆续续的回来了，又好像还是打过大仗似的。凡是能够勉强走动的伤兵，大抵在茶馆，酒店，理发铺，以及人家的檐前或门口闲坐，讲述战争的故事，无论那里，总有一群人眉飞色舞的在听他。春天到了，露天下也不再觉得怎么凉，往往到夜里还讲得很起劲。

伯夷和叔齐都消化不良，每顿总是吃不完应得的烙饼；睡觉还照先前一样，天一暗就上床，然而总是睡不着。伯夷只在翻来复去，叔齐听了，又烦躁，又心酸，这时候，他常是重行起来，穿好衣服，到院子里去走走，或者练一套太极拳。

有一夜，是有星无月的夜。大家都睡得静静的了，门口却还有人在谈天。

---

① 关于周师渡盟津，《史记·周本纪》载：“十一年十二月戊午，师毕渡盟津，诸侯咸会。”盟津亦名孟津，在今河南省孟县南。武王伐纣，由陕西进入河南，在此渡过黄河，至朝歌近郊牧野，击败纣兵，便占领了纣的都城朝歌（故城在今河南省汤阴县）。

② 关于牧野大战的情况，《尚书·武成》中有如下的记载：“甲子昧爽，受率其旅若林，会于牧野。罔有敌于我师，前徒倒戈，攻于后以北，血流漂杵。”

③ 关于纣兵倒戈的事，《史记·周本纪》中有如下的记载：“帝纣闻武王来，亦发兵七十万人距武王。武王使师尚父与百夫致师，以大卒驰帝纣师。纣师虽众，皆无战之心，心欲武王亟入。纣师皆倒兵以战，以开武王。”

④ 鹿台和巨（钜）桥，都是商纣的仓库。前者贮藏珠玉钱帛，故址在今河南汤阴朝歌镇南；后者贮藏米谷，故址在今河北曲周东北古衡章水东岸。《史记·殷本纪》：“帝纣……厚赋税以实鹿台之钱，而盈钜桥之粟。”

叔齐是向来不偷听人家谈话的，这一回可不知怎的，竟停了脚步，同时也侧着耳朵。

“妈的纣王，一败，就奔上鹿台去了，”说话的大约是回来的伤兵。“妈的，他堆好宝贝，自己坐在中央，就点起火来。”

“阿唷，这可多么可惜呀！”这分明是管门人的声音。

“不慌！只烧死了自己，宝贝可没有烧哩。咱们大王就带着诸侯，进了商国。他们的百姓都在郊外迎接，大王叫大人们招呼他们道：‘纳福呀！’他们就都磕头。一直进去，但见门上都贴着两个大字道：‘顺民’。大王的车子一径走向鹿台，找到纣王自寻短见的处所，射了三箭……”

“为什么呀？怕他没有死吗？”别一人问道。

“谁知道呢。可是射了三箭，又拔出轻剑来，一砍，这才拿了黄斧头，嚓！砍下他的脑袋来，挂在大白旗上。”

叔齐吃了一惊。

“之后就去找纣王的两个小老婆。哼，早已统统吊死了。大王就又射了三箭，拔出剑来，一砍，这才拿了黑斧头，割下她们的脑袋，挂在小白旗上。这么一来……”①

“那两个姨太太真的漂亮吗？”管门人打断了他的话。

“知不清。旗杆子高，看的人又多，我那时金创还很疼，没有挤近去看。”

“他们说那一个叫作妲己②的是狐狸精，只有两只脚变不成人样，便用布条子裹起来：真的？”

“谁知道呢。我也没有看见她的脚。可是那边的娘儿们却真有许多把脚弄得好像猪蹄子的。”

叔齐是正经人，一听到他们从皇帝的头，谈到女人的脚上去了，便双眉一皱，连忙掩住耳朵，返身跑进房里去。伯夷也还没有睡着，轻轻的问道：

“你又去练拳了么？”

叔齐不回答，慢慢的走过去，坐在伯夷的床沿上，弯下腰，告诉了他刚才听来的一些话。这之后，两人都沉默了许多时，终于是叔齐很困难的叹一口气，悄悄的说道：

---

① 关于纣王自焚和武王入商等情形，《史记·周本纪》中有如下的记载：“纣走反人，登于鹿台之上，蒙衣其殊玉，自燔于火而死。武王持大白旗以麾诸侯，诸侯毕拜武王，武王乃揖诸侯，诸侯毕从；武王至商国，商国百姓咸待于郊，于是武王使群臣告语商百姓曰：‘上天降休！’商人皆再拜稽首，武王亦答拜。遂入，至纣死所，武王自射之，三发而后下车，以轻剑击之，以黄钺斩纣头，县大白之旗；已而至纣之嬖妾二女，二女皆经自杀。武王又射三发，击以剑，斩以玄钺，县其头小白之旗。”

② 妲己，商纣的妃子。《史记·殷本纪》：“帝纣……好酒淫乐，嬖于妇人，爱妲己，妲己之言是从。”武王克商，“杀妲己。”又明代王三聘《古今事物考》卷六：“商妲己，狐精也，亦曰雉精，犹未变足，以帛裹之。”在长篇小说《封神演义》中也有类似的传说。

“不料竟全改了文王的规矩……你瞧罢，不但不孝，也不仁……这样看来，这里的饭是吃不得了。”

“那么，怎么好呢？”伯夷问。

“我看还是走……”

于是两人商量了几句，就决定明天一早离开这养老堂，不再吃周家的大饼；东西是什么也不带。兄弟俩一同走到华山去，吃些野果和树叶来送自己的残年。况且“天道无亲，常与善人”①，或者竟会有苍术和茯苓之类也说不定。

打定主意之后，心地倒十分轻松了。叔齐重复解衣躺下，不多久，就听到伯夷讲梦话；自己也觉得很有兴致，而且仿佛闻到茯苓的清香，接着也就在这茯苓的清香中，沉沉睡去了。

四

第二天，兄弟俩都比平常醒得早，梳洗完毕，毫不带什么东西，其实也并无东西可带，只有一件老羊皮长袍舍不得，仍旧穿在身上，拿了拄杖，和留下的烙饼，推称散步，一径走出养老堂的大门；心里想，从此要长别了，便似乎还不免有些留恋似的，回过头来看了几眼。

街道上行人还不多；所遇见的不过是睡眼惺忪的女人，在井边打水。将近郊外，太阳已经高升，走路的也多起来了，虽然大抵昂看头，得意洋洋的，但一看见他们，却还是照例的让路。树木也多起来了，不知名的落叶树上，已经吐着新芽，一望好像灰绿的轻烟，其间夹着松柏，在蒙胧中仍然显得很苍翠。

满眼是阔大，自由，好看，伯夷和叔齐觉得仿佛年青起来，脚步轻松，心里也很舒畅了。

到第二天的午后，迎面遇见了几条岔路，他们决不定走那一条路近，便检了一个对面走来的老头子，很和气的去问他。

“阿呀，可惜，”那老头子说。“您要是早一点，跟先前过去的那队马跑就好了。现在可只得先走这条路。前面岔路还多，再问罢。”

叔齐就记得了正午时分，他们的确遇见过几个废兵，赶着一大批老马，瘦马，跛脚马，癞皮马，从背后冲上来，几乎把他们踏死，这时就趁便问那老人，这些马是赶去做什么的。

“您还不知道吗？”那人答道。“我们大王已经‘恭行天罚’，用不着再来兴师动众，所以把马放到华山脚下去的。这就是‘归马于华山之阳’呀，您懂了

---

① “天道无亲，常与善人”，语见《老子》七十九章。又《史记·伯夷列传》载：“或曰：‘天道无亲，常与善人。’若伯夷、叔齐，可谓善人者非耶？积仁絜行如此而饿死！……天之报施善人，其何如哉？”

没有？我们还在‘放牛于桃林之野’① 哩！吓，这回可真是大家要吃太平饭了。”

然而这竟是兜头一桶冷水，使两个人同时打了一个寒噤，但仍然不动声色，谢过老人，向着他所指示的路前行。无奈这“归马于华山之阳”，竟踏坏了他们的梦境，使两个人的心里，从此都有些七上八下起来。

心里忐忑，嘴里不说，仍是走，到得傍晚，临近了一座并不很高的黄土冈，上面有一些树林，几间土屋，他们便在途中议定，到这里去借宿。

离土冈脚还有十几步，林子里便窜出五个彪形大汉来，头包白布，身穿破衣，为首的拿一把大刀，另外四个都是木棍。一到冈下，便一字排开，拦住去路，一同恭敬的点头，大声吆喝道：

“老先生，您好哇！”

他们俩都吓得倒退了几步，伯夷竟发起抖来，还是叔齐能干，索性走上前，问他们是什么人，有什么事。

“小人就是华山大王小穷奇②，”那拿刀的说，“带了兄弟们在这里，要请您老赏一点买路钱！”

“我们那里有钱呢，大王。”叔齐很客气的说。“我们是从养老堂里出来的。”

“阿呀！”小穷奇吃了一惊，立刻肃然起敬，“那么，您两位一定是‘天下之大老也’③ 了。小人们也遵先王遗教，非常敬老，所以要请您老留下一点纪念品……”他看见叔齐没有回答，便将大刀一挥，提高了声音道：“如果您老还要谦让，那可小人们只好恭行天搜，瞻仰一下您老的贵体了！”

伯夷叔齐立刻擎起了两只手；一个拿木棍的就来解开他们的皮袍，棉袄，小衫，细细搜检了一遍。

“两个穷光蛋，真的什么也没有！”他满脸显出失望的颜色，转过头去，对小穷奇说。

小穷奇看出了伯夷在发抖，便上前去，恭敬的拍拍他肩膀，说道：

“老先生，请您不要怕。海派会‘剥猪猡’④，我们是文明人，不干这玩意儿的。什么纪念品也没有，只好算我们自己晦气。现在您只要滚您的蛋就是了！”

伯夷没有话好回答，连衣服也来不及穿好，和叔齐迈开大步，眼看着地，

---

① “归马于华山之阳”“放牛于桃林之野”，见《尚书·武成》：武王克商后，“乃偃武修文，归马于华山之阳，放牛于桃林之野，示天下弗服。”服，使役，指不再役马打仗。

② 小穷奇：穷奇，我国古代所谓“四凶”（浑沌、穷奇、梼杌、饕餮）之一。《左传》文公十八年：“少皞氏有不才子……天下之民谓之穷奇。”小穷奇是作者由此虚拟的人名。

③ “天下之大老也”，原是孟轲称赞伯夷和姜尚的话，见《孟子·离娄上》：“二老者，天下之大老也。”

④ “剥猪猡”：旧时上海盗匪抢劫行人，剥夺衣服，称为“剥猪猡”。“猪猡”是江浙一带方言，即猪。

向前便跑。这时五个人都已经站在旁边，让出路来了。看见他们在面前走过，便恭敬的垂下双手，同声问道：

“您走了？您不喝茶了么？”

“不喝了，不喝了……”伯夷和叔齐且走且说，一面不住的点着头。

五

“归马于华山之阳”和华山大王小穷奇，都使两位义士对华山害怕，于是从新商量，转身向北，讨着饭，晓行夜宿，终于到了首阳山。

这确是一座好山。既不高，又不深，没有大树林，不愁虎狼，也不必防强盗：是理想的幽栖之所。两人到山脚下一看，只见新叶嫩碧，土地金黄，野草里开着些红红白白的小花，真是连看看也赏心悦目。他们就满心高兴，用拄杖点着山径，一步一步的挨上去，找到上面突出一片石头，好像岩洞的处所，坐了下来，一面擦着汗，一面喘着气。

这时候，太阳已经西沉，倦鸟归林，啾啾唧唧的叫着，没有上山时候那么清静了，但他们倒觉得也还新鲜，有趣。在铺好羊皮袍，准备就睡之前，叔齐取出两个大饭团，和伯夷吃了一饱。这是沿路讨来的残饭，因为两人曾经议定，“不食周粟”，只好进了首阳山之后开始实行，所以当晚把它吃完，从明天起，就要坚守主义，绝不通融了。

他们一早就被乌老鸦闹醒，后来重又睡去，醒来却已是上午时分。伯夷说腰痛腿酸，简直站不起；叔齐只得独自去走走，看可有可吃的东西。他走了一些时，竟发见这山的不高不深，没有虎狼盗贼，固然是其所长，然而因此也有了缺点：下面就是首阳村，所以不但常有砍柴的老人或女人，并且有进来玩耍的孩子，可吃的野果子之类，一颗也找不出，大约早被他们摘去了。

他自然就想到茯苓。但山上虽然有松树，却不是古松，都好像根上未必有茯苓；即使有，自己也不带锄头，没有法子想。接着又想到苍术，然而他只见过苍术的根，毫不知道那叶子的形状，又不能把满山的草都拔起来看一看，即使苍术生在眼前，也不能认识。心里一暴躁，满脸发热，就乱抓了一通头皮。

但是他立刻平静了，似乎有了主意，接着就走到松树旁边，摘了一衣兜的松针，又往溪边寻了两块石头，砸下松针外面的青皮，洗过，又细细的砸得好像面饼，另寻一片很薄的石片，拿着回到石洞去了。

“三弟，有什么捞儿①没有？我是肚子饿的咕噜咕噜响了好半天了。”伯夷一望见他，就问。

“大哥，什么也没有。试试这玩意儿罢。”

---

① 捞儿，也作落儿。北方方言，意为物质收益。这里指可吃的东西。

他就近拾了两块石头，支起石片来，放上松针面，聚些枯枝，在下面生了火。实在是许多工夫，才听得湿的松针面有些吱吱作响，可也发出一点清香，引得他们俩咽口水。叔齐高兴得微笑起来了，这是姜太公做八十五岁生日的时候，他去拜寿，在寿筵上听来的方法。

发香之后，就发泡，眼见它渐渐的干下去，正是一块糕。叔齐用皮袍袖子裹着手，把石片笑嘻嘻的端到伯夷的面前。伯夷一面吹，一面拗，终于拗下一角来，连忙塞进嘴里去。

他愈嚼，就愈皱眉，直着脖子咽了几咽，倒哇的一声吐出来了，诉苦似的看着叔齐道：

“苦……粗……”

这时候，叔齐真好像落在深潭里，什么希望也没有了。抖抖的也拗了一角，咀嚼起来，可真也毫没有可吃的样子：苦……粗……

叔齐一下子失了锐气，坐倒了，垂了头。然而还在想，挣扎的想，仿佛是在爬出一个深潭去。爬着爬着，只向前。终于似乎自己变了孩子，还是孤竹君的世子，坐在保姆的膝上了。这保姆是乡下人，在和他讲故事：黄帝打蚩尤，大禹捉无支祁，还有乡下人荒年吃薇菜。

他又记得了自己问过薇菜的样子，而且山上正见过这东西。他忽然觉得有了气力，立刻站起身，跨进草丛，一路寻过去。

果然，这东西倒不算少，走不到一里路，就摘了半衣兜。

他还是在溪水里洗了一洗，这才拿回来；还是用那烙过松针面的石片，来烤薇菜。叶子变成暗绿，熟了。但这回再不敢先去敬他的大哥了，撮起一株来，放在自己的嘴里，闭着眼睛，只是嚼。

“怎么样?”伯夷焦急的问。

“鲜的!”

两人就笑嘻嘻的来尝烤薇菜；伯夷多吃了两撮，因为他是大哥。

他们从此天天采薇菜。先前是叔齐一个人去采，伯夷煮；后来伯夷觉得身体健壮了一些，也出去采了。做法也多起来：薇汤，薇羹，薇酱，清炖薇，原汤焖薇芽，生晒嫩薇叶……

然而近地的薇菜，却渐渐的采完，虽然留着根，一时也很难生长，每天非走远路不可了。搬了几回家，后来还是一样的结果。而且新住处也逐渐的难找了起来，因为既要薇菜多，又要溪水近，这样的便当之处，在首阳山上实在也不可多得的。叔齐怕伯夷年纪太大了，一不小心会中风，便竭力劝他安坐在家里，仍旧单是担任煮，让自己独自去采薇。

伯夷逊让了一番之后，倒也应允了，从此就较为安闲自在，然而首阳山上是有人迹的，他没事做，脾气又有些改变，从沉默成了多话，便不免和孩子去搭讪，和樵夫去扳谈。也许是因为一时高兴，或者有人叫他老乞丐的缘故罢，他竟说出了他们俩原是辽西的孤竹君的儿子，他老大，那一个是老三。父亲在日原是说要传位给老三的，一到死后，老三却一定向他让。他遵父命，省得麻烦，逃走了。不料老三也逃走了。两人在路上遇见，便一同来找西伯——文王，进了养老堂。又不料现在的周王竟“以臣弑君”起来，所以只好不食周粟，逃上首阳山，吃野菜活命……等到叔齐知道，怪他多嘴的时候，已经传播开去，没法挽救了。但也不敢怎么埋怨他；只在心里想：父亲不肯把位传给他，可也不能不说很有些眼力。

叔齐的预料也并不错：这结果坏得很，不但村里时常讲到他们的事，也常有特地上山来看他们的人。有的当他们名人，有的当他们怪物，有的当他们古董。甚至于跟着看怎样采，围着看怎样吃，指手画脚，问长问短，令人头昏。而且对付还须谦虚，倘使略不小心，皱一皱眉，就难免有人说是“发脾气”。

不过舆论还是好的方面多。后来连小姐太太，也有几个人来看了，回家去都摇头，说是“不好看”，上了一个大当。

终于还引动了首阳村的第一等高人小丙君①。他原是妲己的舅公的干女婿，做着祭酒②，因为知道天命有归，便带着五十车行李和八百个奴婢，来投明主了。可惜已在会师盟津的前几天，兵马事忙，来不及好好的安插，便留下他四十车货物和七百五十个奴婢，另外给予两顷首阳山下的肥田，叫他在村里研究八卦学。他也喜欢弄文学，村中都是文盲，不懂得文学概论，气闷已久，便叫家丁打轿，找那两个老头子，谈谈文学去了；尤其是诗歌，因为他也是诗人，已经做好一本诗集子。

然而谈过之后，他一上轿就摇头，回了家，竟至于很有些气愤。他以为那两个家伙是谈不来诗歌的。第一、是穷：谋生之不暇，怎么做得出好诗？第二、是“有所为”，失了诗的“敦厚”；第三、是有议论，失了诗的“温柔”。③ 尤其可议的是他们的品格，通体都是矛盾。于是他大义凛然的斩钉截铁的说道：

“‘普天之下，莫非王土’④，难道他们在吃的薇，不是我们圣上的吗!”

这时候，伯夷和叔齐也在一天一天的瘦下去了。这并非为了忙于应酬，因为参观者倒在逐渐的减少。所苦的是薇菜也已经逐渐的减少，每天要找一捧，

---

① 小丙君，作者虚拟的人名。

② 祭酒，古代飨宴时，先由一个年长的人以酒沃地祭神，故尊称年高有德者为祭酒。汉魏以后用为官名，如博士祭酒、国子祭酒等。

③ “敦厚”“温柔”，语出《礼记·经解》：“其为人也：温柔敦厚，《诗》教也。”据孔颖达疏，所谓“温柔敦厚”就是“依违讽谏，不指切事情”的意思；这一直成为我国封建时代文学创作和批评的一种准则。

④ “普天之下，莫非王土”，语见《诗经·小雅·北山》。“普”原作“溥”，《左传·昭公七年》引此诗作“普”。

总得费许多力，走许多路。

然而祸不单行。掉在井里面的时候，上面偏又来了一块大石头。

有一天，他们俩正在吃烤薇菜，不容易找，所以这午餐已在下午了。忽然走来了一个二十来岁的女人，先前是没有见过的，看她模样，好像是阔人家里的婢女。

“您吃饭吗？”她问。

叔齐仰起脸来，连忙陪笑，点点头。

“这是什么玩意儿呀？”她又问。

“薇。”伯夷说。

“怎么吃着这样的玩意儿的呀？”

“因为我们是不食周粟……”

伯夷刚刚说出口，叔齐赶紧使一个眼色，但那女人好像聪明得很，已经懂得了。她冷笑了一下，于是大义凛然的斩钉截铁的说道：

“‘普天之下，莫非王土’，你们在吃的薇，难道不是我们圣上的吗！”

伯夷和叔齐听得清清楚楚，到了末一句，就好像一个大霹雳，震得他们发昏；待到清醒过来，那鸦头已经不见了。薇，自然是不吃，也吃不下去了，而且连看看也害羞，连要去搬开它，也抬不起手来，觉得仿佛有好几百斤重。

六

樵夫偶然发见了伯夷和叔齐都缩做一团，死在山背后的石洞里，是大约这之后的二十天。并没有烂，虽然因为瘦，但也可见死的并不久；老羊皮袍却没有垫着，不知道弄到那里去了。这消息一传到村子里，又哄动了一大批来看的人，来来往往，一直闹到夜。结果是有几个多事的人，就地用黄土把他们埋起来，还商量立一块石碑，刻上几个字，给后来好做古迹。

然而合村里没有人能写字，只好去求小丙君。

然而小丙君不肯写。

“他们不配我来写，”他说。“都是昏蛋。跑到养老堂里来，倒也罢了，可又不肯超然；跑到首阳山里来，倒也罢了，可是还要做诗；做诗倒也罢了，可是还要发感慨，不肯安分守己，‘为艺术而艺术’。你瞧，这样的诗，可是有永久性的：

上那西山呀采它的薇菜，
强盗来代强盗呀不知道这的不对。
神农虞夏一下子过去了，我又那里去呢？
唉唉死罢，命里注定的晦气！

“你瞧，这是什么话？温柔敦厚的才是诗。他们的东西，却不但‘怨’，简直'骂'了。没有花，只有刺，尚且不可，何况只有骂。即使放开文学不谈，他们撇下祖业，也不是什么孝子，到这里又讥讪朝政，更不像一个良民……我不写！……"

文盲们不大懂得他的议论，但看见声势汹汹，知道一定是反对的意思，也只好作罢了。伯夷和叔齐的丧事，就这样的算是告了一段落。

然而夏夜纳凉的时候，有时还谈起他们的事情来。有人说是老死的，有人说是病死的，有人说是给抢羊皮袍子的强盗杀死的。后来又有人说其实恐怕是故意饿死的，因为他从小丙君府上的鸦头阿金姐[①]那里听来：这之前的十多天，她曾经上山去奚落他们了几句，傻瓜总是脾气大，大约就生气了，绝了食撒赖，可是撒赖只落得一个自己死。

于是许多人就非常佩服阿金姐，说她很聪明，但也有些人怪她太刻薄。

阿金姐却并不以为伯夷叔齐的死掉，是和她有关系的。自然，她上山去开了几句玩笑，是事实，不过这仅仅是玩笑。那两个傻瓜发脾气，因此不吃薇菜了，也是事实，不过并没有死，倒招来了很大的运气。

"老天爷的心肠是顶好的，"她说。"他看见他们的撒赖，快要饿死了，就吩咐母鹿，用它的奶去喂他们。您瞧，这不是顶好的福气吗？用不着种地，用不着砍柴，只要坐着，就天天有鹿奶自己送到你嘴里来。可是贱骨头不识抬举，那老三，他叫什么呀，得步进步，喝鹿奶还不够了。他喝着鹿奶，心里想，'这鹿有这么胖，杀它来吃，味道一定是不坏的。'一面就慢慢的伸开臂膊，要去拿石片。可不知道鹿是通灵的东西，它已经知道了人的心思，立刻一溜烟逃走了。老天爷也讨厌他们的贪嘴，叫母鹿从此不要去。[②] 您瞧，他们还不只好饿死吗？那里是为了我的话，倒是为了自己的贪心，贪嘴呵！……"

听到这故事的人们，临末都深深的叹一口气，不知怎的，连自己的肩膀也觉得轻松不少了。即使有时还会想起伯夷叔齐来，但恍恍忽忽，好像看见他们蹲在石壁下，正在张开白胡子的大口，拚命的吃鹿肉。

一九三五年十二月作

赏读提示

鲁迅的《故事新编》以独特的视角和犀利的笔锋，为古典传说注入新的生

---

① 阿金姐，作者虚拟的人名。

② 关于鹿奶的传说，汉代刘向《列士传》中有如下的记载："伯夷，殷时辽东孤竹君之子也，与弟叔齐俱让驿位而归于国。见武王伐纣，以为不义，遂隐于首阳之山，不食周粟，以微（薇）菜为粮。时有王糜子往难之曰：'虽不食我周粟，而食我周木，何也？'伯夷兄弟遂绝食，七日，天遣白鹿乳之。迳由数日，叔齐腹中私曰：'得此鹿完噉之，岂不快哉！'于是鹿知其心，不复来下。伯夷兄弟，俱饿死也。"（按：《列士传》今不传，这是从《琱玉集》卷十二所引转录。《琱玉集》，辑者不详。宋代郑樵《通志·艺文略》著录二十卷，现存残本二卷，在清代黎庶昌所编《古逸丛书》中）

命力。《采薇》正是其中的璀璨明珠。鲁迅以白话文重述伯夷和叔齐的故事，语言精炼传神，既保留了古典文学的韵味，又赋予其现代白话的鲜活。例如，“他们俩的脸色，都有些黄瘦，但精神却还好”一句，寥寥数语便勾勒出人物的神态；而“薇菜实在也不多了，而且老得咬不动”则以幽默的口吻，道出了隐士生活的艰辛。

最令人称道的是，鲁迅将讽刺与幽默融入叙事，以看似轻松的笔调，揭示出深刻的社会批判和人性思考。例如，伯夷和叔齐对“王道”的质疑，以及小穷奇对“义士”的嘲讽，都发人深省。这篇小说不仅是一次古典与现代的完美碰撞，更是一场语言艺术的盛宴。

迟桂花①（节选）

郁达夫②

刚在北平住了个把月，重回到上海的翌日，和我进出的一家书铺里，就送了这一封挂号加邮托转交的厚信来。我接到了这信，捏在手里，起初还以为是一位我认识的作家，寄了稿子来托我代售的，但翻转信背一看，却是杭州翁家山的翁某某之所发，我立时就想起了那位好学不倦，面容妩媚，多年不相闻问的旧同学老翁。他的名字叫翁矩，则生是他的小名。人生得短小娟秀，皮色也很白净，因而看起来总觉得比他的实际年龄要小五六岁。在我们的一班里，算他的年纪最小，操体操的时候，总是他立在最后的，但实际上他也只不过比我小了两岁。那一年寒假之后，和他同去房州避寒，他的左肺尖，已经被结核菌损蚀得很厉害了。住不上几天，一位也住在那近边养肺病的日本少女，很热烈地和他要好了起来，结果是那位肺病少女的因兴奋而病剧，他也就同失了舵的野船似地迁回到了中国。以后一直十多年，我虽则在大学里毕了业，但关于他的消息，却一向还不曾听见有人说起过。拆开了这封长信，上书室去坐下，从头至尾细细读完之后，我呆视着远处，茫茫然如失了神的样子，脑子里也触起了许多感慨与回思。我远远的看出了他的那种柔和的笑容，听见了他的沉静而又清澈的声气。直到天将暗下去的时候，我一动也不动，还坐在那里呆想，而楼下的家人却来催吃晚饭了。在吃晚饭的中间，我就和家里的人谈起了这位老同学，将那封长信的内容约略说了一遍。家里的人，就劝我落得上杭州去旅行一趟，像这样的秋高气爽的时节，白白地消磨在煤烟灰土很深的上海，实在有

① 乐齐．精读郁达夫［M］．北京：中国国际广播出版社，1998.

② 郁达夫（1896—1945年），原名郁文，字达夫，幼名阿凤，浙江富阳人，中国现代作家，其文学代表作有《沉沦》《故都的秋》《春风沉醉的晚上》《过去》《迟桂花》《怀鲁迅》等。

点可惜，有此机会，落得去吃吃他的喜酒。

第二天仍旧是一天晴和爽朗的好天气，午后两点钟的时候，我已经到了杭州城站，再雇车上翁家山去了。但这一天，似乎是上海各洋行与机关的放假的日子，从上海来杭州旅行的人，特别的多。城站前面停在那里候客的黄包车，都被火车上下来的旅客雇走了，不得已，我就只好上一家附近的酒店去吃午饭。在吃酒的当中，问了问堂倌以去翁家山的路径，他便很详细地指示我说：

"你只教坐黄包车到旗下的陈列所，搭公共汽车到四眼井下来走上去好了。你又没有行李，天气又这么的好，坐黄包车直去是不上算的。"

得到了这一个指教，我就从容起来了，慢慢的喝完了半斤酒，吃了两大碗饭，从酒店出来，便坐车到了旗下。恰好是三点前后的光景，湖六段的汽车刚载满了客人，要开出去。我到了四眼井下车，从山下稻田中间的一条石板路走进满觉陇去的时候，太阳已经平西到了三五十度斜角度的样子，是牛羊下来，行人归舍的时刻了。在满觉陇的狭路中间，果然遇见了许多中学校的远足归来的男女学生的队伍。上水乐洞口去坐了喝了一碗清茶，又拉住了一位农夫，问了声翁则生的名字，他就晓得很详细似地告诉我说：

"是山上第二排的朝南的一家，他们那间楼房顶高，你一上去就可以看见的。则生要讨新娘子了，这几天他们正在忙着收拾。这时候则生怕还在晏公祠的学堂里哩。"

谢过了他的好意，付过了茶钱，我就顺着上烟霞洞去的石级，一步一步的走上了山去。渐走渐高，人声人影是没有了，在将暮的晴天之下，我只看见了许多树影。在半山亭里立住歇了一歇，回头向东南一望，看得见的，只是些青葱的山，和如云的树，在这些绿树丛中，又是些这儿几点，那儿一簇的屋瓦与白墙。

"啊啊，怪不得他的病会得好起来了，原来翁家山是在这样的一个好地方。"

烟霞洞我儿时也曾来过的，但当这样晴爽的秋天，于这一个西下夕阳东上月的时刻，独立在山中的空亭里，来仔细赏玩景色的机会，却还不曾有过。我看见了东天的已经满过半弓的月亮，心里正在羡慕翁则生他们老家的处地的幽深，而从背后又吹来了一阵微风，里面竟含满着一种说不出的撩人的桂花香气。

"啊……"

我又惊异了起来：

"原来这儿到这时候还有桂花？我在以桂花著名的满觉陇里，倒不曾看到，反而在这一块冷僻的山里面来闻吸浓香，这可真也是奇事了。"

这样的一个人独自在心中惊异着，闻吸着，赏玩着，我不知在那空亭里立了多少时候。突然从脚下树丛深处，却幽幽的有晚钟声传过来了；东嗡，东嗡地这钟声实在真来得缓慢而凄清，我听得耐不住了，拔起脚跟，一口气就走上了山顶，走到了那个山下农夫曾经教过我的烟霞洞西面翁则生家的近旁。约莫离他家还有半箭路远的时候，我一面喘着气，一面就放大了喉咙向门里面叫了起来：

“喂，老翁！老翁！则生！翁则生！”

听见了我的呼声，从两扇关在那里的腰门里开出来答应的，却不是被我所唤的翁则生自己，而是我从来也没有见过面的，比翁则生略高三五分的样子，身体强健，两颊微红，看起来约莫有二十四五的一位女性。

她开出了门，一眼看见了我，就立住脚惊疑似地略呆了一呆。同时我看见她脸上却涨起了一层红晕，一双大眼睛眨了几眨，深深地吞了一口气。她似乎已经镇静下去了，便很腼腆地对我一笑。在这一脸柔和的笑容里，我立时就看到了翁则生的面相与神气，当然她是则生的妹妹无疑了，走上了一步，我就也笑着问她说：

“则生不在家么？你是他的妹妹不是？”

听了我这一句问话，她脸上又红了一红，柔和地笑着，半俯了头，她方才轻轻地回答我说：

“是的，大哥还没有回来，你大约是上海来的客人罢？吃中饭的时候，大哥还在说哩！”

这沉静清澈的声气，也和翁则生的一色而没有两样。

“是的，我是从上海来的。”

我接着说：

“我因为想使则生惊骇一下，所以电报也不打一个来通知，接到他的信后，马上就动身来了。不过你们大哥的好日也太逼近了，实在可也没有写一封信来通知的时间余裕。”

“你请进来吧，坐坐吃碗茶，我马上去叫了他来，怕他听到了你来真要惊喜得像疯了一样哩。”

走上台阶，我还没有进门，从客堂后面的侧门里，却走出了一位头发雪白，面貌清癯，大约有六十内外的老太太来。她的柔和的笑容，也是和她的女儿儿子的笑容一色一样的。似乎已经听见了我们在门口所交换过的谈话了，她一开口就对我说：

“是郁先生么？为什么不写一封快信来通知？则生中午还在说，说你若要来，他打算进城上车站去接你去的。请坐，请坐，晏公祠只有十几步路，让我去叫他来吧，怕他真要高兴得像什么似的哩。”

说完了，她就朝向了女儿，吩咐她上厨下去烧碗茶来，她自己却踏着很平稳的脚步，走出大门，下台阶去通知则生去了。

“你们老太太倒还轻健得很。”

“是的，她老人家倒还好。你请坐吧，我马上沏了茶来。”

她上厨下去沏茶的中间，我一个人，在客堂里倒得了一个细细观察周围的机会。则生他们的住屋，是一间三开间而有后轩后厢房的楼房。前面阶沿外走落台阶，是一块可以造厅造厢楼的大空地。走过这块数丈见方的空地，再下两级台阶，便是村道了。越村道而下，再低数尺，又是一排人家的房子。但这一排房子，因为都是平屋，所以挡不杀翁则生他们家里的眺望。立在翁则生家的空地里，前山后山的山景，是依旧历历可见的。屋前屋后，一段一段的山坡上，都长着些不大知名的杂树，三株两株夹在这些杂树中间，树叶短狭，叶与细枝之间，满撒着锯末似的黄点的，却是木犀花树。前一刻在半山空亭里闻到的香气，源头原来就系出在这一块地方的。太阳似乎已下了山，澄明的光里，已经看不见日轮的金箭，而山脚下的树梢头，也早有一带晚烟笼上了。山上的空气，真静得可怜，老远老远的山脚下的村里，小儿在呼唤的声音，也清晰地听得出来。我在空地里立了一会，背着手又踱回到了翁家的客厅，向四壁挂在那里的书画一看，却使我想起了翁则生信里所说的事实。琳琅满目，挂在那里的东西，果然是件件精致，不像是乡下人家的俗恶的客厅。尤其使我看得有趣的，是陈豪写的一堂《归去来辞》的屏条，墨色的鲜艳，字迹的秀腴，有点象董香光而更觉柔媚。翁家的世代书香，只须上这客厅里来一看就可以知道了。我立在那里看字画还没有看得周全，忽而背后门外老远的就飞来了几声叫声：

“老郁！老郁！你来得真快！”

翁则生从小学校里跑回来了，平时总很沉静的他，这时候似乎也感到了一点兴奋。一走进客堂，他握住了我的两手，尽在喘气，有好几秒钟说不出话来。等落在后面的他娘走到的时候，三人才各放声大笑了起来，这时候他妹妹也已经将茶烧好，在一个朱漆盘里放着三碗搬出来摆上桌子来了。

“你看，则生这小孩，他一听见我说你到了，就同猴子似的跳回来了。”

他娘笑着对我说。

“老翁！说你生病生病，我看你倒仍旧不见得衰老得怎么样，两人比较起来，怕还是我老得多哩？”

我笑说着，将脸朝向了他的妹妹，去征她的同意，她笑着不说话，只在守视着我们的欢喜笑乐的样子。则生把头一扭，向他娘指了一指，就接着对我说：

“因为我们的娘在这里，所以我不敢老下去呀。并且媳妇儿也还不曾娶到，一老就得做老光棍了，那还了得！”

经他这么一说，四个人重又大笑起来了，他娘的老眼里几乎笑出了眼泪。则生笑了一会，就重新想起了似的替他妹妹介绍说：

“这是我的妹妹，她的事情，你大约是晓得的吧？我在那信里是写得很详细的。”

“我们可不必你来介绍了。我上这儿来，头一个见到的就是她。”

“噢，你们倒是有缘啊！莲，你猜这位郁先生的年纪，比我大呢，还是比我小？”

他妹妹听了这一句话，面色又涨红了，正在嗫嚅困惑的中间，她娘却止住了笑，问我说：

“郁先生，大约是和则生上下年纪吧？”

“哪里的话，我要比他大得多哩。”

“娘，你看还是我老呢，还是他老？”

则生又把这问题转向了他的母亲。他娘仔细看了我一眼，就对他笑骂般的说：

“自然是郁先生来得老成稳重，谁更象你那样的不脱小孩子脾气呢！”

说着，她就走近了桌边，举起茶碗来请我喝茶。我接过来喝了一口，在茶里又闻到了一种实在是令人欲醉的桂花香气。掀开了茶碗盖，我俯首向碗里一看，果然在绿莹莹的茶水里散点着有一粒一粒的金黄的花瓣。则生以为我在看茶叶，自己拿起了一碗喝了一口，他就对我说：

“这茶叶是我们自己制的，你说怎么样？”

“我并不在看茶叶，我只觉得这触鼻的桂花香气，实在可爱得很。”

“桂花吗？这茶叶里的还是第一次开的早桂，现在在开的迟桂花，才有味哩！因为开得迟，所以日子也经得久。”

“是的是的，我一路上走来，在以桂花著名的满觉陇里，倒闻不着桂花的香气。看看两旁的树上，都只剩了一簇一簇的淡绿的桂花托子了，可是到了这里，却同做梦似的，所闻吸的尽是这种浓艳的气味。老翁，你大约是已经闻惯了，不觉得什么吧？我……我……”

说到了这里，我自己也忍不住笑了起来。则生尽管在追问我：“你怎么样？你怎么样？”到了最后，我也只好说了：

“我，我闻了，似乎要起性欲冲动的样子。”则生听了，马上就大笑了起来，他的娘和妹妹虽则并没有明确地了解我们的说话的内容，但也晓得我们是在说笑话，母女俩便含着微笑，上厨下去预备晚饭去了。

我们两人在客厅上谈谈笑笑，竟忘记了点灯，一道银样的月光，从门里洒进来了。则生看见了月亮，就站起来想去拿煤油灯，我却止住了他，说：

“在月光底下清谈，岂不是很好么？你还记不记得起，那一年在井之头公园里的一夜游行？”

所谓那一年者，就是翁则生患肺病的那一年秋天。他因为用功过度，变成了神经衰弱症。有一天，他课也不去上，竟独自一个在公寓里发了一天的疯。到了傍晚，他饭也不吃，从公寓里跑出去了。我接到了公寓主人的注意，下学回来，就远远的在守视着他，看他走出了公寓，就也追踪着他，远远地跟他一道到了井之头公园。从东京到井之头公园去的高架电车，本来是有前后的两乘，所以在电车上，我和他并不遇着。直到下车出车站之后，我假装无意中和他冲见了似的同他招呼了。他红着双颊，问我这时候上这野外来干什么，我说是来看月亮的，记得那一晚正是和这天一样地有月亮的晚上。两人笑了一笑，就一道的在井之头公园的树林里走到了夜半方才回来。后来听他的自白，他是在那一天晚上想到井之头公园去自杀的，但因为遇见了我，谈了半夜，胸中的烦闷，有一半消散了，所以就同我一道又转了回来。“无限胸中烦闷事，一宵清话又成空！”他自白的时候，还念出了这两句诗来，借作解嘲。以后他就因伤风而发生了肺炎，肺炎愈后，就一直的为结核菌所压倒了。

谈了许多怀旧话后，话头一转，我就提到了他的这一回的喜事。

“这一回的喜事么？我在那信里也曾和你说过。”

谈话的内容，一从空想追怀转向了现实，他的声气就低了下去，又回复了他旧日的沉静的态度。

“在我是无可无不可的，对这事情最起劲的，倒是我的那位年老的娘。这一回的一切准备麻烦，都是她老人家在替我忙的。这半个月中间，她差不多日日跑城里。现在是已经弄得完完全全，什么都预备好了，明朝一日，就要来搭灯彩，下午是女家送嫁妆来，后天就是正日。可是老郁，有一件事情，我觉得很难受，就是莲儿——这是我妹妹的小名——近来，似乎是很不高兴的样子，她话虽则不说，但因为她是很天真的缘故，所以在态度上表情上处处我都看得出来。你是初同她见面，所以并不觉得什么，平时她着实要活泼哩，简直活泼得同现代的那些共产女郎一样，不过她的活泼是天性的纯真，而那些现代女郎，却是学来的时髦。……按说哩，这心绪的恶劣，也是应该的，她虽则是一个纯真的小孩子，但人非木石，究竟总有一点感情，看到了我们这里的婚事热闹，无论如何，总免不得要想起她自己的身世凄凉的。并且还有一个最重要的动机，仿佛是她在觉得自己以后的寄身无处。这儿虽是娘家，但她却是已经出过嫁的女儿了，哥哥讨了嫂嫂，她还有什么权利再寄食在娘家呢？所以我当这婚事在谈起的当初，就一次两次的对她说过了，不管她怎样，她总是我的妹妹，除非她要再嫁，则没有话说，要是不然的话，那她是一辈子有和我同居，和我对分财产的权利的，请她千万不要自己感到难过。这一层意思，她原也明白，我的性情，她是晓得的，可是不晓得怎么，她近来似乎总有点不大安闲的样子。你来得正好，顺便也可以劝劝她。并且明天发嫁妆结灯彩之类的事情，怕她看了又要想到自己的身世，我想明朝一早就叫她陪你出去玩去，省得她在家里一个人在暗中受苦。”

“那好极了，我明天就陪她出去玩一天回来。”

“那可不对，假使是你陪她出去玩的话，那是形迹更露，愈加要使她难堪了。非要装作是你要她去作陪不行。仿佛是你想出去玩，但我却没有工夫陪你，所以只好勉强请她和你一道出去。要这样，她才安逸。”

“好，好，就这么办，明天我要她陪我去逛五云山去。”

正谈到了这里，他的那位老母从客室后面的那扇侧门里走出来了，看到了我们的坐在微明灰暗的客室里谈天，她又笑了起来说：

“十几年不见的一段总账，你们难道想在这几刻工夫里算它清来么？有什么话谈得那么起劲，连灯都忘了点一点？则生，你这孩子真像是疯了，快立起来，把那盏保险灯点上。”

说着她又跑回到了厨下，去拿了一盒火柴出来。则生爬上桌子，在点那盏悬在客室正中的保险灯的时候，她就问我吃晚饭之先，要不要喝酒。则生一边在点灯，一边就从肩背上叫他娘说：

“娘，你以为他也是肺痨病鬼么？郁先生是以喝酒出名的。”

“那么你快下来去开坛去吧，今天挑来的那两坛酒，不晓得好不好，请郁先生尝尝看。”

他娘听了他的话后，就也昂起了头，一面在看他点灯，一面在催他下来去开酒去。

“幸而是酒，请郁先生先尝一尝新，倒还不要紧，要是新娘子，那可使不得。”

他笑说着从桌子上跳了下来，他娘眼睛望着了我，嘴唇却朝着了他啐了一声说：

“你看这孩子，说话老是这样不正经的！”

“因为他要做新郎官了，所以在高兴。”

我也笑着对他娘说了一声，旋转身就一个人踱出了门外，想看一看这翁家山的秋夜的月明，屋内且让他们母子俩去开酒去。

月光下的翁家山，又不相同了。从树枝里筛下来的千条万条的银线，像是电影里的白天的外景。不知躲在什么地方的许多秋虫的鸣唱，骤听之下，满以为在下急雨。白天的热度，日落之后，忽然收敛了，于是草木很多的这深山顶上，就也起了一层白茫茫的透明雾障。山上电灯线似乎还没有接上，远近一家一家看得见的几点煤油灯光，仿佛是大海湾里的渔灯野火。一种空山秋夜的沉默的感觉，处处在高压着人，使人肃然会起一种畏敬之思。我独立在庭前的月光亮里看不上几分钟，心里就有点寒竦竦的怕了起来；回身再走回客室，酒菜杯筷，都已热气蒸腾的摆好在那里候客了。

四个人当吃晚饭的中间，则生又说了许多笑话。因为在前回听取了一番他所告诉我的衷情之后，我于举酒杯的瞬间，偷眼向他妹妹望望，觉得在她的柔和的笑脸上，的确似乎是有一种说不出的悲寂的表情流露在那里的样子。这一餐晚饭，吃尽了许多时间，我因为白天走路走得不少，而谈话之后又感到了一点兴奋，肚子有点饿了，所以酒和菜，竟吃得比平时要多一倍。到了最后将快吃完的当儿，我就向则生提出说：

“老翁，五云山我倒还没有去玩过，明天你可不可以陪我一道去玩一趟？”

则生仍复以他的那种滑稽的口吻回答我说：

“到了结婚的前一日，新郎官哪里走得开呢，还是改天再去吧，等新娘子来了之后，让新郎新妇抬了你去烧香，也还不迟。”

我却仍复主张着说，明天非去不行。则生就说：

“那么替你去叫一顶轿子来，你坐了轿子去，横竖是明天轿夫会来的。”

“不行不行，游山玩水，我是喜欢走的。”

“你认得路么？”

“你们这一种乡下的僻路，我哪里会认得呢？”

“那就怎么办呢？……”

则生抓着头皮，脸上露出了一脸为难的神气。停了一二分钟，他就举目向他的妹妹说：

“莲！你怎么样！你是一位女豪杰，走路又能走，地理又熟悉，你替我陪了郁先生去怎么样？”

他妹妹也笑了起来，举起眼睛来向她娘看了一眼。接着她娘就说：

“好的，莲，还是你陪了郁先生去罢，明天你大哥是走不开的。”

我一看她脸上的表情，似乎已经有了答应的意思了，所以又追问了她一声说：

“五云山可着实不近哩，你走得动的么？回头走到半路，要我来背，那可办不到。”

她听了这话，就真同从心坎里笑出来的一样笑着说：

“别说是五云山，就是老东岳，我们也一天要往返两次哩。”

从她的红红的双颊，挺突的胸脯，和肥圆的肩背看来，这句话也决不是她夸的大口。吃完晚饭，又谈了一阵闲天，我们因为明天各有忙碌的操作在前，所以一早就分头到房里去睡了。

山中的清晓，又是一种特别的情景。我因为昨天夜里多喝了一点酒，上床去一睡，就同大石头掉下海里似的一直就酣睡到了天明。窗外面吱吱唧唧的鸟声喧噪得厉害，我满以为还是夜半，月明将野鸟惊醒了，但睁开眼掀开帐子来一望，窗内窗外已饱浸着晴天爽朗的清晨光线，窗子上面的一角，却已经有一缕朝阳的红箭射到了。急忙滚出了被窝，穿起衣服，跑下楼去一看，他们母子三人，也已梳洗得妥妥服服，说是已经在做了个把钟头的事情之后。平常他们总是于五点钟前后起床的。这一种日出而作，日入而息的山中住民的生活秩序，又使我对他们感到了无穷的敬意。四人一道吃过了早餐，我和则生的妹妹，就整了一整行装，预备出发。临行之际，他娘又叫我等一下子，她很迅速地跑上楼上去取了一支黑漆手杖下来，说，这是则生生病的时候用过的，走山路的时候，用它来撑扶撑扶，气力要省得多。我谢过了她的好意，就让则生的妹妹上前带路，走出了他们的大门。

早晨的空气，实在澄鲜得可爱。太阳已经升高了，但它的领域，还只限于屋檐，树梢，山顶等突出的地方。山路两旁的细草上，露水还没有干，而一味清凉触鼻的绿色草气，和入在桂花香味之中，闻了好象是宿梦也能摇醒的样子。起初还在翁家山村内走着，则生的妹妹，对村中的同性，三步一招呼，五步一立谈的应接得忙不暇给。走尽了这村子的最后一家，沿了入谷的一条石板路走上下山路的时候，遇见的人也没有了，前面的眺望，也转换了一个样子。朝我们去的方向看去，原又是冈峦的起伏和别墅的纵横，但稍一住脚，掉头向东面一望，一片同呵了一口气的镜子似的湖光，却躺在眼下了。远远从两山之间的谷顶望去，并且还看得出一角城里的人家，隐约藏躲在尚未消尽的湖雾当中。

我们的路先朝西北，后又向西南，先下了山坡，后又上了山背，因为今天有一天的时间，可以供我们消磨，所以一离了村境，我就走得特别的慢，每这里看看，那里看看的看个不住。若看见了一件稍可注意的东西，那不管它是风景里的一点一堆，一山一水，或植物界的一草一木与动物界的一鸟一虫，我总要拉住了她，寻根究底的问得她仔仔细细。说也奇怪，小时候只在村里的小学校里念过四年书的她——这是她自己对我说的——对于我所问的东西，却没有一样不晓得的。关于湖上的山水古迹，庙宇楼台哩，那还不要去管它，大约是生长在西湖附近的人，个个都能够说出一个大概来的，所以她的知道得那么详细，倒还在情理之中，但我觉得最奇怪的，却是她的关于这西湖附近的区域之内的种种动植物的知识。无论是如何小的一只鸟，一个虫，一株草，一棵树，她非但各能把它们的名字叫出来，并且连几时孵化，几时他迁，几时鸣叫，几时脱壳，或几时开花，几时结实，花的颜色如何，果的味道如何等，都说得非常有趣而详尽，使我觉得仿佛是在读一部活的桦候脱的《赛儿鹏自然史》(G. White's《*Natural History and Antiquities of Selborne*》)。而桦候脱的书，却决没有叙述得她那么朴质自然而富于刺激，因为听听她那种舒徐清澈的语气，看看她那一双天生成像饱使过耐吻胭脂棒般的红唇，更加上以她所特有的那一脸微笑，在知识分子之外还不得不添一种情的成分上去，于书的趣味之上更要兼一层人的风韵在里头。我们慢慢的谈着天，走着路，不上一个钟头的光景，我竟恍恍惚惚，像又回复了青春时代似的完全为她迷倒了。

她的身体，也真发育得太完全，穿的虽是一件乡下裁缝做的不大合式的大绸夹袍，但在我的前面一步一步的走去，非但她的肥突的后部，紧密的腰部，和斜圆的胫部的曲线，看得要簇生异想，就是她的两只圆而且软的肩膊，多看一歇，也要使我贪鄙起来。立在她的前面和她讲话哩，则那一双水汪汪的大眼，那一个隆正的尖鼻，那一张红白相间的椭圆嫩脸，和因走路走得气急，一呼一吸涨落得特别快的那个高突的胸脯，又要使我恼杀。还有她那一头不曾剪去的黑发哩，梳的虽然是一个自在的懒髻，但一映到了她那个圆而且白的额上，和短而且腴的颈际，看起来，又格外的动人。总之，我在昨天晚上，不曾在她身上发见的康健和自然的美点，今天因这一回的游山，完全被我观察到了。此外我又在她的谈话之中，证实了翁则生也和我曾经讲到过的她的生性的活泼与天真。譬如我问她今年几岁了？她说：二十八岁。我说这真看不出，我起初还以为你只有二十三四岁，她说，女人不生产是不大会老的。我又问她，对于则生这一回的结婚，你有点什么感触？她说，另外也没有什么，不过以后长住在娘家，似乎有点对不起大哥和大嫂。象这一类的纯粹真率的谈话，我另外还听取了许多许多，她的朴素的天性，真真如翁则生之所说，是一个永久的小孩子的天性。

爬上了龙井狮子峰下的一处平坦的山顶，我于听了一段她所讲的如何的栽培茶叶，如何的摘取焙烘，与那时候的山家生活的如何紧张而有趣的故事之后，便在路旁的一块大岩石上坐下了。遥对着在晴天下太阳光里躺着的杭州城市，和近水遥山，我的双眼只凝视着苍空的一角，有半晌不曾说话。一边在我的脑里，却只在回想着德国的一位名延生（Jenson）的作家所著的一部小说《野紫薇爱立喀》（《*Die Braune Erika*》）。这小说后来又有一位英国的作家哈特生（Hodson）摹仿了，写了一部《绿阴》（《*Green Mansions*》）。两部小说里所描写的，都是一个极可爱的生长在原野里的天真的女性，而女主人公的结果后来都是不大好的。我沉默着痴想了好久，她却从我背后用了她那只肥软的右手很自然地搭上了我的肩膀。

“你一声也不响的在那里想什么？”

我就伸上手去把她的那只肥手捏住了，一边就扭转了头微笑着看入了她的那双大眼，因为她是坐在我的背后的。我捏住了她的手又默默对她注视了一分钟，但她的眼里脸上却丝毫也没有羞惧兴奋的痕迹出现，她的微笑，还依旧同平时一点儿也没有什么的笑容一样。看了我这一种奇怪的形状，她过了一歇，反又很自然的问我说：

“你究竟在那里想什么？”

倒是我被她问得难为情起来了，立时觉得两颊就潮热了起来。先放开了那只被我捏住在那儿的她的手，然后干咳了两声，最后我就鼓动了勇气，发了一声同被绞出来似的答语：

“我……我在这儿想你！”

“是在想我的将来如何的和他们同住么？”

她的这句反问，又是非常的率真而自然，满以为我是在为她设想的样子。我只好沉默着把头点了几点，而眼睛里却酸溜溜的觉得有点热起来了。

“啊，我自己倒并没有想得什么伤心，为什么，你，你却反而为我流起眼泪来了呢？”

她象吃了一惊似的立了起来问我，同时我也立起来了，且在将身体起立的行动当中，乘机拭去了我的眼泪。我的心地开朗了，欲情也净化了，重复向南慢慢走上岭去的时候，我就把刚才我所想的心事，尽情告诉了她。我将那两部小说的内容讲给了她听，我将我自己的邪心说了出来，我对于我刚才所触动的那一种自己的心情，更下了一个严正的批判，末后，便这样的对她说：

“对于一个洁白得同白纸似的天真小孩，而加以玷污，是不可赦免的罪恶。我刚才的一念邪心，几乎要使我犯下这个大罪了。幸亏是你的那颗纯洁的心，那颗同高山上的深雪似的心，却救我出了这一个险。不过我虽则犯罪的形迹没有，但我的心，却是已经犯过罪的。所以你要罚我的话，就是处我以死刑，我也毫无悔恨。你若以为我是那样卑鄙，而将来永没有改善的希望的话，那今天晚上回去之后，向你大哥母亲，将我的这一种行为宣布了也可以。不过你若以为这是我的一时糊涂，将来是永也不会再犯的话，那请你相信我的誓言，以后请你当我作你大哥一样那么的看待，你若有急有难，有不了的事情，我总情愿以死来代替着你。”

当我在对她作这些忏悔的时候，两人起初是慢慢在走的，后来又在路旁坐下了。说到了最后的一节，倒是她反同小孩子似的发着抖，捏住了我的两手，倒入了我的怀里，呜呜咽咽的哭了起来。我等她哭了一阵之后，就拿出了一块手帕来替她揩干了眼泪，将我的嘴唇轻轻地搁到了她的头上。两人偎抱着沉默了好久，我又把头俯了下去，问她，我所说的这段话的意思，究竟明白了没有。她眼看着了地上，把头点了几点。我又追问了她一声：

“那么你承认我以后做你的哥哥了不是？”

她又俯视着把头点了几点，我撒开了双手，又伸出去把她的头捧了起来，使她的脸正对着了我。对我凝视了一会，她的那双泪珠还没有收尽的水汪汪的眼睛，却笑起来了。我乘势把她一拉，就同她搀着手并立了起来。

“好，我们是已经决定了，我们将永久地结作最亲爱最纯洁的兄妹。时候已经不早了，让我们快一点走，赶上五云山去吃午饭去。”

我这样说着，搀着她向前一走，她也恢复了早晨刚出发的时候的元气，和我并排着走向了前面。

两人沉默着向前走了几十步之后，我侧眼向她一看，同奇迹似地忽而在她的脸上看出了一层一点儿忧虑也没有的满含着未来的希望和信任的圣洁的光耀来。这一种光耀，却是我在这一刻以前的她的脸上从没有看见过的。我愈看愈觉得对她生起敬爱的心思来了，所以不知不觉，在走路的当中竟接连着看了她好几眼。本来只是笑嘻嘻地在注视着前面太阳光里的五云山的白墙头的她，因为我的脚步的迟乱，似乎也感觉到了我的注意力的分散了，将头一侧，她的双眼，却和我的视线接成了两条轨道。她又笑起来了，同时也放慢了脚步。再向我看了一眼，她才腼腆地开始问我说：

“那我以后叫你什么呢？”

“你叫则生叫什么，就叫我也叫什么好了。”

“那么——大哥！”

大哥的两字，是很急速的紧连着叫出来的，听到了我的一声高声的“啊！”的应声之后，她就涨红了脸，撒开了手，大笑着跑上前面去了。一面跑，一面她又回转头来，“大哥！”“大哥！”的接连叫了我好几声。等我一面叫她别跑，一面我自己也跑着追上了她背后的时候，我们的去路已经变成了一条很窄的石岭，而五云山的山顶，看过去也似乎是很近了。仍复回复了平时的脚步，两人分着前后，在那条窄岭上缓步的当中，我才觉得真真是成了她的哥哥的样子，满含着了慈爱，很正经地吩咐她说：

“走得小心，这一条岭多么险啊！”

走到了五云山的财神殿里，太阳刚当正午，庙里的人已经在那里吃中饭了。我们因为在太阳底下的半天行路，口已经干渴得像旱天的树木一样；所以一进客堂去坐下，就教他们先沏茶来，然后再开饭给我们吃。洗了一个手脸，喝了两三碗清茶，静坐了十几分钟，两人的疲劳兴奋，都已平复了过去，这时候饥饿却抬起头来了，于是就又催他们快点开饭。这一餐只我和她两人对食的五云山上的中餐，对于我正敌得过英国诗人所幻想着的亚力山大王的高宴，若讲到心境的满足，和谐，与食欲的高潮亢进，那恐怕亚力山大王还远不及当时的我。

吃过午饭，管庙的和尚又领我们上前后左右去走了一圈。这五云山，实在是高，立在庙中阁上，开窗向东北一望，湖上的群山，都像是青色的土堆了。本来西湖的山水的妙处，就在于它的比舞台上的布景又真实伟大一点，而比各处的名山大川又同盆景似地整齐渺小一点这地方。而五云山的气概，却又完全不同了。以其山之高与境的僻，一般脚力不健的游人是不会到的，就在这一点上，五云山已略备着名山的资格了，更何况前面远处，蜿蜒盘曲在青山绿野之间的，是一条历史上也着实有名的钱塘江水呢？所以若把西湖的山水，比作一只锁在铁笼子里的白熊来看，那这五云山峰与钱塘江水，便是一只深山的野鹿。笼里的白熊，是只能满足满足胆怯无力者的冒险雄心的，至于深山的野鹿，虽没有高原的狮虎那么雄壮，但一股自由奔放之情，却可以从它那里摄取得来。

我们在五云山的南面，又看了一会钱塘江上的帆影与青山，就想动身上我们的归路了，可是举起头来一望，太阳还在中天，只西偏了没有几分。从此地回去，路上若没有耽搁，是不消两个钟头，就能到翁家山上的；本来是打算出来把一天光阴消磨过去的我们，回去得这样的早，岂不是辜负了这大好的时间了么？所以走到了五云山西南角的一条狭路边上的时候，我就又立了下来，拉着了她的手亲亲热热地问了她一声：

"莲，你还走得动走不动？"

"起码三十里路总还可以走的。"

她说这句话的神气，是富有着自信和决断，一点也不带些夸张卖弄的风情，真真是自然到了极点，所以使我看了不得不伸上手去，向她的下巴底下拨了一拨。她怕痒，缩着头颈笑起来了，我也笑开了大口，对她说：

"让我们索性上云栖去吧！这一条是去云栖的便道，大约走下去，总也没有多少路的，你若是走不动的话，我可以背你。"

两人笑着说着，似乎只转瞬之间，已经把那条狭窄的下山便道走尽了大半了。山下面尽是些绿玻璃似的翠竹，西斜的太阳晒到了这条坞里，一种又清新又寂静的淡绿色的光同清水一样，满浸在这附近的空气里在流动。我们到了云栖寺里坐下，刚喝完了一碗茶，忽而前面的大殿上，有嘈杂的人声起来了，接着就走进了两位穿着分外宽大的黑布和尚衣的老僧来，知客僧便指着他们夸耀似地对我们说：

"这两位高僧，是我们方丈的师兄，年纪都快八十岁了，是从城里某公馆里回来的。"

城里的某巨公，的确是一位佞佛的先锋，他的名字，我本系也听见过的，但我以为同和尚来谈这些俗天，也不大相称，所以就把话头扯了开去，问和尚大殿上的嘈杂的人声，是为什么而起的。知客僧轻鄙似地笑了一笑说：

"还不是城里的轿夫在敲酒钱？轿钱是公馆里付了来的，这些穷人心实在太凶。"

这一个伶俐世俗的知客僧的说话，我实在听得有点厌起来了，所以就要求他说：

"你领我们上寺前寺后去走走吧？"

我们看过了"御碑"及许多石刻之后，穿出大殿，那几个轿夫还在咕噜着没有起身。我一半也觉得走路走得太多了，一半也想给那个知客僧以一点颜色看看，所以就走了上去对轿夫说：

"我给你们两块钱一个人，你们抬我们两人回翁家山去好不好？"

轿夫们喜欢极了，同打过吗啡针后的鸦片嗜好者一样，立刻将态度一变，变得有说有笑了。

知客僧又陪我们到了寺外的修竹丛中，我看了竹上的或刻或写在那里的名字诗句之类，心里倒有点奇怪起来，就问他这是什么意思。于是他也同轿夫他们一样，笑眯眯地对我说了一大串话。我听了他的解释，倒也觉得非常有趣，所以也就拿出了五圆纸币，递给了他，说：

“我们也来买两枝竹放放生吧！”

说着我就向立在我旁边的她看了一眼，她却正同小孩子得到了新玩意儿还不敢去抚摸的一样，微笑着靠近了我的身边轻轻地问我：

“两枝竹上，写什么名字好？”

“当然是一枝上写你的，一枝上写我的。”

她笑着摇摇头说：

“不好，不好，写名字也不好，两个人分开了写也不好。”

“那么写什么呢？”

“只教把今天的事情写上去就对。”

我静立着想了一会，恰好那知客僧向寺里去拿的油墨和笔也已经拿到了。我拣取了两株并排着的大竹，提起笔来，就各写上了“郁翁兄妹放生之竹”的八个字。将年月日写完之后，我搁下了笔，回头来问她这八个字怎么样，她真像是心花怒放似的笑着，不说话而尽在点头。在绿竹之下的这一种她的无邪的憨态，又使我深深地，深深地受到了一个感动。

坐上轿子，向西向南的在竹荫之下走了六七里坂道，出梵村，到闸口西首，从九溪口折入九溪十八涧的山坳，登杨梅岭，到南高峰下的翁家山的时候，太阳已经悬在北高峰与天竺山的两峰之间了。他们的屋里，早已挂上了满堂的灯彩，上面的一对红灯，也已经点尽了一半的样子。嫁妆似乎已经在新房里摆好，客厅上看热闹的人，也早已散了。我们轿子一到，则生和他的娘，就笑着迎了出来，我付过轿钱，一踱进门槛，他娘就问我说：

“早晨拿出去的那枝手杖呢？”

我被她一问，方才想起，便只笑着摇摇头对她慢声的说：

“那一枝手杖么——做了我的祭礼了。”

“做了你的祭礼？什么祭礼？”

则生惊疑似地问我。

“我们在狮子峰下，拜过天地，我已经和你妹妹结成了兄妹了。那一枝手杖，大约是忘记在那块大岩石的旁边的。”

正在这个时候，先下轿而上楼去换了衣服下来的他的妹妹，也嬉笑着，走到了我们的旁边。则生听了我的话后，就也笑着对他的妹妹说：

“莲，你们真好！我们倒还没有拜堂，而你和老郁，却已经在狮子峰拜过天地了，并且还把我的一枝手杖忘掉，作了你们的祭礼。娘！你说这事情应怎么罚罚他们？”

经他这一说，说得大家都笑了起来，我也情愿自己认罚，就认定后日馔房，算作是我一个人的东道。

这一晚翁家请了媒人，及四五个近族的人来吃酒，我和新郎官，在下面奉陪。做媒人的那位中老乡绅，身体虽则并不十分肥胖，但相貌态度，却也是很裕富的样子。我和他两人干杯，竟干满了十八九杯。因酒有点微醉，而日里的路，也走得很多，所以这一晚睡得比前一晚还要沉熟。

九月十二的那一天结婚正日，大家整整忙了一天。婚礼虽系新旧合参的仪式，但因两家都不喜欢铺张，所以百事也还比较简单。午后五时，新娘轿到，行过礼后，那位好好先生的媒人硬要拖我出来，代表来宾，说几句话。我推辞不得，就先把我和则生在日本念书时候的交情说了一说，末了我就想起了则生同我说的迟桂花的好处，因而就抄了他的一段话来恭祝他们：

“则生前天对我说，桂花开得愈迟愈好，因为开得迟，所以经得日子久。现在两位的结婚，比较起平常的结婚年龄来，似乎是觉得大一点了，但结婚结得迟，日子也一定经得久。明年迟桂花开的时候，我一定还要上翁家山来。我预先在这儿计算，大约明年来的时候，在这两株迟桂花的中间，总已经有一株早桂花发出来了。我们大家且等着，等到明年这个时候，再一同来吃他们的早桂的喜酒。”

说完之后，大家就坐拢来吃喜酒。猜猜拳，闹闹房，一直闹到了半夜，各人方才散去。当这一日的中间，我时时刻刻在注意着偷看则生的妹妹的脸色，可是则生所说而我也曾看到过的那一种悲寂的表情，在这一日当中却终日没有在她的脸上流露过一丝痕迹。这一日，她笑的时候，真是乐得难耐似的完全是很自然的样子。因了她的这一种心情的反射的结果，我当然可以不必说，就是则生和他的母亲，在这一日里，也似乎是愉快到了极点。

因为两家都喜欢简单成事的缘故，所以三朝回郎等繁缛的礼节，都在十三那一天白天行完了，晚上馔房，总算是我的东道。则生虽则很希望我在他家里多住几日，可以和他及他的妹妹谈谈笑笑，但我一则因为还有一篇稿子没有做成，想另外上一个更僻静点的地方去做文章，二则我觉得我这一次吃喜酒的目的也已经达到了，所以在馔房的翌日，就离开翁家山去乘早上的特别快车赶回上海。

送我到车站的，是翁则生和他的妹妹两个人。等开车的警笛将吹而火车的机关头上在吐白烟的时候，我又从车窗里伸出了两手，一只捏着了则生，一只捏着了他的妹妹，很重很重的捏了一回。汽笛鸣后，火车微动了，他们兄妹俩又随车前走了许多步，我也俯出了头，叫他们说：

“则生！莲！再见，再见！但愿得我们都是迟桂花！”

火车开出了老远老远，月台上送客的人都回去了，我还看见他们兄妹俩直立在东面月台篷外的太阳光里，在向我挥手。

一九三二年十月在杭州写

赏读提示

《迟桂花》创作于1932年，正值中国社会动荡不安、民族危机深重的时期。郁达夫身处这样的时代洪流中，深感个人命运与国家命运紧密相连。他以“迟桂花”为喻，既表达了对自身坎坷经历的感慨，也寄托了对民族命运的深切关怀。

“迟桂花”是全篇的核心意象，既象征着主人公坎坷的命运，也隐喻着在逆境中依然保持高洁品格的精神追求。郁达夫通过对迟桂花的细腻描写，将个人情感与时代背景巧妙融合，赋予作品深刻的思想内涵。小说以第一人称叙事，深入刻画了主人公复杂矛盾的内心世界。郁达夫善于运用内心独白、心理分析等手法，将主人公的苦闷、彷徨、挣扎表现得淋漓尽致，展现了其高超的心理描写技巧。《迟桂花》语言优美流畅，充满诗意。郁达夫将抒情与叙事完美结合，在讲述故事的同时，也抒发了对人生、爱情、社会的深刻思考，使作品具有强烈的艺术感染力。

麦琪的礼物①

欧·亨利②

一块八角七分钱。全在这儿了。其中六角还是零钱凑起来的。这些小钱是每次一个两个向杂货店、菜贩和肉店的老板硬扣下来的；人家虽然没有明说，自己总觉得这种掂斤播两的交易未免落个吝啬的恶名，当时羞得脸红。德拉数了三遍。数来数去还是一块八角七分钱。而第二天就是圣诞节了。

除了倒在那张破旧的小榻上大哭一场之外，显然没有别的办法。德拉就这么办了。这就使一种精神上的感慨油然而生，认为人生是由啜泣、抽噎和微笑组成的，其中抽噎占主导地位。

趁这家的女主人的悲伤逐渐地由第一级降到第二级的时候，让我们看一看她的家吧！一套备有家具的公寓，租金每周八元钱。虽然不能说绝对的难以形

---

① 黄高才．新编大学语文［M］．北京：高等教育出版社，2008.

② 欧·亨利（1862—1910年），原名威廉·雪德尼·波特，美国著名批判现实主义作家、短篇小说家，世界三大短篇小说大师之一，共创作近三百篇短篇小说，曾被誉为“美国现代短篇小说之父”。欧·亨利善于描写美国社会中普通人民的生活，他的作品构思新颖，故事情节往往出人意料，语言诙谐，因此他的作品被誉为“美国生活的幽默百科全书”。

容，实际上，确实与贫民窟也相差无几了。

楼下的甬道里有一个信箱，但是永远不会有信件投进去；还有一个电铃，鬼才能把它按响。那里还贴着一张名片，上面写着“杰姆斯·狄林汉·杨先生”几个字。

“狄林汉”这个名号是主人先前富裕时，也就是每周赚三十元时，一时高兴，加在姓名之间的，现在进款减缩到达二十元了，“狄林汉”几个字看起来有些模糊，仿佛它们正在慎重地考虑是否缩成一个质朴而谦虚的“狄”字为妙。但是每逢杰姆斯·狄林汉·杨先生回家上楼，走进房门时，杰姆斯·狄林汉·杨太太——就是前面已经介绍过的德拉——总是把他叫做“杰姆”，并且热烈地拥抱他。这当然是很好的。

德拉哭泣完了以后，小心地用破粉扑在面颊上扑了些粉。她站在窗前，呆呆地看着外面灰蒙蒙的后院里有一只灰色的猫在一个灰色篱笆上走着。明天就是圣诞节了，而她只能拿一块八角七分钱给杰姆买一件礼物。几个月来，她尽可能地节省了每一分钱，结果不过如此。每周二十元本来不经花。支出的总比她预算的多。总是这样。只有一块八角七分钱拿来给杰姆买礼物。她的杰姆。为了给他买一件好东西，德拉自得其乐地筹划了好些日子。要买一件精致、珍奇而真正有价值的东西——够得上给杰姆持有的东西固然很少，可是总得有些相称才成呀。

屋里两扇窗户中间有一面壁镜。读者也许见过房租八元钱的公寓里的壁镜。一个非常瘦小灵活的人，从一连串纵的片断的映像里，也许可以对自己的容貌得到一个大致不错的概念。德拉全靠身材纤细，才精通了这种艺术。

突然她从窗口转过身来，站在镜子面前。她的两眼晶莹明亮，但是在二十秒钟内她的脸失色了。她很快地把头发解开，叫它完全披散下来。

且说，杰姆斯·狄林汉·杨夫妇有两样东西是他们特别引以自豪的。一样是杰姆三代祖传的金表。另一样是德拉的头发。如果示巴女皇①住在气窗对面的公寓里，德拉总会有一天把头发悬在窗外去晾干，只是为了使那位女皇的珠宝和首饰相形见绌。如果所罗门王做了看门人，把他所有的财富都堆集在地下室里，杰姆每次经过那儿时会掏出他的金表看看，让所罗门嫉妒得吹胡子瞪眼。

这时德拉的美丽的头发披散在身上，像一股褐色的小瀑布一样，波浪起伏，金光闪闪。头发一直垂到膝盖下，仿佛给她披上一件衣服。她又神经质地很快地把头发梳起来。她踌躇了一会儿，静静地站在那里，有一两滴泪水溅落在破旧的红地毯上。

她穿上她那褐色的旧外套，戴上她那褐色的旧帽子。眼睛里还留着晶莹的

① 示巴女皇：示巴古国在阿拉伯南，即今也门。示巴女皇以美貌著称。

泪光，裙子一摆，她飘然走出房门，走下楼梯，来到街上。

她走到一块招牌前停住了，招牌上面写着：“莎弗朗尼娅夫人——经营各种头发用品”。德拉跑上一楼，一面喘着气，一面定下神来。那位夫人身躯肥大，肤色白得过分，一副冷冰冰的样子，和“莎弗朗尼娅”这个名字太不相称。

“您要买我的头发吗？”德拉问道。

“我买头发，”夫人说，“把你的帽子脱下来，让我看看你的头发什么样儿！”

那股褐色的小瀑布泻了下来。

“二十块钱。”夫人用熟练的手法抓起头发说。

“赶快把钱给我。”德拉说。

啊！随后的两个钟头仿佛长了玫瑰色的翅膀似的飞掠过去了。请不要理会这种杂凑的比喻吧！总之，德拉为了给杰姆买礼物，搜索了所有的铺子。

最后，她终于把它找到了。它确是专为杰姆，不为别人制造的。她把所有的商店都搅翻了一遍，各家都没有像那样的东西。那是一条白金表链，式样简单朴素，只以货色来宣示它的价值，不凭什么俗不可耐的装潢——一切好东西都应该是这样的。它还真配得上那只金表。她一看到这表链就认为非给杰姆买下来不可。它简直像他的为人。文静而有价值——这句话拿来形容表链和杰姆本人都恰到好处。店里以二十一块钱的价格卖给了她，她带着剩下的八角七分钱匆匆地赶回家。杰姆有了这条表链，在任何场合都可以毫无顾虑地看看钟点了。那只表虽然华贵，可是因为他用一根旧皮条来代替表链，他有时只是偷偷地看一眼。

德拉回家以后，她稍稍用谨慎与理智来代替了陶醉。她拿出烫发铁钳，点起煤气，开始补救由于爱情加上慷慨而造成的灾害。那始终是一件艰巨的工作，亲爱的朋友们——简直是了不起的工作。

不出四十分钟，她头上布满紧贴头发的小发卷，变得活像一个逃学的小学生。她仔细而苛刻地对着镜子照了又照。

“如果杰姆看了我一眼不把我杀死才怪呢，”她自言自语地说，“他会说我是康奈岛游戏场里的卖唱姑娘。但是我有什么办法呢？——哎！只有一块八角七分钱，叫我有什么办法呢？”

到了七点钟，咖啡已经煮好了，煎锅也放在炉子后面热着，随时准备煎肉排。

杰姆一向准时回家。德拉把表链对折了握在手里，在他进来必经的门口的桌子角上坐下来。接着，她听到楼下梯级上响起了他的脚步声，她立刻脸色变白了。她有一个习惯，往往为了日常最简单的事情默祷几句，现在她悄声说：“求求上帝，让他认为我还是美丽的。”

门开了，杰姆迈步走进来把门关上。他很瘦削，非常严肃。可怜的人，他只有二十二岁——就担负起家庭的担子！他需要一件新大衣，手套也没有。

一进门杰姆就站住了，像一条猎犬嗅到鹌鹑似的纹丝不动。他两眼盯着德拉，有一种她捉摸不透的表情，这使她大为惊慌。那既不是愤怒，也不是惊讶，又不是不满，更不是厌恶，不是她所预料的任何一种神情。他只是带着那种奇怪的神情死死地盯着她。

德拉忐忑不安地从桌上跳下来，走到他身边。

“杰姆，亲爱的，”她喊道，“别那样盯着我看。我把头发剪掉卖了，因为我不送你一件礼物，我过不了圣诞节。头发会再长起来的——你不会在意吧，是不是？我实在没办法才这么做的。我的头发长得快得要命。说句‘恭贺圣诞’吧！杰姆，让我们高高兴兴的。你猜不到我给你买了一件多么好——多么美丽的礼物。”

“你把头发剪掉了？”杰姆吃力地问道，仿佛他绞尽脑汁之后，还没有把那个显而易见的事实弄明白似的。

“非但剪了，而且卖了，”德拉说，“不管怎样，你还是一样地喜欢我，是不是？没有了头发，我还是我，不是吗？”

杰姆好奇地向房里四下张望。

“你说你的头发没有了？”他带着近乎白痴的神情问道。

“你用不着找了，”德拉说，“我告诉你，已经卖了——卖了，没有了。今天是圣诞前夜，亲爱的。好好地对待我，我剪掉头发为的是你呀。我的头发可能数得清，”她突然非常温柔地接下去说，“但是我对你的爱情谁也数不清。我把肉排烧上好吗？杰姆！”

杰姆好像忽然从恍惚中醒过来。他把德拉搂在怀里。为了不致冒昧，让我们花十秒钟工夫瞧瞧另一方面无关紧要的东西吧。每周八块钱的房租，或者每年一百万块钱的房租——其中有什么区别？一个数学家或是一个滑稽家可能给你一个不正确的答复。麦琪带来了珍贵的礼物，但是其中没有那样东西。这句晦涩的话，下文将有说明。

杰姆从大衣口袋里掏出一包东西，把它扔在桌上。

“不要对我有任何误会，德儿，”他说，“不管是剪发、修脸、洗头，我对我的姑娘的爱情是绝不会减低一分的。但是，你一打开那包东西，就会明白，刚才你为什么把我愣住了。”

白皙的手指敏捷地撕开了绳子和包皮纸。接着是一声狂喜的叫喊；紧接着，哎呀！突然转变成女性神经质的眼泪和号哭，立刻需要公寓的主人用尽办法来安慰她。

因为摆在眼前的是那套插在头发上的梳子——全套的发梳，两鬓用的，后面用的，应有尽有；那是百老汇路一个橱窗里的、德拉渴望了好久的东西。纯玳瑁做的、边上镶着珠宝的美丽的发梳——配那已经失去的美发，颜色恰恰合适。她知道这套发梳是很贵重。她心向神往了好久，但从来没有存过占有它的希望。现在居然为她所有了，可是用来装饰那一向向往的装饰品的头发却没有了。

但是她还是把它紧紧地抱在怀中，隔了好久，她才能抬起迷蒙的泪眼，含笑对杰姆说："我的头发长得多快啊，杰姆！"

接着，德拉像一只挨了烫的小猫似的跳了起来，喊道："噢！噢！"

杰姆还没有看到送给他的美丽礼物呢！她热切地把它托在自己掌心上递给他。这无知无觉的贵重金属似乎闪闪地反映着她的快活和热诚的神情。

"漂亮吗，杰姆？我跑遍了全城才找到它。现在你每天要把表看上一百次了。把你的表拿给我。我要看看它配上是什么样子！"

杰姆并没有照她的话去做，却倒在小榻上，头枕着双手，微笑着。

"德儿，"他说，"让我们把圣诞节的礼物搁在一边，暂时保存起来。他们实在太好了，现在用了未免太可惜。我是卖了金表换了钱给你买的发梳。现在请你煎肉排吧！"

那三位麦琪，读者都知道，全是有智慧的人——非常有智慧的人——他们带来礼物，送给生在马槽里的圣婴耶稣。他们首创了圣诞节馈赠礼物的风俗。他们既然有智慧，他们的礼物无疑也是聪明的，可能还附带一种碰上收到同样的东西时可以交换的权利。我的拙笔在这里向读者叙述了一个没有曲折、不足为奇的故事：那两个住在一间公寓里的笨孩子，极不聪明地为了对方牺牲了他们家里最宝贵的东西。但是，让我对目前一般聪明人说一句最后的话，在所有馈赠礼物的人当中，他们两个是最聪明的。在一切接受礼物的人当中，像他们这样的人也是最聪明的。他们就是麦琪。

赏读提示

欧·亨利的《麦琪的礼物》以其独特的"欧·亨利式结尾"闻名于世，结局出人意料却又在情理之中，让人拍案叫绝。故事讲述了一对贫穷的夫妻为了给对方准备圣诞礼物，不惜牺牲自己最珍贵的东西，最终却发现彼此的礼物都失去了实用价值。然而，正是这种"徒劳"的付出，成就了最珍贵的礼物——无私的爱。

欧·亨利用他幽默风趣的笔触，将小人物的辛酸与幸福刻画得淋漓尽致，让我们在笑声中感受到爱的温暖和力量。这篇小说不仅是一部经典的短篇小说，更是一曲献给平凡生活中真挚情感的赞歌，让我们在物质至上的时代重新思考爱的真谛。

离婚

老舍

赏读提示

你以为《离婚》只是一本讲离婚的书？那就大错特错了！老舍用他招牌式的幽默笔法，带你走进民国时期北平小市民的婚姻生活，让你在笑声中思考婚姻的真谛。主人公老李，一个老实巴交的小科员，在婚姻的围城里左冲右突，上演了一出出令人啼笑皆非的闹剧。你会看到：婆媳大战的鸡飞狗跳，夫妻斗法的妙趣横生，还有那些让人哭笑不得的生活琐事。

微课

老舍《离婚》赏析

但别以为这只是一部喜剧，老舍的笔触下藏着对人性深刻的洞察和对社会尖锐的批判。读完这本书，你不仅会收获满满的快乐，更会对自己未来的婚姻生活产生新的思考：婚姻到底是什么？是爱情的坟墓，还是人生的避风港？相信《离婚》会给你一个不一样的答案！

半生缘

张爱玲①

赏读提示

你以为爱情就是童话里的“王子和公主幸福地生活在一起”？张爱玲的《半生缘》会告诉你：爱情，远比童话复杂得多。顾曼桢和沈世钧，一对相爱却无法相守的恋人，他们的故事像极了我们身边那些“有缘无分”的爱情。你会看到：命运的捉弄、现实的无奈、人性的复杂，以及那些藏在心底的遗憾和不甘。

张爱玲用她细腻的笔触，将爱情的甜蜜与苦涩、希望与绝望，刻画得淋漓尽致。读完这本书，你或许会问自己：爱情到底是什么？是命中注定的缘分，还是阴差阳错的错过？相信《半生缘》会引发你对爱情的深刻思考，让你在唏嘘感叹之余，更加珍惜眼前人。

微课

张爱玲小说的艺术特色

① 张爱玲（1920—1995年），原名张煐，笔名梁京，中国现代女作家。代表作有《茉莉香片》《倾城之恋》《红玫瑰与白玫瑰》等。

顾博士的婚姻经济学

阿袁①

微课

阿袁《顾博士的婚姻经济学》赏析

赏读提示

当爱情遇上经济学，会碰撞出怎样的火花？你以为经济学只是冰冷的数字和公式？阿袁的《顾博士的婚姻经济学》会告诉你：经济学也可以很浪漫！顾博士，一位精通经济学的大学教授，用他独特的“经济学思维”分析婚姻，将爱情、婚姻、家庭这些感性话题，用理性的经济学理论解读得妙趣横生。

在这本小说中，你会看到：机会成本、边际效应、供需关系……这些经济学概念如何巧妙地应用于婚姻生活，让你在会心一笑的同时，也对经济学产生浓厚的兴趣。这本书不仅是一部幽默风趣的婚姻指南，更是一本通俗易懂的经济学入门读物。无论你是对经济学感兴趣，还是对婚姻生活充满好奇，这本书都会让你收获满满。

① 阿袁，本名袁萍，江西南昌大学中文系教师。代表作有《长门赋》《郑袖的梨园》《顾博士的婚姻经济学》等。

学习体会

自我评价

任务十一　小说创作练习

学习要求

1. 掌握微型小说的核心特征（短小精悍、情节紧凑、结尾反转等），理解人物塑造、悬念设置、场景聚焦等叙事技巧，学习伏笔铺垫、留白艺术等创作手法。

2. 能够在有限篇幅内完成情节完整、冲突集中的故事创作，结合生活观察或职业场景设计具有张力的叙事结构，并运用细节描写增强故事的真实性与感染力。

3. 通过微型小说创作培养对人性与社会的敏锐洞察力，激发批判性思维与创新意识，增强通过文学表达传递社会关怀的责任感。

写作范本1

一颗螺丝①

实训室里，李明盯着手中的螺丝，额头上渗出了细密的汗珠。这是最后一个工件了，只要拧紧这颗螺丝，他就能完成今天的任务。可偏偏就在这时，螺丝刀突然卡住，螺丝“叮”的一声滚落到机床边缘——是张浩的扳手无意中碰到了他的操作台。

“对不住啊！”张浩的声音从身后传来。李明没回头，他知道这个总考第一名的男生向来独来独往，连道歉都带着几分敷衍。他蹲下身，试图用镊子夹住那颗悬在机床边缘的螺丝，可镊尖刚碰到螺丝，它便彻底坠入黑暗的缝隙里。

“完了！”李明攥紧拳头。墙上的钟显示离下课还有十分钟，他的实训评分表上已经划了三个红叉。

一只手突然伸到他面前，掌心躺着一颗崭新的螺丝。“用这颗吧。”张浩不知什么时候蹲在了他旁边，“刚才是我碰到你的操作台，责任各担一半。”

李明愣愣地接过螺丝。这颗螺丝比他滚落的那颗更亮，棱角分明得像从未被使用过。他犹豫了一下，还是将它拧进了最后一个孔位。评分老师走过来时，他下意识用袖子遮住那颗突兀的新螺丝，但老师只是扫了一眼工件，在评分表

① 教师作品。

上画了个勾。

下课后，张浩在走廊叫住他："实训室有监控，那颗螺丝的位置……其实掉不进缝隙。"他晃了晃手机，屏幕上定格着螺丝滚落的瞬间，"要看看回放吗?"

李明盯着监控画面：那颗螺丝原本卡在机床边缘的凹槽里，是张浩递扳手时"不小心"碰掉了它。

"为什么?"

"上周技能大赛组队报名，只剩我们俩没队友了。"张浩把旧螺丝抛给他，不知道他什么时候把旧螺丝捡了回来。"现在，要不要去食堂讨论下参赛方案?"

那颗螺丝躺在李明掌心，带着机油的温度。

写作提示

1. 主题选择

(1) 核心主题：通过实训室中的"螺丝事件"，展现高职学生从陌生到合作的过程，传递"主动创造联结"的积极价值观。

(2) 延伸主题：

◇ 团队协作的重要性；

◇ 职业教育中的互助精神；

◇ 技术细节中的人性温度。

2. 情节设计

(1) 开端：李明在实训中遇到困难（螺丝掉落），制造紧张感。

◇ 细节：螺丝"叮"的一声滚落，李明"攥紧拳头"。

(2) 发展：张浩主动提供新螺丝，两人初步建立联系。

◇ 细节：张浩递螺丝时"掌心躺着一颗崭新的螺丝"。

(3) 高潮：张浩通过监控揭示"故意碰落螺丝"的真相。

◇ 细节：监控画面定格，张浩"晃了晃手机"。

(4) 结尾：两人达成合作意向，友谊升华。

◇ 细节：张浩抛出旧螺丝，"带着机油的温度"。

3. 人物塑造

(1) 李明：

◇ 性格：内向、勤奋但技术稍弱；

◇ 细节：用袖子遮新螺丝，体现责任感；

◇ 成长：从孤独到接受合作。

(2) 张浩：

◇ 性格：技术好、观察力强、有策略；

◇ 细节：递螺丝时"责任各担一半"，体现公平意识；

◇ 动机：通过“螺丝事件”创造合作契机。

4. 描写方法

（1）动作描写：

◇ 李明“蹲下身，试图用镊子夹住螺丝”；

◇ 张浩“晃了晃手机，屏幕上定格着螺丝滚落的瞬间”。

（2）语言描写：

◇ 张浩：“对不住啊！”“要看看回放吗？”（简洁有力，体现性格）；

◇ 李明：“完了！”“为什么？”（语言简短，突出紧张与困惑）。

（3）环境描写：

◇ 实训室：“机床缝隙”“操作台”“评分表”；

◇ 走廊：“监控画面”“机油的温度”。

5. 技巧运用

（1）悬念设置：

◇ 螺丝掉落是意外还是人为？

◇ 张浩为何主动帮助李明？

（2）反转结尾：

◇ 监控揭示真相，张浩的行为从“无意”变为“有意”；

◇ 旧螺丝与新螺丝的对比，隐喻人物关系的转变。

（3）道具象征：

◇ 螺丝：象征技术与联结；

◇ 监控：象征真相与观察力。

6. 课程思政融入

（1）团队协作：通过“螺丝事件”体现合作的重要性。

（2）职业精神：张浩的观察力与策略性，体现职业素养。

（3）人文关怀：李明用袖子遮新螺丝，体现责任感与细致态度。

7. 写作步骤

（1）确定主题：明确想表达的核心思想（如“主动创造联结”）。

（2）设计情节：围绕主题设计开端、发展、高潮、结尾。

（3）塑造人物：通过细节描写展现人物性格与成长。

（4）运用技巧：设置悬念、反转结尾、道具象征。

（5）打磨语言：用简洁有力的语言增强画面感与情感张力。

8. 小贴士

（1）逻辑闭环：关键情节需提前埋伏笔（如监控存在、张浩关注技能大赛组队）。

（2）道具象征：用具体物品（螺丝、监控）推动情节并承载隐喻。

（3）人物动机合理化：帮助行为背后应有符合性格的深层动机（张浩的观察力与策略性）。

你的创作：

写作范本2

编号89757[①]

林小雨盯着手机屏幕上的招聘启事——“机器人运维员，大专以上学历，有工业机器人实操经验者优先”，指尖在“立即投递”按钮上悬了足足三分钟。这是她这周投的第27份简历，也是唯一一份没有写“本科及以上”的岗位。

实训室里，那台代号89757的六轴机械臂正在她的操控下流畅地焊接零件。这是全校最老旧的设备，漆面斑驳，关节处缠着防漏胶带，但林小雨闭着眼睛都能摸准它的脾气。去年省赛，她就是用这台机器人在故障率考核中拿了满分。指导老师总说：“小雨的手是校准仪，比激光探头还准。”

面试当天，HR递给她一份试卷：“先做笔试，前两页理论题，最后一题实操——用电脑模拟程序调试机械臂。”林小雨扫了一眼理论题，全是《工业机器人系统集成》里的内容。她咬了咬嘴唇，那本书她翻烂了，但学校图书馆的版本还停留在2015年。

实操题是让机械臂完成一套复杂焊接路径。林小雨习惯性地点开参数设置界面，却发现模拟器里的机器人型号是全新的RV-7F系列，关节自由度比89757多两个。她试了三次，机械臂都在第三折角处卡顿。最后一次，她突然把第七轴的活动阈值调低15%，机器人竟流畅地画出了标准六边形。

“你违规了。”监考员指着屏幕，“RV-7F的设计阈值不能手动下调。”

“但这是最优解。”林小雨调出故障记录，“系统自检显示第五轴齿轮磨损超标，降低第七轴负载能避免连锁故障。”她顿了顿，“老机器都这么修，就像……”她差点说出“就像给89757缠胶带”。

一周后，林小雨收到了拒信：“很遗憾，您的解决方案不符合标准化流程。”当晚，她刷到一条新闻——某车企因全自动生产线故障停产三天，而故障原因正是RV-7F的第七轴过载。

实训室里，89757的焊接声依旧清脆。林小雨把HR的邮件截图设成手机壁纸，在图片边缘加了一行小字：“标准化杀死经验时，生锈的齿轮在笑。”

写作提示

1. 主题选择

（1）核心社会问题：技术迭代与经验价值的冲突，揭露“唯标准论”对技

① 教师作品。

术工人创造力的扼杀。

（2）延伸议题：

◇ 职业教育滞后于产业技术升级；

◇ 企业过度依赖标准化流程，忽视实操经验；

◇ 人工智能时代技术工人的生存困境。

2. 情节设计

（1）开端：林小雨投递简历，带出“学历歧视”背景（为后续“经验歧视”埋伏笔）。

（2）发展：面试笔试暴露教育滞后性（老旧教材 vs 新机型），实操考用非常规方案解决问题。

（3）高潮：方案被拒与企业现实故障形成讽刺对照。

（4）结尾：手机壁纸的细节，将个人遭遇升华为时代隐喻。

3. 人物塑造

（1）林小雨：

◇ 技术天才：能凭手感校准老旧机器人；

◇ 经验型思维：擅长老机器“土法维修”；

◇ 抗争意识：用壁纸文字发出无声抗议。

（2）监考员/HR：

◇ 标准化代言人：死守流程，否定实践经验；

◇ 工具属性：代表体制性压迫，无需个性化描写。

4. 细节设计

（1）数字符号：

◇ 机器人编号 89757：致敬歌曲专辑《编号 89757》，暗示机器人的人性化与人的工具化倒置；

◇ 投递 27 份简历：用具体数字增强真实感。

（2）技术描写：

◇“调低第七轴阈值”“齿轮磨损超标”：真实细节提升可信度；

◇ 老机器人缠胶带 vs 新机型停机：新旧技术优劣对比。

（3）隐喻道具：

◇ 手机壁纸：数字时代个体抗争的象征；

◇ 防漏胶带：代表草根智慧与工业化标准的对抗。

5. 技巧运用

（1）双线对照：

◇ 明线：林小雨求职失败；

◇ 暗线：企业因标准化故障停产（通过新闻插入）。

（2）专业术语转化：

◇ 将“关节自由度”“连锁故障”等技术概念转化为情节冲突元素。

（3）留白艺术：

◇ 不直接批判体制，而是通过“壁纸文字”“故障新闻”引导读者反思。

6. 课程思政融入

（1）工匠精神：林小雨对老机器的精通体现了“干一行精一行”的职业态度。

（2）创新意识：突破标准流程的解决方案展现实践智慧。

（3）批判思维：通过标准化流程的弊端，引导学生辩证看待新技术与旧经验。

7. 写作启示

（1）社会问题文学化：将“技术迭代矛盾”转化为“老机器 vs 新机型”“手感校准 vs 标准化”等具象冲突。

（2）专业赋能创作：用职教学生的技术知识增强故事真实性与独特性。

（3）冷叙事热内核：保持冷静客观的叙述语调，让事实对比自然传递批判立场。

微课

微型小说的特点和魅力

微课

微型小说的留白艺术

你的创作：

学习体会

自我评价

任务十二 小说实践活动

学习要求

1. 能够通过分析小说人物的职业行为，理解职业道德的内涵（如敬业、诚信、责任感等），并掌握经典人物的职业背景与性格特点。

2. 能够结合专业背景，挖掘小说人物的职业精神，提升文本分析能力、职业场景迁移能力与创意表达能力。

3. 能够体会职业之美，培养职业道德素养与人文情怀，增强职业认同感与文化自信。

活动方案1

"角色变形记——小说人物职场穿越"活动方案

一、活动目标

通过角色转换分析人物性格，挖掘其与现代职业的适配性。

职业场景迁移能力：结合专业背景，探索经典人物在现代职场中的可能性；

团队协作与创意表达：通过情境剧表演，培养跨学科思维与艺术表现力。

二、活动流程

（一）准备阶段（课前一周）

1. 分组与选题

每组4～6人，抽取专业对应职业方向（如旅游管理→导游/景区策划；金融学→理财顾问/风控师等）。

从推荐人物库中选择一位经典人物，保留其核心性格特质。

2. 剧本设计

设计一段5分钟的情境剧，需包含以下要素：

（1）穿越契机：简要交代人物如何进入现代职场（如孔乙己通过"古籍修复AI"穿越为博物馆讲解员）。

（2）职业速成：用1～2个细节快速体现人物适应新职业（如林黛玉用诗词素养转型为古典园林导游）。

（3）冲突与解决：结合人物原有个性，设计职业场景中的矛盾与化解（如孙悟空因急躁性格引发物流调度失误，后以机智化解）。

3. 道具准备

可使用简易道具（如职场工牌、工具模型）或 PPT 背景。

（二）课堂实施（2 课时）

1. 导入环节（5 分钟）

教师播放《西游记》中孙悟空与《红楼梦》中王熙凤的经典片段，提问：“如果这些人物进入现代职场，会从事什么职业？”

2. 情境剧表演（60 分钟）

示例剧本框架：

（1）角色：祥林嫂（《祝福》）→旅游管理专业民宿管家。

（2）核心冲突：祥林嫂因“喋喋不休”遭客人投诉。

（3）职业速成：通过民宿文化培训，将“倾诉习惯”转化为“地方故事讲解”技能。

（4）台词亮点：“从前我们鲁镇过年要煮福礼……（擦泪）啊不，现在应该说——欢迎入住本店，让我为您讲讲本地年俗的故事。”

3. 互动问答（10 分钟）

观众提问：如“为什么选择让曹操做投行经理？”

表演组回答时需结合人物性格与职业逻辑。

4. 评价环节（15 分钟）

（1）现场打分：师生根据评分表对各组表现进行现场打分。

（2）角色评选：

最佳职业适配（如“林黛玉转型文创设计师，诗词素养与职业需求高度契合”）；

最巧冲突设计（如“孙悟空用火眼金睛发现物流数据异常”）；

最妙台词改编（如“孔乙己的‘回字有四样写法’变成汉字文化课教学案例”）。

（3）颁奖激励：颁发“最佳职业脑洞奖”“最具专业深度奖”等趣味奖项。

三、评分标准

评分项目	评分标准	分值	得分
角色契合度	保留原著人物性格特质，无强行扭曲	30	
职业关联性	专业对应合理，体现职业素养	30	
表演创意	穿越逻辑自洽，细节设计巧妙	20	
团队协作	分工明确，配合流畅	20	
总分		100	

四、推荐人物库

经典人物	人物性格	适配职业方向举例
林黛玉（《红楼梦》）	敏感细腻，才华横溢	文化讲解员/文创设计师
孔乙己（《孔乙己》）	迂腐固执，精通古籍	古籍数字化员/语文教培师
孙悟空（《西游记》）	机敏果敢，不服管教	物流调度员/电竞战队经理
祥林嫂（《祝福》）	悲情麻木，倾诉成瘾	客服专员/民俗故事收集员
曹操（《三国演义》）	多疑善谋，野心勃勃	投行经理/商业战略顾问
骆驼祥子（《骆驼祥子》）	勤劳坚忍，命运多舛	网约车司机/外卖配送站长

五、活动注意事项

（1）每组表演限时 5 分钟、互动问答限时 3 分钟，确保活动高效进行。

（2）角色与职业适配需合理，避免强行扭曲人物性格或脱离专业背景。

（3）表演时，观众保持安静，教师需关注全员参与情况，确保互动环节活跃有序。

（4）提前公布评分标准，教师点评以鼓励为主，兼顾具体改进建议。

活动方案 2

“最美职业人物——小说角色职业道德探秘”活动方案

一、活动目标

职业道德教育：通过分析小说人物的职业行为，理解职业道德的内涵（如敬业、诚信、责任感等）。

文学深度阅读：引导学生从职业视角重新解读经典小说，挖掘人物的职业精神与人性光辉。

职业素养提升：结合专业背景，思考如何将小说人物的职业美德融入自身职业发展。

二、活动流程

（一）准备阶段（课前一周）

1. 分组与选题

每组 4～6 人，选择一位小说人物，分析其职业行为与职业道德。

2. 材料收集

收集人物职业相关细节（如工作态度、职业选择、职业困境等）。

结合职业道德标准（如敬业、诚信、责任感），分析人物的“美”体现在哪些方面。

3. 展示设计

每组制作一份3分钟展示材料（PPT、视频或手绘海报），需包含以下要素：

（1）人物简介与职业背景。

（2）职业道德分析（至少3个细节）。

（3）对自身职业发展的启示。

（二）课堂实施（2课时）

1. 导入环节（5分钟）

教师播放一段职业模范视频（如“感动中国”人物），提问：“什么是职业之美？”

2. 小组展示（50分钟）

示例展示框架：

（1）角色：孙少平（《平凡的世界》）→煤矿工人。

（2）职业道德分析：敬业——在恶劣环境中坚持工作，从不抱怨；责任感——为保护工友，主动承担危险任务；进取心——利用业余时间学习，提升职业技能。

（3）职业启示：“孙少平教会我们，职业之美在于平凡中的坚守与超越。”

3. 互动问答（10分钟）

案例提问：如“孙少平的敬业精神在现代职场中如何体现？”

展示组回答时需结合职业道德与职业场景。

4. 评价环节（15分钟）

投票评选：全班投票选出“最美职业人物”前三名。

颁奖激励：颁发“最美敬业奖”“最美责任感奖”等趣味奖项。

5. 总结环节（10分钟）

（1）职业道德提炼。

教师提问：“小说人物的职业之美对现代职场有何启示？”

引导学生总结：职业之美在于平凡中的坚守、困境中的担当。

（2）职业素养延伸。

启发：“孙少平的职业精神如何在我们的专业中体现？”

（3）作业延伸。

撰写200字反思：“我心中的最美职业人物是谁？他/她教会了我什么？”

三、推荐人物库

经典人物	职业背景	职业道德亮点	得分
孙少平（《平凡的世界》）	煤矿工人	敬业、责任感、进取心	
林黛玉（《红楼梦》）	闺阁才女	专注、细腻、有才华	

续表

经典人物	职业背景	职业道德亮点	得分
孔乙己（《孔乙己》）	落魄书生	执着、坚守（对知识的追求）	
祥林嫂（《祝福》）	家庭佣工	勤劳、坚忍、隐忍	
曹操（《三国演义》）	政治家/军事家	谋略、执行力、领导力	

四、评分标准

评分维度	说明	分值	得分
职业道德分析	细节真实，分析深刻，体现职业之美	40	
展示创意	形式新颖，内容生动，吸引观众	30	
语言表达	语言流畅，逻辑清晰，富有感染力	20	
团队协作	分工明确，配合流畅	10	
总分		100	

五、活动注意事项

（1）每组展示限时 5 分钟，互动问答限时 3 分钟。

（2）职业道德分析需结合具体细节，避免空泛评价。

（3）小组展示时，观众保持安静，教师需关注全员参与情况。

（4）提前公布评分标准，投票环节公开透明。

学习体会

自我评价

专题四 戏剧

任务十三 戏剧重新定义

学习要求

1. 了解中国戏剧的历史发展脉络，掌握戏剧的本质特点（综合性、表演性）和构成要素（剧本、演员、舞台），理解不同时期代表作品的形式特点与艺术价值。

2. 能够结合自身专业阐释对戏剧的理解和认识，能够将戏剧中的职业场景、技术伦理与专业实践结合。

3. 培养创新思维与人文情怀，提升职场沟通能力与审美能力，增强文化自信。

知识积累

微课

中国戏剧的历史发展

一、戏剧发展历程

戏剧作为一种综合性的艺术形式，通过舞台表演展现人物的情感冲突和故事情节。它不仅是一种文学体裁，更是一种深受观众欢迎的表演艺术。在戏剧的发展历程中，各个时期都形成了独特的风格与特点，从早期的仪式化表演到现代戏剧的多元创新，戏剧反映了人类社会的变迁与文化的多样性。

（一）先秦两汉：戏剧萌芽与百戏起源

先秦至两汉时期是中国戏剧发展的萌芽阶段。尽管尚未形成完整的戏剧形式，但巫舞、歌舞、说唱、杂技等多种表演活动已逐渐从宗教仪式中分化出来，走向世俗娱乐。它们为后来的戏剧积累了动作、语言、角色扮演等方面的基础，标志着戏剧由仪式性向艺术性、表演性过渡的开始。

先秦时期，戏剧萌芽主要体现在巫舞、歌舞等仪式性表演中。巫舞结合音乐、舞蹈、面具，具有浓厚的宗教色彩，承担着祭祀、祈福功能。歌舞多用于宫廷宴会，具备一定叙事性。民间说唱则成为讲述故事、娱乐大众的重要形式。这些表演虽以仪式和娱乐为主，却已具备角色扮演和情节展示的雏形。

秦汉时期，国家统一、社会安定，表演艺术进一步发展。汉代“百戏”集杂技、武术、歌舞、滑稽于一体，成为盛行的娱乐表演。表演者“俳优”活跃于宫廷、节庆，表演内容丰富、形式多样。虽尚未形成完整戏剧结构，但其滑稽模仿、角色扮演等，为后代戏剧发展提供了重要基础。

（二）唐宋：戏剧雏形与民间表演

唐宋时期，中国戏剧逐步脱离宗教仪式，向民间娱乐发展。参军戏、踏摇娘等民间戏剧形式出现，具备简单情节与角色，带有浓郁的生活气息。同时，说唱、宫廷杂戏等表演艺术丰富，表演形式更趋成熟。这一时期，戏剧与民间文化、市井生活密切结合，为元代杂剧的兴起奠定了基础。

唐代以参军戏为代表，滑稽诙谐，一正一丑对口表演，成为早期喜剧雏形。宫廷杂戏结合歌舞、杂技、滑稽表演，既娱乐又教化。俗讲、变文则在寺庙、民间流行，通过说史讲经演绎故事，增强戏剧叙事性，为后来的戏剧创作提供借鉴。

宋代市民文化兴盛，话本、踏摇娘等表演更加生活化、戏剧化。讲史话本、杂剧开始在勾栏瓦舍中萌芽，贴近百姓生活，形式渐趋规范。宋代戏剧的发展丰富了表演经验，拓展了观众基础，为元杂剧的成熟和繁荣提供了条件。

（三）元代：杂剧繁荣与戏剧成熟

元代是中国戏剧史上的重要转折时期。随着市民阶层的壮大和勾栏瓦舍的兴盛，杂剧脱离宗教束缚，成为真正面向大众的舞台艺术。杂剧以其完整的情节结构、生动的人物塑造、优美的唱词，确立了中国古代戏剧的规范模式，对后世戏曲发展产生深远影响。

元杂剧的艺术形式已较为成熟，普遍采用四折一楔子的结构，结合唱、念、做、打等表演形式，行当分工明确，唱词优美流畅，语言生动活泼。题材广泛，涵盖历史、爱情、社会现实、神怪故事等，注重展现人物性格与社会冲突。杂剧以唱为主，穿插对白，表现出强烈的抒情性与戏剧张力。

这一时期涌现出一批杰出的杂剧作家及作品，包括关汉卿的《窦娥冤》、王实甫的《西厢记》、白朴的《墙头马上》、马致远的《汉宫秋》等。这些作品通过曲折的情节、鲜明的人物，表现社会不公、歌颂爱情理想、抒发人生苦闷，体现了元杂剧对人性、社会的深刻关注，也展现了其在思想性与艺术性上的高度成就。

（四）明清：传奇兴起与戏曲发展

明清时期，戏剧艺术进入全面繁荣阶段，成为重要的文学与表演形式。南戏在明代发展为传奇，逐渐取代杂剧，成为主流戏剧形式。同时地方戏曲剧种兴起，形式多样、风格各异。戏剧艺术在表演、音乐、文学等方面达到高度成熟，成为民众重要的娱乐和审美方式。

传奇是明清戏曲的代表形式，结构灵活，注重情感表达和诗化语言，融合唱、念、做、打等多种表演手段，展现较强的抒情性和艺术性。代表作家有汤显祖，其《牡丹亭》以“情”动人；而洪昇的《长生殿》、孔尚任的《桃花扇》则展现历史题材的艺术魅力。

明清时期，各地戏曲剧种广泛发展，昆曲以其典雅精致成为主流，皮黄、秦腔、梆子等地方剧种活跃民间。清代中后期，融合多种剧种的京剧逐步形成，成为中国戏曲的代表。明清戏曲趋向综合化、世俗化，不仅满足大众娱乐需求，也承担起教化与审美功能，对中国传统文化产生深远影响。

微课

戏曲的三大特征

（五）现当代：话剧引入与多元融合

20 世纪初，随着新文化运动的兴起，西方话剧传入中国，掀起新剧运动，推动中国戏剧发生深刻变革。传统戏曲逐渐由宫廷走向民间，而话剧以现实主义的表现手法、写实的舞台风格，成为启发民智、反映现实的重要文艺形式。戏剧艺术进入一个新的发展阶段，题材、形式、观念都发生了根本转变。

田汉、欧阳予倩、洪深等开启了中国话剧的早期探索，曹禺以《雷雨》《日出》《原野》等作品奠定现代话剧的重要地位。这些作品聚焦社会矛盾、人性冲突，语言生动，结构紧凑，开创了关注现实、直面人生的现代戏剧传统，深刻影响后世话剧创作。

进入当代，戏剧呈现多元融合的发展趋势。传统戏曲在传承中不断创新，题材与表现手法日益现代化。话剧、音乐剧、小剧场、实验剧、影像戏剧等形式丰富。戏剧与新媒体、数字技术结合，拓展舞台空间，增强互动性。关注社会现实、表达时代关切仍是当代戏剧的重要方向，使其在多元发展中保持强烈的现实力量。

纵观中国戏剧的发展历程，从先秦百戏的雏形，到元杂剧的繁荣，明清传奇的绚烂，再到现当代话剧与多元戏剧的探索，戏剧始终以其独特的综合艺术魅力，生动展现社会现实，映照人性深处。了解戏剧的发展脉络，有助于我们更好地欣赏经典剧作，理解戏剧在不同历史阶段的艺术价值与社会意义，感受其跨越时空的感染力与生命力。

微课

戏剧的定义和特征

二、戏剧审美特征

戏剧是一种以舞台表演为核心的综合艺术，以矛盾冲突推动情节发展，通过人物塑造、唱白表达与舞台表演展现情感，营造审美氛围。与其他文学体裁相比，戏剧更注重现场性、冲突性和表现力。戏剧的审美特征主要体现在矛盾冲突、人物形象、戏剧语言、舞台表演等方面。

（一）尖锐激烈的矛盾冲突

矛盾冲突是戏剧艺术的核心动力。戏剧通过尖锐激烈的矛盾冲突，推动情节发展，激化人物关系，营造紧张氛围。强烈的冲突不仅制造戏剧张力，也突出主题，增强戏剧的表现力和感染力，是戏剧区别于其他文学形式的重要特征。

案例1 曹禺《雷雨》

《雷雨》通过周朴园与鲁侍萍、周冲与鲁大海等人复杂的人物关系，营造出家庭伦理与社会阶级的双重矛盾。戏剧冲突集中于家庭秘密的揭露与情感对立，尖锐而激烈，推动情节急剧发展。矛盾的爆发不仅迎来故事的高潮，也深化了对封建专制、社会压迫的批判。

案例2 莎士比亚《哈姆雷特》

《哈姆雷特》以王子哈姆雷特的复仇为主线，展开尖锐的心理与行为冲突。哈姆雷特内心矛盾重重，外在冲突激烈直接，人物间的对峙推动剧情层层升级。剧中矛盾尖锐集中，强化了主题的深刻性，使全剧充满强烈的戏剧张力与悲剧氛围。

（二）鲜明生动的人物形象

人物是戏剧艺术的灵魂。戏剧通过语言、动作、表情等综合表演，塑造鲜明生动、性格突出的舞台人物。人物的个性、情感和矛盾在舞台上集中呈现，引发观众的情感共鸣，推动情节发展。成功的人物形象不仅丰满真实，而且富有戏剧性，能够深刻揭示人性与社会问题。

案例 1 汤显祖《牡丹亭》

《牡丹亭》中的杜丽娘形象鲜明，敢于冲破封建礼教，追求爱情。她大胆逐梦，跨越生死，执着于爱情，形象充满生命张力，既具诗意，又富有戏剧冲突，体现了汤显祖"情至"美学的艺术魅力。

案例 2 曹禺《原野》

《原野》中的仇虎是一个充满野性与复仇欲望的农民形象。他性格鲜明，言行激烈，充满原始力量，推动剧情走向悲剧性高潮。剧中通过展现仇虎在情感与欲望驱动下的极端行为，强化了作品的冲击力与社会批判力量。

（三）凝练鲜活的戏剧语言

戏剧语言具有高度凝练与鲜活的特点，要求简洁有力、节奏明快，不仅承担叙事功能，更直接传达人物情感、展现性格特征，增强矛盾冲突。优秀的戏剧语言兼具文学性与口语性，既富有表现力，又易于舞台呈现，是戏剧审美的重要组成部分。

案例 1 曹禺《雷雨》

《雷雨》的语言简洁有力，富有节奏感与情绪张力。人物之间的对话常带有紧张对峙的意味，如周朴园与鲁侍萍的言语交锋，直接揭示人物性格与内心冲突。曹禺善于通过日常口语提炼人物语言，使情感自然流露，同时增强戏剧的真实感与感染力。

案例 2 老舍《茶馆》

《茶馆》的语言生动传神，充满生活气息，体现了老舍对北京方言的巧妙运用。剧中人物身份各异，如茶馆老板王利发、清朝遗老庞太监、算命先生唐铁嘴等，他们的语言各具特色，既符合角色身份，又富有舞台表现力。

（四）生动传神的舞台表演

舞台表演是戏剧艺术的直观呈现，融合语言、动作、表情、形体、节奏等多种表现手段。优秀的戏剧表演不仅展现人物性格与情感，还通过肢体语言、动作调度、面部表情增强视觉冲击力，强化舞台感染力。生动传神的表演能够直观呈现人物的心理变化与矛盾冲突，是戏剧区别于其他文学样式的重要特征。

案例 1 夏衍《上海屋檐下》

《上海屋檐下》的表演风格朴素写实，演员通过自然的动作、语气与神态，还原底层市民的日常生活与压抑情绪。群像人物在狭小的空间内的举止、走位、对话，展现出生活的窒息感与无奈，强化了戏剧的现实感与社会批判力量。

案例 2 京剧《霸王别姬》

《霸王别姬》以程蝶衣的表演展现角色内心的痛苦与幻灭。演员融合京剧程式与现实情感，通过唱、念、做、打的细节处理，将人物复杂的心理活动外化于动作、身段、眼神之间。表演情绪克制而充满张力，体现京剧表演的高度艺术性与情感穿透力。

三、如何赏析戏剧

戏剧是通过舞台表演展现故事与情感的艺术形式，它融合了文学、音乐、舞蹈、美术等多种艺术元素，具有独特的审美价值。通过分析剧本结构、观察表演艺术、欣赏舞台效果、理解主题思想和体验观众互动，我们可以更全面地感受戏剧的魅力。以下介绍五种赏析戏剧的方法，并结合经典案例加以说明。

（一）分析剧本结构，理解叙事逻辑

剧本结构是戏剧叙事的骨架。欣赏戏剧时，可以关注故事的开端、发展、高潮与结局，看其是否紧凑有序，矛盾是否递进集中。尤其要留意高潮的设置与转折是否自然，结局是否具有张力与深意。

案例 1 话剧《雷雨》

《雷雨》结构精妙：第一幕周家客厅，埋下多重矛盾（开端）；第二幕鲁侍萍现身，引爆血缘秘密，矛盾升级（发展）；第三幕雷雨夜，爆发激烈冲突（高潮）；第四幕“三死两疯”，张力十足。全剧 24 小时内矛盾层层递进，转折自然深刻，是中国话剧结构艺术的典范。

案例 2 京剧《霸王别姬》

《霸王别姬》的结构简洁明晰，采用“起霸—巡营—别姬”三段式的推进。观众可以关注霸王与虞姬之间情感的层层递进，以及最终诀别的高潮。通过分析唱段、场次的变化，理解剧本如何在有限的空间里营造强烈的悲剧氛围，深化主题表达。

（二）观察表演艺术，感受角色魅力

表演是戏剧展现人物的重要手段。欣赏戏剧时，可以观察演员的语言、动作、表情、身段等，看其如何塑造人物性格，传递情感与心理变化。演员细致入微的表演能够使角色更加鲜活生动，增强观众的情感共鸣，提升戏剧的艺术感染力。

案例 1 话剧《日出》

《日出》中，陈白露的角色由演员通过语气、姿态、眼神的变化，展现其从表面光鲜到内心崩溃的过程。观众可以留意她举止的虚伪与无力，以及最终的崩溃与呐喊，感受表演如何强化角色的悲剧性与社会批判意味。

案例 2 京剧《贵妃醉酒》

《贵妃醉酒》中，杨贵妃的形象通过演员的水袖动作、眼神、步伐等细节生动展现。观众可以观察演员如何运用程式化的动作表现醉态与情绪变化，感受表演如何将人物的孤独与失落以外化的形式呈现，增强舞台的抒情性与感染力。

（三）赏析舞台效果，体验视听盛宴

舞台效果是戏剧综合艺术的重要组成。欣赏戏剧时，可以关注布景、灯光、音乐、服装、道具等元素，看其如何营造氛围、衬托情节、强化情感。优秀的舞台效果不仅可以提升观众的观赏体验，还能与表演、剧情融合，增强作品的艺术感染力和视觉冲击力。

案例 1 话剧《雷雨》

《雷雨》的舞台布景典雅而压抑，昏暗的灯光、密闭的空间营造出沉重的氛围。雷雨声的配合增强了紧张感与压迫感。观众可以留意舞台空间的布局与灯光变化，体会环境如何烘托人物内心的焦虑与冲突。

案例 2　京剧《锁麟囊》

《锁麟囊》运用简洁而富于象征的舞台布景，配合音乐与唱腔，营造淡雅清远的氛围。观众可以关注角色上场时的锣鼓节奏、程式化走位与水袖动作，感受舞台调度与音乐如何共同渲染人物心境，增强抒情性与仪式感。

（四）理解主题思想，领悟深层意蕴

戏剧常借助矛盾冲突、人物命运，表达对社会、人生、历史的思考。欣赏戏剧时，可以从情节、角色、台词入手，思考作品传达的主题意蕴及其背后的社会文化内涵。理解主题思想，有助于深化对作品的认知，体会戏剧的思想价值与时代意义。

案例 1　昆曲《长生殿》

《长生殿》以唐明皇与杨贵妃的爱情悲剧为主线，表现盛世浮华下的人生幻灭。观众可以从角色命运、唱词意境中体会历史兴亡、爱情幻灭的主题，理解剧作如何借个人情感寄托对家国兴衰的感喟与忧思。

案例 2　越剧《梁山伯与祝英台》

《梁山伯与祝英台》以缠绵悱恻的爱情故事，表达对封建礼教的控诉与对自由婚恋的向往。观众可以从唱词、表演及情节中体会男女主人公抗争命运的悲壮与无奈，领悟作品中超越生死的爱情理想与对个体情感价值的肯定。

（五）体验观众互动，感受剧场氛围

剧场氛围与观众互动是戏剧独特的审美体验。欣赏戏剧时，可以关注演员与观众的交流、观众情绪的变化，以及现场气氛的营造。剧场的空间、灯光、观众反应共同构建出不可复制的临场感。

案例 1　话剧《恋爱的犀牛》

《恋爱的犀牛》常采用小剧场演出形式，演员通过即兴互动（如台词接龙）调动观众情绪。观众可以留意剧中如何打破舞台与观众的界限，感受笑声、掌声、沉默与表演之间的呼应，体验戏剧现场的开放性与趣味性，理解观众也是

戏剧表演的一部分。

案例 2　儿童剧《白雪公主》

儿童剧《白雪公主》中，角色常与观众对话，提问互动。观众可以观察这种互动如何激发儿童的参与热情，提升戏剧的娱乐性与教育性。通过体验儿童观众的欢呼、惊叹与投入，理解戏剧如何营造轻松活跃的剧场氛围，带来充满欢乐的集体体验。

四、结合专业思考

微课

如何欣赏影视作品

（一）从专业视角定义戏剧

从你的专业角度出发，重新定义戏剧的核心价值。例如：

旅游管理专业：戏剧是用沉浸式表演再现历史场景，让游客感受文化魅力的艺术形式。

计算机专业：戏剧是用交互式代码构建的虚拟舞台，通过角色互动模拟复杂社会关系。

市场营销专业：戏剧是用场景化叙事打动消费者，让品牌故事更具感染力的创意表达。

护理专业：戏剧是用角色扮演模拟医患互动，帮助医护人员提升沟通技巧与共情能力。

你的思考：____

____

____

____

（二）戏剧功能与职业应用

戏剧通过角色、情节与舞台表现反映社会现实。结合你的专业，谈谈如何用戏剧解决职业问题。例如：

金融专业：如何用戏剧表演模拟金融市场中的道德困境（如内幕交易），提升从业者的伦理意识？

建筑工程专业：如何用戏剧场景设计（如工地安全演练）模拟施工风险，

增强团队应急能力？

影视制作专业：如何将戏剧表演技巧（如肢体语言、台词表达）应用于演员培训，提升影视作品的表现力？

电子商务专业：如何用戏剧化叙事设计客户购物体验案例，提升客户需求分析报告的可读性？

你的思考：______________________________

____

____

____

（三）戏剧特征与职业迁移

戏剧的核心特征包括角色塑造、情节冲突、舞台表现等。结合你的专业，举例说明其应用价值。例如：

护理专业：如何用戏剧角色塑造方法设计患者心理档案，提升共情护理能力？

物流管理专业：如何用戏剧情节冲突模拟供应链突发事件（如港口罢工），优化应急预案？

人工智能专业：如何用戏剧舞台表现技巧优化AI对话场景，使虚拟助手更具情境代入感？

环境艺术专业：如何用戏剧空间叙事逻辑（如《歌剧魅影》的舞台设计）设计沉浸式商业街区？

你的思考：______________________________

____

____

____

（四）戏剧思维与职业创新

戏剧的想象力与叙事逻辑可激发职业创新。结合你的专业，设计一个跨界项目。例如：

金融专业：以“区块链时代的信任危机”为主题，创作一部经济悬疑剧，探讨数字货币的人性博弈。

建筑工程专业：以“未来绿色城市”为背景，用戏剧形式设计一个智能建筑项目提案，融合科技与人文叙事。

影视制作专业：将短篇戏剧改编为互动式微电影剧本，观众通过选择剧情分支影响故事结局。

电子商务专业：用戏剧连载形式打造品牌IP（如“双十一购物奇遇记”），通过故事化营销提升用户黏性。

你的思考：____

____

____

____

学习体会

自我评价

任务十四 经典剧本赏析

学习要求

1. 理解经典剧本的主题思想、人物塑造与艺术特色，掌握剧本赏析的基本方法。

2. 能够通过文本分析与角色解读，提升文学鉴赏能力、批判性思维能力与语言表达能力。

3. 能够感受经典剧本的文化内涵与艺术魅力，培养审美情趣、人文素养与文化自信。

剧本推荐

戏曲：桃花扇（第二十三出）寄扇①

孔尚任②

甲申十一月

【醉桃源】[旦包帕病容上] 寒风料峭透冰绡，香炉懒去烧。血痕一缕在眉梢，胭脂红让娇。孤影怯，弱魂飘，春丝命一条。满楼霜月夜迢迢，天明恨不消。

[坐介] 奴家香君，一时无奈，用了苦肉之计，得遂全身之节。只是孤身只影，卧病空楼，冷帐寒衾，无人作伴，好生凄凉。

【北新水令】冻云残雪阻长桥，闭红楼冶游人少。栏杆低雁字，帘幕挂冰条。炭冷香消，人瘦晚风峭。

奴家虽在青楼，那些花月欢场，从今罢却了。

【驻马听】绣户萧萧，鹦鹉呼茶声自巧；香闺悄悄，雪狸偎枕睡偏牢。榴裙裂破舞风腰，鸾靴翦碎凌波靿。愁多病转饶，这妆楼再不许风情闹。

想起侯郎匆匆避祸，不知流落何所。怎知奴家独住空楼，替他守节也。[起唱介]

① 彭雪华．文学欣赏［M］．3版．大连：大连理工大学出版社，2023.

② 孔尚任（1648—1718年），山东曲阜人，孔子六十四代孙，清初诗人、戏曲作家。孔尚任与洪昇被并称为“南洪北孔”，被誉为康熙时期照耀文坛的双星。孔尚任的作品《桃花扇》和洪昇的作品《长生殿》代表了中国古代历史剧作的最高成就，也是世界文化宝库中的瑰宝奇葩。

【沉醉东风】记得一霎时娇歌兴扫，半夜里浓雨情抛。从桃叶渡头寻，向燕子矶边找，乱云山风高雁杳。那知道梅开有信，人去越遥。凭栏凝眺，把盈盈秋水，酸风冻了。

可恨恶仆盈门，硬来娶俺。俺怎肯负了侯郎。

【雁儿落】欺负俺贱烟花薄命飘飖，倚着那丞相府忒骄傲。得保住这无瑕白玉身，免不得揉碎如花貌。

最可怜妈妈替奴当灾，飘然竟去。[指介] 你看床榻依然，归来何日。

【得胜令】恰便似桃片逐雪涛，柳絮儿随风飘。袖掩春风面，黄昏出汉朝。萧条，满被尘无人扫；寂寥，花开了独自瞧。

说到这里，不觉一阵酸心。[掩泪坐介]

【乔牌儿】这肝肠似搅，泪点儿滴多少。也没个姊妹闲相邀，听那挂帘栊的钩自敲。

独坐无聊，不免取出侯郎诗扇，展看一回。[取扇介] 嗳呀！都被血点儿污坏了，这怎么处。

【甜水令】你看疏疏密密，浓浓淡淡，鲜血乱蘸。不是杜鹃抛，是脸上桃花做红雨儿飞落，一点点溅上冰绡。

侯郎侯郎！这都是为你来。

【折桂令】叫奴家揉开云髻，折损宫腰。睡昏昏似妃葬坡平，血淋淋似妾堕楼高。怕旁人呼号，舍着俺软丢答的魂灵没人招。银镜里朱霞残照，鸳枕上红泪春潮。恨在心苗，愁在眉梢，洗了胭脂，涴了鲛绡。

一时困倦起来，且在妆台盹睡片时。[压扇睡介] [末扮杨文骢便服上] 认得红楼水面斜，一行衰柳带残鸦。[净扮苏昆生上] 银筝象板佳人院，风雪今同处士家。[末回头见介] 呀！苏昆老也来了。[净] 贞丽从良，香君独住，放心不下，故此常来走走。[末] 下官自那日打发贞丽起身，守了香君一夜，这几日衙门有事，不能脱身。方才城东拜客，便道一瞧。[入介] [净] 香君不肯下楼，我们上去一谈罢。[末] 甚好。[登楼介] [末指介] 你看香君抑郁病损，困睡妆台，且不必唤他。[净看介] 这柄扇儿展在面前，怎么有许多红点儿？[末] 此乃侯兄定情之物，一向珍藏不肯示人，想因面血溅污，晾在此间。[抽扇看介] 几点血痕，红艳非常，不免添些枝叶，替他点缀起来。[想介] 没有绿色怎好？[净] 待我采摘盆草，扭取鲜汁，权当颜色罢。[末] 妙极！[净取草汁上] [末画介] 叶分芳草绿，花借美人红。[画完介] [净看喜介] 妙妙！竟是几笔折枝桃花。[末大笑指介] 真乃桃花扇也。[旦惊醒见介] 杨老爷、苏师父都来了，奴家得罪。[让坐介] [末] 几日不曾来看，额角伤痕渐已平复了。[笑介] 下官有画扇一柄，奉赠妆台。[付旦扇介] [旦接看介] 这是奴的旧扇，血迹腌臜，看他怎的。[入袖介][净]扇头妙染，怎不赏鉴。[旦]几时画的？[末]得罪得罪！方才点坏了。[旦看扇歎介]咳！桃花薄命，扇底飘零。多谢杨老爷替奴写照了。

【锦上花】一朵朵伤情，春风懒笑；一片片消魂，流水愁漂。摘的下娇色，天然蘸好。便妙手徐熙，怎能画到。樱唇上调朱，莲腮上临稿，写意儿几笔红桃。补衬些翠枝青叶，分外夭夭，薄命人写了一幅桃花照。

[末]你有这柄桃花扇，少不得个顾曲周郎。难道青春守寡，竟做个入月嫦娥不成。[旦]说那里话，那关盼盼也是烟花，何尝不在燕子楼中，关门到老。[净]明日侯郎重到，你也不下楼么？[旦]那时锦片前程，尽俺受用，何处不许游耍，岂但下楼。[末]香君这段苦节，今世少有。[向净介]昆老看师弟之情，寻着侯郎，将他送去，也省俺一番悬挂。[净]是是！一向留心访问，知他随任史公，住淮半载。自淮来京，自京到扬，今又同着高兵防河去了。晚生不日还乡，顺便找寻。[向旦介]须得香君一书才好。[旦向末介]奴家言出无文，求杨老爷代写罢。[末]你的心事，叫俺如何写得出。[旦寻思介]罢罢！奴的千愁万苦，俱在扇头，就把这扇儿寄去罢。[净喜介]这封家书，倒也新样。[旦]待奴封他起来。[封扇介]

【碧玉箫】挥洒银毫，旧句他知道；点染红么，新画你收着。便面小，血心肠一万条；手帕儿包，头绳儿绕，抵过锦字书多少。

[净接扇介]待我收好了，替你寄去。[旦]师父几时起身？[净]不日束装了。[旦]只望早行一步。[净]晓得。[末]我们下楼罢。[向旦介]香君保重。你这段苦节，说与侯郎，自然来娶你的。[净]我也不再来别了。正是：新书远寄桃花扇。[末]旧院常关燕子楼。[下][旦掩泪介]妈妈不归，师父又去，妆楼独闭，益发凄凉了。

【鸳鸯煞】莺喉歇了南北套，冰弦住了陈隋调。唇底罢吹箫，笛儿丢，笙儿坏，板儿掠。只愿扇儿寄去的速，师父束装得早。三月三刘郎到了，携手儿下妆楼，桃花粥吃个饱。

书到梁园雪未消，青溪一道阻春潮，
桃根桃叶无人问，丁字帘前是断桥。

推荐理由

《桃花扇》名列中国古典戏曲五大名著之一，代表了中国古代历史剧作的最高成就，也是世界文化宝库中的瑰宝。其“借离合之情写兴亡之感”的手法，使得该剧不仅具有个人悲剧的色彩，更体现了国家的悲剧，激发起人的感伤情绪。《桃花扇》既有曲折婉转的情节，又有惊心动魄的冲突，更蕴含了一种意味深长的情感，被誉为明清传奇的压卷之作。

《寄扇》是《桃花扇》中最为深情动人的一出，也是整部剧的重要转折点。在这一出中，女主李香君以一把桃花扇寄托对男主侯方域的思念与坚贞，将个人的爱情与家国命运紧密相连。她的唱词如泣如诉，既有对爱情的执着，又有对命运的无奈，展现了人物的复杂情感和高尚品格。这一出不仅语言优美，诗意盎然，还通过"扇子"这一象征性道具，将爱情、忠贞与历史背景巧妙结合。李香君的坚贞与侯方域的漂泊形成了鲜明对比，既让人感动于她的深情，又让人深思乱世中个人的命运与选择。阅读《寄扇》，你将感受到古典戏剧的语言魅力，体会到爱情与家国情怀的交织，更会思考个人在历史洪流中的位置与价值。

话剧：咖啡店之一夜①

田汉②

人　物　林泽奇——二十一岁，高等学校学生。

郑湘荃——二十二岁，泽奇之友。

李乾卿——二十二岁。

陈小姐——二十岁。

白秋英——十九岁，咖啡店侍女。

咖啡店主人

饮客甲、乙、丙

听差

时　间　1920年初冬

地　点　某都会

布　景　精致的小咖啡店，正面有置饮器等的橱子，中嵌大镜。稍前有柜台，上置咖啡、牛乳等暖罐及杯盘等。台左并有大花瓶。正面置物台的右方通厨房及内室，障以布帘。室前方于三分之一的地方，以屏风纵断为二，其比例为左二右一。右方置一圆桌，上置热带植物的盆栽。桌子对屏风那面，置小沙发一，余则置一二腕椅。左方置大沙发。横置两长方桌子，副以腕椅。室中于适当地方陈列菊花，瓦斯灯下黄白争艳。两壁上挂油画及广告画。壁涂以绿色。左前方开一推掩自在的门。

① 田汉．田汉选集：第一卷［M］．成都：四川文艺出版社，1990．

② 田汉（1898—1968年），本名田寿昌，笔名田汉、陈瑜、伯鸿等，是中国现代著名的剧作家、戏曲作家、电影编剧、小说家、词作家、诗人和文艺批评家，中国现代戏剧的奠基人之一。

〔时为初冬之夜，左室一桌有数人高谈畅饮。盆中兽炭燃得正好，侍女白秋英正替一饮客斟酒。

饮客甲 （举杯在手）啊……今晚喝的痛快。（对饮客乙）老陈你再来一杯？

饮客乙 我够了，喝多了就头痛。

饮客甲 哪里！（一饮而尽）大姐！斟上。

〔白秋英斟一杯。

饮客甲 （指饮客丙）你该再喝一杯吧。李白说得好："人生得意须尽欢，莫使金樽空对月！"你今年娶了那么一个好老婆，不是人生得意的时候吗？（对秋英）来，大姐，你替他满满地斟一杯。

饮客乙 （对饮客丙细声）建勋，别喝了。

饮客甲 （半怒）老陈，你自己不喝得了，怎么劝人家不喝呢？非罚你不可！

饮客丙 （陪笑）我确是不能喝了。陈先生知道，我从来不会喝酒的。今晚因为商兴，才陪你喝了几杯，再喝可就要醉了。

饮客甲 醉了就醉了嘛。（对白秋英）大姐！还是你好。你陪我喝一杯。

白秋英 （微笑）先生，我不会喝酒，喝一口儿就醉了。

饮客甲 那么，就喝一口儿吧。

白秋英 好，谢谢您。（喝了一口）

饮客甲 哈哈，还是这一位姑娘来得痛快。我说姑娘，你十几了？什么时候到这儿来的？从前好像不是你在这儿。

白秋英 我十九了，九月初来的，快三个月了。

饮客甲 听你的话像是东乡人，对吗？

白秋英 对。

饮客甲 那我们是同乡。什么镇？

白秋英 清化镇。

饮客甲 唔。清化镇的什么地方？

白秋英 藤萝村。

饮客甲 你贵姓？

白秋英 姓白。

饮客甲 你不是白仁山先生的同族吗？

白秋英 那就是先祖。

饮客甲 什么？你就是仁山先生的孙女儿？

白秋英 （点头）是。

饮客甲 你家里听说这几年很不好哇。令祖去世之后，就分家了。去年令尊又过去了。（忽悟说得太伤感）哦……你上城来了好啊，现在这年月，青年们到外面谋一点独立生活，好啊。

白秋英 你贵姓？您跟先父认识吗？

饮客甲 我姓冯。从前在清化镇当过教员，和令尊很要好。令祖去世那年，我就上城里来了。小女也在城里念书。我家就住在樱桃横街第三弄一百四十三号。哪一天上我家去吧。

白秋英 谢谢老伯伯。一定要去拜府。啊，一位李明书先生您知道吗？

饮客甲 李明书？不是那贩私盐的李大胖子吗？

〔白秋英不语。

饮客甲 你跟他有什么亲戚吗？他做船生意发了财，现在搬到上海去了。

白秋英 全家都去了吗？

饮客甲 都去了，只有他大儿子在本处念大学。

白秋英 是不是那乾少爷？

饮客甲 唔，就是那乾卿。他是在南华毕了业，转到这儿来了的。

白秋英 嗳呀，怎么我不知道！他进了大学？什么科？一定是法科吧。（兴奋地）老伯伯，他还好吗？

饮客甲 （望白秋英微笑后）还好！你问他做什么？

白秋英 我们在高小同学。他在南华念书的时候，我们也时常通信的。

饮客甲 你上城之后还没有见过他吗？

白秋英 我在乡下的时候，乾少爷写信给我，要我上城来进学校。说他快毕业了，还要回到城里来，可以就近招呼我。家父去世，我就冒险上城里来了。因为城里无亲无故的，只好到这店子里暂时安安身，等他回来。老伯伯，我这一下子可好了。乾少爷真要回到城里来了，知道了我的地方，一定会来接我的。……可是，可是他要是知道我在这样的地方不会生气吗？

饮客乙 （插）他既然爱你，只有怜惜你，哪会生你的气呢？

饮客甲 对啊。可是白姑娘，在这里不也很好吗？既可以独立生活，也领略不尽的人生。嗳！说了好一阵话，把酒给忘了。白姑娘，再替我斟一杯，你也再陪我喝一口儿吧。

白秋英 我不能再喝了。威士忌怪辣的，我只能喝一点儿葡萄酒。

饮客丙 我也爱喝葡萄酒。

饮客甲 你们都是只能尝尝甜味儿的，哪知道威士忌的好处。（一饮而尽）啊。……痛快痛快！（看壁上钟）哦呀，九点了。（取钱）白姑娘，算算该多少钱。

白秋英 一共五块九。

饮客甲 拿这找来吧。

饮客乙
饮客丙 （同时）这里有钱，这里有钱。（他们翻翻身上，空无所有）

饮客甲 得，还是让我做做东道吧。哈哈。

〔白秋英进内。

〔这时一颜色苍白的青年仓皇入内。白秋英由内面出来。

白秋英 请坐。（一面到饮客甲前）谢谢您。（找钱）没有想到今天晚上遇了一位乡亲，又听到了乾少爷的消息。老伯伯您时常上这儿坐坐吧，见了您就像见了亲人似的。

饮客甲 一定来。我还要接你上我家去哩。好，今天太晚了。我们少陪了。你在这里耐烦的过。这儿也很好，我看你也甭去找你那乾少爷啦。

白秋英 是啊，不过他一定会来找我的。

饮客乙 对，他一定会来找你。

饮客甲 （带着哀怜的微笑）唔，也许吧。不过，别忘了穷人的手和阔人的手终归是握不牢的。……你伯伯挣扎了半辈子，就得了这一点点小经验。因为看不惯这个世道，而我自己又没有什么力量，所以这几年我也有些颓废了：烟也抽起来了，酒也喝起来了，比起在清化镇的时候，自己也觉得像两个人似的。这样一个人，恐怕你也不愿意管他叫伯伯吧。

白秋英 没有的事……

饮客甲 有了钱我总是花在这种生活中间。的确我很爱这里的这种风味。（停了停，指着隔壁说）除了这，我还羡慕一种生活，住在这隔壁旅馆的那位俄国盲诗人，你知道吗？

白秋英 不是上个月流浪到这儿来的那位可仑斯奇先生吗？

饮客甲 是呀。

白秋英 那位先生很有趣。大学里的少爷们把他领到这儿来喝过几次咖啡。他有一头黄金似的头发，说话的时候，老带着一种挺寂寞的笑。他的声音那么温柔。一晚，他好像很高兴，喝了几杯之后，一面弹着吉他，一面唱。起初他唱了一支俄国革命歌，是那样儿的激昂慷慨，连我都想要跳起来丢炸弹去！

饮客甲 哦呀！

白秋英 后来又唱了一支歌，据说是一个王女殉情的故事，调子凄凉极了，他一面唱着，那双没有光的眼睛里也流出眼泪来了。他们说他从小离开了他的娘和兄弟，独自一个人飘流了许多地方。他到过缅甸、暹罗，到过印度、埃及，也到过日本，所到之处，没有一国政府不迫害他，不撵他走，可又没有一国的青年不同情他，不敬重他的。

饮客甲 他的生活真是一首哀歌；一个被放逐的盲诗人，怀着吉他在异国漂泊，不就是一首很动人的诗吗？哦呀，说了许多酒话，……

白秋英 哪里，老伯伯请时常过来坐坐。

饮客甲 好。老陈！拿帽子，我们回去吧。再见。

白秋英 回见，老伯伯，您走好。陈先生，您忘了手杖。

饮客乙 哦。谢谢。再见。

〔饮客甲、乙、丙退场。

白秋英 （至林泽奇所）哦呀！林先生真是得罪得罪。我刚才跟一位乡亲贪说了几句话，就把您给忘了。

林泽奇 没有什么。我只顾听你们说话也忘了叫东西吃了。

白秋英 好。我把这边收拾一下，就替您倒咖啡来。

〔白秋英收拾左室杯盘，暂退场。已而取咖啡复出。

白秋英 （替林泽奇摆好）让您等久了。您昨晚回去没有醉吗？您一个人喝了那么多，真替您担心。

林泽奇 昨晚有点儿醉了，回宿舍找错了门，跟电线杆碰了跤。可是没有什么。心里迷迷糊糊的倒好。

白秋英 您这一向怎么不跟郑先生一块儿来呢？从前你们不常在一块儿的吗？

林泽奇 将来也许还会一块儿来，现在我就爱独自一个。他的性格比我强，在他面前我总感到一种压迫。我是人家用慈爱的手碰我都要出血的人，怎么受得了他那么重的刺激呢？他常说我的感情是爆发的，就让我独自一个人来爆发一下吧。……白姑娘，咖啡不喝了。你替我拿一瓶威士忌来。

白秋英 喝啤酒吧，林先生。威士忌喝太多了不好。我才喝了一口儿，到现在还不好受。

林泽奇 拿来吧。怕我不给钱吗？

白秋英 哪儿的话，我看您也不像会喝酒的。

店主人 （掀帘）秋英！客人要啤酒拿啤酒，要威士忌拿威士忌，罗唆什么！（掩帘）

白秋英 是。（取酒和一碟菜来，很事务地）林先生，酒来了。还要什么下酒的？

林泽奇 什么也不要。你陪我谈谈就太好了。

白秋英 谈什么呢？我是一个极平凡的女子。文学美术的知识一点也没有。

林泽奇 正因你不懂得那些，正因为是一位纯真的女子，我才愿意和你谈谈。来，你也喝一杯吧。（自饮一杯。像苦得很的样子）

白秋英 谢谢。我不能喝了。您自己慢慢儿地喝吧。

〔林泽奇又勉强喝了一杯。

白秋英 林先生，我有点儿怀疑。

林泽奇 有什么使秋姑娘怀疑的事呢？我很想知道。

白秋英 多着呢。第一就不懂你们这些少爷们为什么不好好地读书做事，却要拼命地喝酒。喝起来很舒服也罢了，偏又像吃黄连似的。

〔林泽奇黯然无语。

白秋英 我的话一定得罪了您吧，林先生。因为见过好几位您这样的少爷们，也像您一样的喝苦酒，我想这杯子里一定藏着我还不能了解的东西。

林泽奇 唉，等到我成了槁木死灰的时候，再来答复你这个问题吧。现在我心里难过得很。

白秋英 什么事难过呢？

林泽奇 你就别问吧。

白秋英 为什么不要问呢？他们喝酒的少爷们多有说什么失恋失恋的，难道您也失恋吗？

林泽奇 （苦笑）失恋？我是一个没有资格爱别人的人。

白秋英 “没有资格爱别人”？

林泽奇 对，因为这样，我就成了一个迷了路的孩子。

白秋英 （想了想）我还不大懂，我只希望您早些发见您要走的路，林先生，忧愁中间不是我们年轻人久呆的地方啊。

林泽奇 今天早晨还接了老郑的信，他也跟你一样地劝我，我自己也苦苦地找着自己要走的道路，可就是找不到。我苦痛得很！不知道还是生于永久的好，还是生于刹那的好；向灵的好，还是向肉的好。

白秋英 我不大懂，林先生，可是在这两者之间就没有一个调和的法子吗？

林泽奇 老郑也许办得到，在我是不可能的。我的生活，真像老郑说的，是一种东偏西倒的生活。灵——肉；肉——灵；成了这么一种摇摆状态，一刻子也安定不了。我的忧愁就像地狱里的绿火似的在我的心的深处燃烧着。我近来时常受着死的诱惑，我时常觉得死神张着他的黑翅膀在那儿叫我。

白秋英 啊！

林泽奇 秋姑娘，不用替我忧愁。任他怎样的叫，我是不会随随便便就跟着他去的。可我是一个性格很弱的人，所以才来喝酒。啊！酒，酒，酒。秋姑娘，我从前也是一个禁酒论者，现在才知道酒的好处。（饮酒）

白秋英 您也要知道酒的坏处啊。

林泽奇 我知道你的好心，可是像我这样不中用的人多得很，你能一个个去照顾他吗？让我这样得啦。

白秋英 林先生，为什么能让你这样儿呢？我能瞧着人家向井边走去不拉住他吗？盆子里的花一天天枯了，我们知道给它浇水；瞧着您一天天瘦下去了，能不关心您吗？林先生，您真不知您自己多么憔悴了。您从前和郑先生一块儿来的时候身体多好！现在变成这样又黄又瘦了，精神这样儿的颓废。昨晚见您拼命喝酒的样子，想起倘使您是我兄弟，他在一家咖啡店里心事重重地喝酒，店子里的侍女坐在他身边一杯一杯地劝他，我不知该多么的恨那个侍女。现在在您的姊妹的眼睛里，我就是这个可恨的侍女了！我也不知做过多少次这样可恨的侍女。每逢想到这里，就恨不得即时离开这个店子。最伤心的是每逢见您这样的少爷们，我总当是自己兄弟，想问问他们的苦处。可他们没有一个把我当姊妹的，只跟我谈一些不相干的话。那这轻薄的客人们，有时候还欺负我、侮辱我，我暗地里不知流过多少眼泪。刚才有一位老先生说在咖啡店这种空气中间，领略不尽的人生。可是仔细看起来，这儿除了让我们吸引客人、伺候客人、多赚客人们几个钱以外，也没有什么可以领略的人生。什么芳烈的咖啡店，分明是一个荒凉的沙漠！不只咖啡店，我看全社会也这样！我祖父去世之后，我爸爸和伯伯、叔叔就闹分家。后来，我父母也去世了，什么财产也没有留下；伯伯、叔叔怕我在他们家里打扰，急于要把我嫁出去，这就是逼着我由家庭那个小沙漠，逃到社会这个大沙漠里来了。

林泽奇　秋姑娘！你说的是。我真觉得人的一生，就好像在大沙漠中间旅行：也不知哪一天大风会把沙子从我们头上盖下来；哪一天那凶猛的雕鸟会飞下来把我们给吃掉；哪一天强盗们会来打劫我们；哪一天瓶子里的水喝干了，得不到补充，望后面不知道哪里是故乡，望前面不知道哪里是目的地。这时候不管我们是朋友也好，不相干的人也好，倘使不互相团结、互相扶持，怎么能渡得过这荒凉的沙漠呢？我现在正像一个孤孤单单的旅客在沙漠里走着，什么伴侣也没有，瓶子里的水也快喝干了，四外一只树影儿也没有，他焦急得要发狂了。倘使这时候有另外一个旅客忽然跟他相遇，给他一口凉水喝，他该多么感激流泪啊！可是这样一个旅客除掉在幻想中是不容易遇到的。这种没有感激的生活，没有眼泪的人生，我完全厌倦了。在这一种生活中间我的生活力太薄弱了，我一天天地绝望了。在这个绝望中间忽然给我一线光明的，给我一口凉水喝的，秋姑娘！那就是你了。我感激你。（紧握着白秋英的手不觉感极而泣）

白秋英　（用另一手抚着林泽奇的手）林先生，我们以后有什么不幸的事大家帮助，有什么高兴的事，也大家欢喜吧。仿佛听得郑先生说家里要您回去结婚，您不愿意，家里就不给您寄钱来了，这事是真的吗？

〔林泽奇点头。

白秋英 倘使单是这样，那不很容易解决吗？您既然那样不愿意，干吗不写信给爸爸、妈妈仔细说明您的意思呢。父母没有不爱儿子的，决不愿意他儿子一生不幸的，您说是不是呢？

林泽奇 秋姑娘，事情倘使那样容易解决，我干吗这样难过呢？提起来很伤心。……我前年在工业学校快毕业了，中途退学，又进了这个学校，就完全为着延长毕业期限，暂时避免去接触那个问题。从今年暑假以来，我什么信也懒得写。给家里的信刚写了一封。咳！谁知道那封信就是决定我一生命运的供词！我现在虽然后悔，然而什么法子也没有。

白秋英 （很关心地）那为什么呢？

林泽奇 我不该太同情我父亲了。我们家原先也有几亩地，当不住军阀们年年内战，把租子都借到十几年以后去了。平常的苛捐杂税又不知道有多少，所以我们家，这几年过不下去了，每年得向人家借钱。我订亲的这家人家就是我父亲借他钱最多的人家，倘使我履行婚约的话，看在亲戚份上，还可以向他设法，否则不但不能再借，过去借的也不能不还，按我们家的情形是决还不起的。所以我父亲写信来简直是向我哀求，说他替子女们辛苦了半辈子，要求做儿子的体谅他这一点苦处。

白秋英 那么您体谅他了？

林泽奇 ……我的脾气是吃软不吃硬的。爸爸用父权来压迫我回去的时候，我强硬地反对；现在他被境遇逼着对儿子说好话了，一想到他那年纪不到六十，头发早已白得像雪似的，我的心就软下来了。……我——我答应了我父亲的要求了。

白秋英 那不很好吗？（带笑地）林先生还是个孝子哩。

林泽奇 （苦笑）真正能做个替父亲牺牲的孝子倒也好了，无奈我软弱的性格，到底忍不住这种苦痛。我既不能恶魔式地冲破社会的束缚，爱我所要爱的人；也不能真正人道主义地去勉强爱我所不爱的人，……

白秋英 林先生，您的痛苦处我也有些理解了。可是叫我把什么话安慰您好呢？……时常听得人家说悲哀是一种宗教，没有受过悲哀洗礼的人，反而是世间挺不幸的人，我就是其中的一个。我家里也有过几次变故，但都不算我自己演出来的悲剧，我所知道的人生，都是非常肤浅的。也许对人生没有感到过绝望的，也感不出人生的欢喜吧。……可是，林先生！今晚我有一件非常高兴的事还没告诉您哩，您能替我欢喜吗？

林泽奇 当然！当然替你欢喜，什么事呢？快告诉我，让我这个愁人也展展眉头吧。

白秋英 您刚进来的时候，我正和一位老先生说话，对吗？这喜信就是他给带来的。他姓冯，是我同乡，和先父很要好，知道我的家世。今晚他告诉我：李家乾少爷一个月前也到这城里来了，进了大学了。

林泽奇 李家乾少爷是谁？……他进了大学？

白秋英 是的，进了大学。他是在南华毕业的。林先生，我刚才不说这社会是个大沙漠吗？他对我就是这沙漠里唯一的甘泉，凭着这一点甘泉，我才有勇气离开家庭，在这举目无亲的城市里生活。我盼星星盼月亮似的盼着他，现在可盼到了。乾少爷若是知道我的地方，一定会来接我的。他听说我没有念中学了，很替我可惜。若是知道我这样在外边受苦，不知该怎么替我难过呢。

林泽奇 有这样的事？那太好了。世界上还有你们这样幸福的人，我们这些愁人，也可聊以自慰了。秋姑娘接受我的祝福吧。（举杯将喝酒）

白秋英 林先生，怎么又喝起来了！我的喜事不是用酒来祝贺的。您已经答应我不喝酒了，不是吗？

林泽奇 好。我不喝了。可是，秋姑娘，什么李家乾少爷的事，怎么从没听你谈起过呢？你到了这里，他有信吗？

白秋英 没有，他不知道我在这儿。

林泽奇 怎么不告诉他呢？

白秋英 我会告诉他的，可是我又怕他不高兴。他家里挺讲面子的。我只想自己积攒点儿钱，继续升学，将来也对得起他。可是他已经到这儿来了，他一定会来接我的，他一定会给钱我读书的，用不着我一文两文地积攒了。

林泽奇 可你怎么知道他准会来接你呢？

白秋英 我相信他会来的。

林泽奇 你怎么能相信他呢？

白秋英 我怎能不相信他？他跟我约得好好的。

林泽奇 你们怎样约的？

白秋英 您看。这是他给我的信。（从里衣里掏出一个袋子）这些信我从没给别人看过的。瞧，这是他给我的小照。

林泽奇 （阅其一）……唔，唔。秋姑娘，怪不得你这样的相信他。

〔此时外面脚步声，白秋英急收信件入袋。

林泽奇 酒不喝了。肚子倒有点饿，来盘火腿蛋吧。

白秋英 是。火腿蛋一盘！哦呀，快十一点了。后面的戏园子要散戏了。

〔此时门外脚步声、笑语、笑声自远而近，自近而远。

〔已而门开，一青年探首入视，颜面半埋在丝冠皮领中。

青　年 （望外）这地方还清静。进来吧。

〔一华装女子随入，坐中室一桌。

白秋英　（搬火盆来）请坐。天气很冷。

青　年　真冷。两杯咖啡。

白秋英　是。（入内）

青　年　（一面脱帽与巾，与女坐下，埋怨地）刚才那么好的戏，怎么不看完呢？

女　子　（俏皮地）好戏自然是不看完的好。

青　年　那歌女真演得不坏，我把手都给拍麻了。

女　子　就是怕你手太累了，我才拉你出来的。

青　年　哈哈。你太多心了。我对你从来是忠实的。——喝不喝酒？

女　子　（媚笑）不喝。

青　年　喝几杯葡萄酒不好吗？红艳艳的，甜蜜蜜的。

女　子　好，来一小杯吧。今晚的戏，你说哪一幕好？

青　年　我看还是第四幕最好。就可惜没有看完……

女　子　那你不妨再进去呀。

青　年　都快完了。你高兴的话咱们明晚再看一次。

女　子　得了，多好的戏，我也不高兴看第二次的。

〔白秋英自内盛咖啡出。

白秋英　久候了。先生。（先端一杯奉女子，次奉青年，惊叫）啊！乾少爷！

青　年　啊，秋……（立装镇静）秋姑娘，你到这儿来了？

白秋英　嗯……（颜色灰败，悄然无力地坐在室之一隅）

女　子　（微微地笑）哼，这倒是很戏剧的场面。你认识这位姑娘吗？

青　年　（很窘地）没有什么。她是……她是我们乡下一个穷秀才的女儿，住在我家近边。我们小时候认识的。

女　子　哦，那么好，你们多谈一会儿，我回去了。

青　年　哪有的事，我跟她不过是认识罢了。（看看表）哦呀，时候不早了。我送你回去吧。（忙戴帽，披巾，置钱在桌上，和女子急出）

〔白秋英痴呆地目送两人出门后，如梦初醒，急追到门口；仍折回来，坐在大沙发上。内面铃响。白秋英徐起，梦游病者似的收拾杯盘进去，旋即端出火腿蛋送给林泽奇。

白秋英　久候了。（伏在椅子上隐隐地哭起来）

林泽奇　秋姑娘！这就是你说的“乾少爷”？

〔白秋英啜泣，点头。

林泽奇　畜生！

〔白秋英急掩其口。

林泽奇 你既然把我当你哥哥，我非替你复这仇不可！（欲奔出）

白秋英 （止之）不，我什么话也不愿意说了。我恕了他，您也恕了他吧。

林泽奇 这种人万不可恕！处女神圣的爱情，哪能容这种轻薄的家伙戏弄！

白秋英 可是现在事情还不知究竟是怎么样哩。他跟人家一块儿来的，一定有许多话不便说。我，我想他决不会那样儿的。

林泽奇 唔。（注视着她）

白秋英 凭他写的信，您能相信他是个负心的人吗？（悲愤）

林泽奇 秋姑娘，你太相信他了。口不随心的人有的是。现在有个法子，一定可以复仇。

白秋英 你说，该怎么办呢？

林泽奇 （想）他不是有许多信给你吗，把它藏好了，写信告诉他，倘使他跟别人结婚，就把那些信发表出去……

白秋英 可是，泉水没有了，守着枯井有什么用？天哪！（哭）

〔李乾卿急忙入内。

白秋英 （以为旁的客人）请坐。（及见是李乾卿）啊！

李乾卿 秋姑娘！

〔白秋英默然不答。

李乾卿 刚才得罪得很。我和密斯陈一块儿来的，一切的话都不好说。我把她送上车了，又回头来找你。

〔白秋英不答。

李乾卿 秋英，别生气。我有许多话要跟你说。

白秋英 （强自镇压）你跟我不过是认识，有什么要跟我说的呢？

李乾卿 那是说笑话的，你别当真。我们坐下细谈吧。

白秋英 我们这里不要你坐！

李乾卿 好了好了，别生气了。我们长远没有见，也得谈谈别后的事。

白秋英 谁要听你什么别后的事。

店主人 （掀帘向白秋英）秋英！客人来了，怎么不请坐？

白秋英 ……是，客人！对不起，请坐。

〔两人坐在原处，主人掩帘。

李乾卿 再来两杯咖啡。

白秋英 是，先生。（入内，倒咖啡）

〔李乾卿沉思后作决意状。

白秋英 先生！久候了。（端咖啡敬客）

李乾卿 秋英，坐下，我们一块儿喝吧。

白秋英 谢谢。

李乾卿　今晚万不料在这个地方碰到你。在南华毕业之后，马上想回家找你，以为你还在乡下哩。我劝你上城的信接到没有？

白秋英　接到了。你要我上城进学校。

李乾卿　我希望你父亲能送你上城升学。因为那样，我们的爱情才能有圆满的结果。后来听说令尊去世了，你也上城来了。

白秋英　因为信你的话。

李乾卿　可是，你太轻举妄动了。要你上城是为的升学，谁叫你进咖啡店当女堂倌呢？你不知道这一举是多么愚蠢！我是挺爱名誉的，爸爸也挺讲体面，你不是不知道。明知我会到这儿读书，你偏要到大学附近当女堂倌，这不是存心丢我李乾卿的脸吗？就算我能原谅你，我爸爸也决不会答应。

白秋英　乾少爷，我后悔极了。你的信上教我一定得在女中毕业。那时我父亲病了，请大夫吃药都没有钱，哪有力量送我念书呢？父亲临终的时候，还含着眼泪，拉着我的手说："秋英！你爸爸辛苦一辈子，临了还是一双空手。原谅我不能够让你受完高等教育。"……他老人家去世之后，更没有人顾惜我了。伯伯、叔叔不知道我们的事，急于要把我嫁出去。我没法子才逃到城里来。举目无亲的，连个安身的地方也没有。起初在张婶妈那里住。她可怜我，只是她的境况也不好，靠她丈夫做工养活一家人，我不想打扰他们。后来这儿考女招待，我想这也算我们女子的新职业，我就投考了。我到这里来，一来是想找个安身之处，二来也想积攒点钱再上学校。记得宋校长说，他在法国念书不也替菜馆里擦盘子、扫地的？你说你明年四月到这边大学来，我也想等到那时候，再把地方告诉你。因为到了那时候，大约我也在中学四年级了。万不料你早一个学期就来这儿。

李乾卿　因为我插了这边的大学二年级。

白秋英　也真没想到我跟你在这里会着，……我做女堂倌，你做饮客。更不料在我的眼睛里，你跟你女朋友那么亲热。那么……

李乾卿　得了，得了，秋英，你的苦处我是知道的。不过，我也有要求你原谅的地方。

白秋英　（不顾李乾卿语，直说下去）我心里也这样幻想过。我想倘使哪一天你忽然到这个店子来喝咖啡，忽然我们俩会见了，这时候不知道是怎么个样子。起先你也许奇怪我怎么会在这里做女招待，那时候我一定把别后的苦楚仔细地告诉你，你听了不知该怎样可怜我，你听到了我从伯伯、叔叔的家里逃出来，在这里积钱升学，你又不知该怎样地称赞我。我诉说完了一定会伏在你怀里哭起来——可是这不过是可笑的幻想！有什么人称赞我？有什么人怜惜我？我哪值得人家的称赞，怜惜？——乾少爷，我的话说得太过了吧。这是我的毛病，你知道的。你心里一定是称赞我的，一定怜惜我的，不过不肯把心里的话说出来罢了，不是吗？乾少爷！我是多么的想念你。有时候又是疑你，又是怨你。我知道都是我的性子不好。我知道非改不可。你信上不也批评过我吗？

〔李乾卿不语。

白秋英 这咖啡店的空气，我早就受不惯了。今天有位同乡冯先生来这里。我问他，才知你已经到这边大学里来了。我说乾少爷若是知道我的地方，一定会来接我的。乾少爷，你刚才不是说怕爸爸不肯吗？我们俩的事，只要你愿意，你爸爸是一定会答应的。

李乾卿 （起先很惭悔，至是坚决地）不，我爸爸一定不答应！他的身份已经跟从前两样了。他现在要做商会会长了，让一个咖啡店的女堂倌做儿媳是不能想象的。

〔白秋英不语。

李乾卿 就是我也……

白秋英 乾少爷！你也不愿意？……你忘了我们的婚约，我爸爸也不答应的吗？

李乾卿 你的爸爸不答应？

白秋英 是的。……他是一个名士气挺重的人，平日最鄙薄你父亲那样的商人，他说你父亲靠贩私盐、放高利贷发财。……他不愿意我到你家做儿媳妇。我反复对他老人家说："我爱的是乾少爷，儿子未必跟爸爸一样。"我父亲没法子才答应了。到现在你反嫌我做了女招待，怕辱没你了吗？

李乾卿 （面红）我不是嫌你做女招待，我是因为你既然做了这样久的女招待，我若跟你结婚，第一在大学里一定被同学们笑话；第二，一定要伤我们父子的感情。好在今晚见了你，我一来向你道歉，二来干脆把问题解决一下。你现在若是对我没有爱情了，那更好说话。若是还有爱情，那么请你体贴我的苦处……。你这几年受的苦，我自然也很同情，（抠出皮夹）碰巧今天家父寄了一千二百块钱给我，这一千就给了你吧。

白秋英 （迟疑）给我？

李乾卿 是，给你上学。

白秋英 乾少爷，谢谢你，我太高兴了。（拿钱在手）

李乾卿 你少钱的时候，我还可以给你。将来你毕了业，祝你得一个比我好十倍的丈夫。

白秋英 这是什么话！

〔外面一听差推门而入。

听　差　姑少爷，小姐找您哩。您得快些回去。

李乾卿　就来了。你先回去。

〔听差退场。

白秋英　你们已经结婚了吗？

李乾卿　还没有，不过，事情到了现在，也不必再瞒你了。我跟刚才那位小姐已经订了婚，我住在她家里，刚才来叫我的就是她家的用人。今晚看戏，顺便请她来喝一杯咖啡，没想到碰上了你。她疑心我跟你有什么关系，我们在路上几乎要决裂了。秋英，你是个好心人，你若是爱我，一定望我幸福。那么就请成全我们的幸福吧。

白秋英　（如梦初觉）哦，好，好，那么你幸福去吧。

李乾卿　（温婉地）可是，秋姑娘……

白秋英　你还跟我啰嗦什么呢？

李乾卿　秋姑娘！还得请你成全一下。我不是给你写了许多信，还拍过一些照片吗？都还给我吧，凭你要多少钱都行。

白秋英　（大笑）呵呵。你们父子真会做买卖。

李乾卿　秋英，笑话了。

白秋英　谁跟你说笑话！谁是你的什么秋英！我跟你不但不过是认识，简直可以说并不相识。我从前以为你父亲虽坏，你总算一个纯洁的青年，哪知道你毕竟是你父亲的儿子。悔不听爸爸的话！（泪如雨下）可怜的爸爸！

李乾卿　秋英，我也有我的苦衷。总而言之，抱歉得很。一切请你原谅。我要回去了，你快把那些信哪、相片哪交给我吧。反正秋姑娘留了也没有什么用。

白秋英　是，我留下有什么用呢？全还给你吧。（探胸出一小纸函）

〔林泽奇从右室屏风后走出。

林泽奇　慢着！不能给！（愤然走到他俩前面）秋姑娘！万不能给他！

李乾卿　（惊魂初定）这位贵姓？

林泽奇　我么……姓林！

李乾卿　跟林老哥素不相识，你别管我们的事吧。

林泽奇　不相识的人，正好管不相识的人的事！秋姑娘，别给他！

白秋英　林先生，可是我留了有什么用处呢，这些不兑现的假票子！

李乾卿　是呀，秋姑娘……

林泽奇　呸，她是你的什么“秋姑娘”！

李乾卿　是，“白小姐”！反正你留下也没有用。还是给了我吧。我愿意把这两百元一总送给你。

白秋英 好！全给了我吧！

林泽奇 秋姑娘，你怎么要他的钱？不能要！

白秋英 我要了有用。

李乾卿 是呀。白小姐要了有用，你知道什么！（交钱）

〔白秋英取前之千元、后之二百元，一张一张悉投之熊熊的炭盆中。一千二百元一时皆起火光而灭。

李乾卿 （呆然）啊！

〔林泽奇点头。

李乾卿 秋姑娘，你把钞票烧了。那些信件呢？难道想不给我吗？

白秋英 哪有不给你的。（自袋内取出情书和照片）啊！乾少爷，这是你写给我的信。得这些信的时候每次都欢喜得跳起来；信纸上的红花不都模糊了吗？瞧，就像几朵湿的红云似的，这是我拿出来看的时候吻湿了的。这封是你最后写给我的。信纸上的红花也模糊了，但这不是我嘴唇吻湿的，这是我眼泪滴潮了的。你非要我上城升学，好象没有女子中学毕业的文凭，就没有和你结婚的资格似的。我家里那样一个境况，眼见得没有取得这种资格的指望了，我怎么能不着急呢？为这事我不知流过多少眼泪，可是这些眼泪流得多没有意思啊！这种可耻的资格我永远不要了！（扯碎信纸悉投入火中）瞧，这是我跟你一块儿拍的照片。我真不知怎么会那样天真，把一个不过相识，甚至并不相识的人当作自己性命一样的情人，跟他靠得那么紧！瞧，我们还手拉着手，微微地笑着呢！记得你还细声地对我说："秋英！我们的手永远不要分开。"现在这句话还在我耳朵里哩，啊！"穷人的手和阔人的手是永远握不牢的"，这句话真是有道理啊。乾少爷！我的梦醒了。（撕碎相片也投到火里去）好，你安心了吧。

李乾卿 秋姑娘！（哭声）

白秋英 你还要什么？

李乾卿 秋姑娘，你责备我的话，我没有一句敢替自己辩护的。……你也要可怜我，因为我是一个弱者，没有法子，才求你玉成我们的幸福。

白秋英 自然，每一个有钱的人都要求穷人牺牲自己玉成他们的幸福的。好！现在我已经牺牲自己了，你们幸福去吧。

〔李乾卿低头无语，但似更有所求。

白秋英 你还要什么呢？

李乾卿 我虽是对不起你，你能否再和我握一握手呢？我不能跟你结婚，可是我还是记挂着你的。（伸手与握）

白秋英 谢谢你。你不必记挂我。（冷然拒绝握手）

李乾卿　秋姑娘，再见。

白秋英　……

店主人　（又掀帘骂她）秋英！怎么不送客？

白秋英　（惊醒）啊，是的。（事务地）先生，再见，请常来照顾我们。

李乾卿　（望望桌上）哦呀，我也忘了会账了。秋姑娘请算算多少钱。（随手取出十元钞票给她）

白秋英　（始终事务地）两毛五分钱。用不着这么许多。

李乾卿　那么请找给我吧。

白秋英　（急进去找了钱出来，并将帐单交给他）谢谢。

李乾卿　多余的钱送给你吧。

白秋英　请送给别人。您忘了这里的女招待是不要酒钱的。

〔李乾卿只好收下，踉跄退场。

白秋英　（勉强向林泽奇）林先生，刚才谢谢您。请坐吧。

〔林泽奇旁立一时无语，泪痕犹新。忙把炭盆搬到她的足边。

〔白秋英强自抑制，忽然悲从中来，伏倒右室小桌上哭。

林泽奇　秋姑娘今晚的态度，我佩服得很。你既然跟他这样决裂了，就不必过于难过吧。

白秋英　（无言，忽起坐伸手取桌上威士忌瓶向林泽奇）林先生，这瓶酒送给我，行吗？

林泽奇　……秋姑娘，喝咖啡吧。要不，红茶也好！我替你要红茶去。

白秋英　呵呵，林先生，讲什么哥哥妹妹的，问您要一瓶酒都不给。

林泽奇　不是不给，怕你不能喝。

白秋英　怎么不能喝！（用咖啡杯满饮一杯）

〔林泽奇不胜惊愕怜惜之情。

白秋英　（再酌一杯，饮一口）林先生，今晚我懂得了一件事。

林泽奇　什么事？

白秋英　（又喝一大口，作苦痛状）我才知道你们干吗不好好地读书做事，偏要到这里来拼命喝酒的道理了。我是反对喝酒的。今晚冯先生要我喝了一口，我难受了半天。现在才知道酒的好处了。

林泽奇　可是你也该知道酒的坏处啊。

白秋英　管它哩。林先生，您的好心我知道。可是让我去吧。

林泽奇　秋姑娘，我为什么能让你那样呢？

白秋英　时候不早了，您该回去了。

林泽奇　我怎么能这样回去？怎么能看着一个女人投向忧愁的深渊里去，不去救她？秋姑娘！刚才我也在这深渊里挣扎，承你把我当自己兄弟一样，百般地照顾我。现在你也这样了，我怎么能不把你当自己姊妹一样照顾你呢？只怕你人大心大不肯听哥哥的话吧。

白秋英 我若肯听哥哥的话呢？

林泽奇 若肯听我的话，就把杯子放下来，跟我商量以后的事。

白秋英 好，哥哥，我不喝了。

林泽奇 这才是好妹妹！秋英，我们同生在这过渡期的中国，同是没落的小资产阶级出身，苦难不断地袭击我们，我们常常会碰上这样的问题：活下去呢，还是干脆死了的好呢？由你今晚遭遇的这件事我也认识到一个真理。我们得活下去。你刚才不说吗？穷人的手和阔人的手始终是握不牢的。问题就在我们今后还是去握阔人的手，还是去握穷人的手。

白秋英 我不是已经决定了吗？

林泽奇 那你为什么还要那样的感伤呢？难道还有什么留恋吗？

白秋英 （拭拭额头）……没有什么留恋的了。不过，我是一个弱女子，独自一个人不容易走上这条新路。

林泽奇 有我陪着你呀。你先说社会是一个大沙漠，我就算你在沙漠里摸索新路的伴侣吧。

白秋英 （破涕为笑）对啊，那么一来，沙漠里会涌出甘泉，凶猛的雕鸟会变成会唱歌的黄鹂。我们还愁什么呢？怕什么呢？

林泽奇 啊呀，了不得，你简直变成诗人了。

白秋英 人家说恋爱使人变成诗人，看起来失恋也会使人接近诗的。（扶着头）

林泽奇 （急扶着她）你现在觉得好过点儿没有？

白秋英 没有什么，不过我心里像火烧着似的。

林泽奇 我叫你不要喝威士忌，现在威士忌可发作了。我去替你去弄杯凉水来吧。

白秋英 不要！你听！

〔内有人弹吉他而歌之，其声凄婉欲绝。

〔林泽奇、白秋英倾听。白秋英拭泪。

林泽奇 这时候谁还在那里弹吉他？

白秋英 这就是隔壁东亚旅馆住的那位俄国盲诗人弹的了。

林泽奇 就是那可仑斯奇先生吗？

白秋英 是他，每晚这时候他就坐在窗边弹着。

林泽奇 （又倾听一会）光景他也想起家乡来了吧。咳！人生的行路难！

白秋英 不过我不爱听这样的调子了。不可以更雄壮点儿吗？更有力点儿吗？我们现在需要鼓舞我们的曲调？

〔一青年排扉入。

青　年　泽奇！

林泽奇　谁？啊！湘哥。

白秋英　郑先生！请进。

青　年　泽奇！你怎么这时候还在这里？我跑到宿舍没见到你。问老彭，说你大约是上这儿来了。居然在这里？你这种颓废生活也该告一段落了吧，瞧瞧现在是什么世界！

林泽奇　晓得了，晓得了，让我再颓废一下也不要紧。别那么着急吧。

青　年　你这作风真叫人着急。好了，时候不早了。宿舍关门了，快回去吧。

林泽奇　我再和秋姑她谈几句话就回去。

青　年　瞧你们眼泪还没有干，哪来那么多诉不完的苦啊？

林泽奇　谁都像你那样幸福？

青　年　幸福和痛苦是比较的。看看祖国苦难的人民，我们的痛苦就不算什么了。快回去吧。要来，明天我同你一块儿来。（向还在潸然落泪的白秋英）秋姑娘，别让你的眼泪感染别人了吧。你知道眼泪是不解决任何问题的。

〔白秋英不语。

林泽奇　（向白秋英）好，再不回去，老郑要发脾气了，今晚失陪了吧。多少钱？（拿出纸币置桌上）

白秋英　（迅速地找给他）别又是卖书的钱吧。以后还是少来的好。

林泽奇　难怪老板要骂你，你不替老板拉生意，反而挡客人的驾。不过你放心吧，我不再卖书了，也不再“爆发”了，以后也许就来得稀了。好，妹妹，保重吧。今晚的事别放在心上。

白秋英　晓得了。

林泽奇　（看看钟）时候也不早了，你也该睡了吧。

白秋英　不。后面散戏了，还有的是忙哩。今晚又让您兴奋了，你们好好地回去睡吧。

林泽奇　那么，妹妹，明天见。

青　年　怎么？你们俩拜把子了？

林泽奇　是，秋英同时也是你的妹妹了。

青　年　你们为什么拜把子？

林泽奇　话长呢，我们在路上说去。好，明天见。

青　年　（笑呼）妹妹，明天见。

白秋英　（也带笑）两位哥哥，明儿见。

〔林泽奇和老郑两人下场。

〔白秋英徐徐关门，收拾桌椅，半熄瓦斯灯。她独坐在右室饮威士忌的余沥，若甚有味。此时吉他之声依然袅袅入耳。

白秋英 （忽然悲从中来）我的命这样苦！（不觉泣下）

〔旋闻汽车喇叭声，黄包车拉生意声，从剧场里吐出来的群众的步履杂沓声，谈笑喧嚷声。

白秋英 （急拭干泪）又该好一阵忙了。是的，眼泪是不解决任何问题的，勇敢地，活下去吧。（起身收拾东西）

〔门外面已经有新的饮客闯进来了。

闭幕

推荐理由

田汉的《咖啡店之一夜》像一幅深夜的浮世绘，带我们走进一百多年前年轻人的世界。故事发生在一间小小的咖啡店里，诗人、店员和失意的青年在这里相遇，有人为爱痴狂，有人困于生计，有人挣扎在理想与现实的夹缝中。他们喝着咖啡聊着天，谈爱情、谈艺术、谈人生的迷茫，那些热烈又脆弱的对话里，藏着五四时期青年人共同的困惑：在传统与新潮碰撞的年代，究竟该怎样活着？

田汉用诗一样的语言写下这些普通人的夜晚，月光洒在咖啡杯上，心事藏在烟雾里，台词既像散文般优美，又像刀子般戳中现实。短短一幕戏，把青春的浪漫、时代的阵痛、小人物的悲欢都装进了一间咖啡馆，读着读着，你会发现自己和那些百年前的年轻人一样，仍在追问关于爱、理想与生存的答案。这部戏不厚重却深刻，不宏大却鲜活，值得每个在现实中摸爬滚打的年轻人一读再读，去感受那个时代的热血与迷惘，也照见自己的影子。

话剧：一只马蜂①

丁西林②

剧中人

吉老太太　年约五十余岁，身材细小，体质强健，淡素服装，非常的清洁。

吉先生　吉老太太的儿子，年约二十六七，强健，活泼，极平常极自然的服装。

余小姐　年约二十五六，姿势美丽，面目富有表情，服装精致。

仆人

---

① 钱谷融．中国现当代文学作品选：上卷［M］. 4版．上海：华东师范大学出版社，2020.

② 丁西林（1893—1974年），中国著名现代剧作家、物理学家、社会活动家。代表作品《一只马蜂》《酒后》《瞎了一只眼》《压迫》等。

布景

一间小小长方形房子，后面墙壁中间，两扇宽门。门之左边置一衣架，靠墙一小桌，桌上置鲜花。右边靠墙一书柜，内藏成套的中西书籍。左壁的里边，开一独门，门之前为短门大窗，窗边置写字桌，上置文具。房之右壁，后半亦开一门，前半靠壁置书架，架上置装饰品。壁上悬字画。房子中央略偏前与右，置一小圆桌，上置茶具，桌之右侧置大椅（即安乐椅），左侧置可坐两人之长椅，两椅之间置一小椅，椅上皆置腰枕。

开幕时吉老太太睡卧在大椅上，脚下置高垫，手中报纸，落地上。

吉　（将左门徐徐推开，看老太太睡卧椅上。轻步走至衣架，取了一件薄大衣，走至椅前，轻轻盖在老太太身上。老太太醒觉。吉含笑问。）睡着了没有？

老太太　我本想闭了眼歇一会，不想一不留心，就睡着了。（坐起。）

吉　老人家的眼睛，同小孩子的眼睛一样，闭不得的。一闭了，就不由你做主。（将报纸拾起，坐在小椅上。）

老太太　现在什么时候了？

吉　（由怀里取出一个表看了一看。）三点一刻。

老太太　你在那里一直到现在？

吉　在书房里写了两封信。

老太太　喔，不错，你替我把那封信写了吧。

吉　好，现在就写。（坐到写字桌，从抽屉里拿出信纸信封，瓶里倒了水，磨墨取笔，预备写字。）怎样写法？

老太太　随便的写几句好了。你把我们动身的日子告诉他们。叫他们雇一只船到港口接一接。

吉　你一面说，我一面写吧。一定下星期二动身么？

老太太　喔，已经不是日子，还再不动身！

吉　（一面写，一面念，一面说话。）……十九日起程回南。（停笔用手指计算日期。）十九，二十，二十一，（写）二十一日到港。叫张宏同江妈雇一只船到港口接一接。（问）是不是？

老太太　是，最好叫到李老四家的船，干净，要是李老四船出了门，叫邓祥发家的也可以。

吉　（写）最好叫到李老四家的船（一面写，一面口中作低声的念，）……邓祥发家的也可以。（问）还有什么？

老太太　（自己想她的心思。）这几天太阳已经很厉害，不如叫他们先把南房里的皮衣服拿出来晒一晒。

吉　好，还有什么？

老太太　没有什么。（自言自语。）王妈回家，说过了节，就回来，不知现在已经回来了没有？

吉　（继续的写信。）

老太太　余小姐，应该送她点礼物才好。

吉　（先写完了信，然后答话，再接着写信封。）你不是说送她一件衣料的么？（写完了信封。）好了，写完了。

老太太　（被吉打破她的深思。）写完了么？

吉　（走至椅前，将信送出。）要不要看一遍？

老太太　你念一念吧。

吉　（念信。）

“二妹览

‘已经不是日子，还再不动身。’母亲说。”

老太太　这是写的什么？

吉　这是写信的一个帽子。（继续一句一句的念信。）

“母亲定于十九日动身。二十一日到港。叫张宏同江妈，雇一只船，到港口，接一接。最好叫到李老四家的船，干净，要是李老四家的船，出了门，叫邓祥发家的也可以。这几天太阳已经很厉害，不如叫他们先把南房里的皮衣拿出来晒一晒。

王妈回家，说过了节就回来，不知现在已经回来了没有？”

没有写错吧？

老太太　（笑）喔，你们现在写信，都是这样写么？

吉　这是最时行的直写式的白话文，有一句，说一句，你没有旁的话要说么？

老太太　没有。

吉　这下边是我的事。（继续念信。）

“这次母亲在京，一切都好。惟有两件事，不大称心。……”

老太太　我有什么事不称心？

吉　（不答，继续念信。）

“第一，她这次来京的目的，本想劝她的儿子，赶紧讨个媳妇，她可早点抱个孙儿。方头大耳，既肥且皙。嗳！不想来京两月，绝少成绩，媳妇，毫无影响。孙子，渺无消息。第二，她满心满意，想亲上加亲。把姊妹改做亲家，侄儿变做女婿。不想她那不肖之女，又刚愎自用，不顺母意。因此上，这几日来，口中不言，心中闷闷。不过那位表侄先生，现已广托亲友，多方物色。夫诚能动神，勤能移山，况在佳人才子聚会之首都，求一称心合意之老婆乎。故数月之内，定有良缘。

将来一杯喜酒，或能稍慰老年人愿天下有情人无情人都成眷属之美情也。”说得对不对？不要生气啊。

老太太 （稍有不快之意。）我有这些闲工夫来同你们生气！你们的事，我老早就对你们讲过，由你们自己去，我一概不管。你们爱怎么说，就怎么说。

吉 （将信封好。贴了邮票，走至椅旁，一手放椅背上，一手理她的头发。）妈，你是一个特殊的女人，你什么事都是非常。你是一个非常的良妻，一个非常的贤母。惟有这一件，你没有逃出了个母亲的公例。

老太太 把这件大衣挂起来。（吉将衣挂原处，老太太追想到她以前的生活。）贤妻良母，配不上这四个字。（吉坐到原处。）你父亲死的时候，你只有八岁。云儿只有五岁。那个时候，我就不相信那私塾先生的教书方法——也一半舍不得你们去受那野蛮的管束——所以我就拿定主意，自己教你们。一直把你们教到十六岁。那时所有的产业，就是那分来的五十亩坏田。现在你们可以不愁穿，不愁吃。不是说句大话，要是你们不是每年上千块钱的学费用费，现在大约十倍那么多都不止了。

吉 所以我说你是一个特殊的女人。

老太太 是的，贤妻良母，有甚么稀奇？现在的一般小姐们不是一天到晚所鄙薄不屑得做的么？

吉 你要原谅她们。她们因为有几千年没有说过话，现在可以拿起笔来，做文章，她们只要说，说，说，连她们自己都不知道说的些什么。

老太太 现在这班小姐们，真教人看不上眼。不懂得做人，不懂得治家。我不知道她们的好处在甚么地方？

吉 她们都是些白话诗。既无品格，又无风韵。旁人莫名其妙，然而她们的好处，就在这个上边。

老太太 我问你，这样的人也不好，那样的人也不好，旧的你说她们是八股文，新的你又说她们是白话诗。……

吉 是的，同样的没有东西，没有味儿。

老太太 那末你到底要甚样的一个人，你就愿意？

吉 （耸肩。）坏的就是连我自己都不知道。要是找老婆如同找数学的未知数一样，能够立出一个代数方程式来，那倒容易办了。

老太太 怎么你们表兄弟两个，这样的不同！那一个就请这个，托那个，差不多今天等不到明天。你是总不把他当一件正经事看。

吉 不把他当一件正经事看！因为我把他看得太正经了，所以到今天还没有结婚。要是我把他当做配眼镜一样，那么你的孙子，已经进了中学。

老太太 （觉得他没有办法。）倒一杯茶给我。（吉倒了一杯茶送给老太太，自己亦倒了一杯，慢慢饮之，老太太沉思半晌。）你知道不知道，你的表兄

	已经同我说了几次，要我替他做媒?
吉	怎么不知道?
老太太	你知道他要说的是谁么?
吉	余小姐，是不是?你问过了她没有?
老太太	(很慢的答。)没有。
吉	为甚么不问她?
老太太	为甚么不问?我想今天问她。(略停。)好不好?(语时视吉。)
吉	很好，看护妇配医生，互助的原则，合作的精神，结婚时最好的演说资料。
老太太	(微微的叹了一口气。)
仆　人	(推开左门。)老太太，余小姐来了。
老太太	请她进来。(仆人走出，吉放下茶杯，忙走至写字桌，整理笔砚，折好了桌上报纸。)
仆　人	(由外面推开左门让余走进，自己随后收去了桌上茶具。)
余	(头戴草帽，手戴手套，一手提钱包，进来之后，一面与主人招呼，一面脱去手套，将钱包置门旁小桌上，解下草帽。)老太太，吉先生。
老太太 **吉**	余小姐。(吉接过草帽，挂衣架上。)
余	老太太，对不住得很，劳你们等了。
老太太	没有甚么，请坐。(让余坐大椅。)
余	喔，老太太坐，老太太不用客气，我这儿坐好。(扶老太太坐大椅，自坐小椅，吉自坐长椅上。)两点半钟就想来，突然来了一个病人，要替他腾出一间房间来，忙了半天。还打算打电话，说不能来了，后来我想老太太就要回南，无论怎样忙，都要来陪老太太玩半天。
老太太	多谢你，我们也知道你医院事情很忙，所以一向不常请你出来。今天是因为我们快要回南，想请你来，我们好当面向你道谢。这一次实在劳苦了你。其先是我们吉先生，住了两个星期，都是你招呼，后来又是我自己，我们实在感激你的了不得。
余	老太太太客气，那是我们的职务。老太太这几天饮食可好一点?
老太太	胃口不强，我一向就是这样。那一次到北京来，因为在路上略微受了一点辛苦，所以觉得不大舒服，实在没有什么病。我们吉先生一定要我到医院，说医院里怎样的舒服，怎样的干净，我总是不想去。后来他又说我精神不好，一定是睡觉不好，非得到一个清静的地方去静养几天不可。我被他说不过了，方才住到医院。我出来的时候，他还要我再多住几天。
吉	我的母亲是不相信医院，不相信看护妇的。

老太太 我并没有说我不相信看护妇，我是因为常常听见讲医院里招呼不大周到。

吉 没有甚么，你现不但相信她们，并且喜欢她们。

余 我们也知道，外面有很多的人，说我们的坏话，现在不是我来替自己辩护，有时实在不是看护妇的疏忽，实在是这一班生病的太太小姐们的麻烦。我常时同其余的同事说了玩。说这些人甚么事不会做，连生病也不会生。……

吉 要生病生得好，本来不是一件容易的事。

余 她们第一，就不肯听医生的话。要这样，要那样，一天要压几十次铃子。你对她们说，教她们不要吃东西，她一回儿要到外边买些水果，一回儿想教家里送点鸡汤。你想，要教我们同平常人家的老妈子伺候太太小姐们一样，我们那里有这么许久工夫？我们平均每人要招呼十个人。喔，说也是无用，她们那里肯讲理？

吉 看护妇本来是一种很苦的职业，因为世界上最不讲理的是醉汉，其次就要算病人。

余 好笑得很，遇到一种奇怪的人，病快好的时候，他还要你陪他谈天。（看了吉一眼。）

吉 那真是可想而知的讨厌。要是个男人，还没有甚么，假若是个女人，那恐怕简直没有办法。

老太太 不过我终是不相信，其余的人，能够同你一样。纵然有你这样的能干，也一定不会有这样的和善，这样的体贴。

仆　人 （由左门入，手里拿了一个盘，盘中置茶壶，茶杯，糖碟等物。）

余 （老太太欲倒茶。）老太太请坐，让我自己来倒。（倒一杯茶送老太太。）

老太太 喔，谢谢你。（吉倒一杯茶送余。）

余 （受吉之茶。）谢谢。（欲代吉倒茶。）

吉 谢谢，我不喝茶。

余 （一面喝茶。）老太太为什么不在北京多住几天，有吉小姐在家，难道还不放心么？

老太太 她倒甚么都能够，不过我这次离家已经很久。我本是因为吉先生病了，所以来看看。

余 我想吉小姐一定也是很能干。

老太太 甚么叫能干。不过一个女孩子应该知道的事，我不容她们不知道。

余 不过要想能同老太太一样的能干，恐怕不容易。

吉 做能干父母的子女，是一件很苦的事。暑假那么热的天气，回到家，只有两个星期，两个星期一过，就一个赶到乡里去种田，一个赶到厨房里去烧饭。

老太太　我是一个很顽固的人——我现在也有了年纪，也不怕人笑话，——一个人多知道一点事，一定不会有坏处。我不相信，一个女人会做了饭，就不会做文章。

吉　不错。不过困难的不是会做了饭的女人不会做文章，是会做了文章的女人就不会做饭。

余　吉小姐会到北京来么？我很想认识她，我想她一定是同老太太一样的和气，可爱。

老太太　她旁的没有甚么好处，不过还直爽。就是我嫌她有点新的习气。

余　（高兴。）我想我们一定会变做好朋友，她来的时候，老太太一定要教她写信给我。

老太太　（向吉。）你有她的照片没有？

吉　有一张的，不知到那里去了。

余　（记起。）喔，吉先生信里，说老太太要我一张照片，我今天带来了。（走向小桌。）

老太太　（不解。）我没有说要照片。（向吉。）我几时？……

吉　你怎么没有讲，真是有了年纪的人，说过去的话，不要几天就忘了。

余　（装不听见，由钱包里取出一张小照片。）这一张不大好，不十分像，等以后有了好的时候，再送老太太吧。（以照片送给老太太。）

老太太　（看照片。）你已经长得很好看，这张照片更好。

吉　（向老太太取了照片，取笑老太太。）你平常最讲究会说话的，怎么今天自己把话说差了。你应该说，这张照片已经很好看，但是总不及照片的主人好看。（与余对看了一看。）

老太太　我是说的老实话。

吉　你们还坐一会儿才去？（向老太太。）我送你一个好看的照片框子。（带照片由左门走出。两人不语片刻，老太太对余注视，余不知所语，取了一块糖食之。）

老太太　余小姐，我有几句话，很久就想同你谈谈。（将椅移近，余忙将口里的糖吞下，理了一理裙子，坐直了身子，用心的听。）我想你一定以为我是一个很爱舒服的人，你知道我年青的时候，很过了些辛苦的日子。我们吉先生，从小就没了父亲，家里大大小小的事情，都全靠我一个人去问，连他们的书，也都是我自己教他们。差不多吃了二十年的苦，才把他们带到这么大。现在他们甚么事都用不着我去担心。不过还有一件，我放不了心，就是他们还都没有成家。（余的身子略微的颤动了一下。）这一层，我也同吉先生说过好几次，他都不把他当一件事。我也不知道他到底是什么意思。现在子女的婚姻，本来也用不着父母去管，所以我也只好由他们自己去。（叹了一口气，略顿。）我有一个表侄。（余转了一转身子，恢复了自然的呼吸。）你大概也认识他，他到医院看过我，他虽然只看见过你几次，但是因为他时常听见我说你怎样的好，所以他很敬重你。他向我说了好多次，托我说媒。我都没有提过。因为我自己儿子的事，我都不管。我那里有工夫去管旁人家的事？不过他说，他一来不知道你的意思，所以不好对你有什么表示，二来就是想对你说，也没有个好的机会。他人是一个很好的人，他学的是医道，现在预备自己挂牌行医。他的脾气很好，也是一点坏的嗜好都没有。——喔，我知道我是一个很腐败的老太婆，说媒的事，是你们现在最不欢喜的，要是这样。我请你不要生气。

余　（如梦初觉。）我很感谢老太太的好意，那有生气的道理。

老太太　他还想，在我回南之前，得一个回信。我想这也不是立刻就要怎样的一件事，你如要细细想一想，你回来写封信告诉我，我想也没有什么不可以。（略顿。）你的意思怎么样？你有什么话，尽可对我说，你知道我差不多把你同自己的女儿一样的看待。

余　（思索了一会，打定了主意。）我想我们年青的人，一点经验没有，什么事都全靠年纪大一点的人到处指点教导。老太太的意思怎么样？

老太太　喔，这是你自己的事，总得你自己做主。

余　老太太的意思，如果觉得很好，那自然不会有错。

老太太　那我就说你很愿意？

余　不过我想总得写一封信回去，问问父母的意思。

老太太　不错不错，自然应该这样。那你就写封信回去，等你接到家里回信之后，再说吧。

余　我想单由我写信去，还不十分妥当。

老太太　那有什么不好？

余　可以不可以请吉先生写一封详细的信，把老太太的意思告诉家里，我再另外写一封信，一齐寄去？

老太太　不错不错，应该这样。回来我对吉先生说一说，教他写起一封信，写好了，我叫一个人送给你，你说好不好？

余　老太太的主意很好。

老太太　我们还是坐一会，还是就到公园去？

余　老太太意思怎么样？

老太太　我们就去好不好？我教他们去请吉先生去。（走去压电铃。）

余　我借你们电话用一用。

老太太　在那边院子里，你知道。（余由右门出，仆人由左门入。）你去请吉先生，就说我们现在到公园去。（仆人由左门去，老太太坐回原处，如有所思。）

吉　　（由左门入，手里拿了一个照片，装好了框子。进来之后，将照片放在书架上，一看，移动一回。）余小姐那儿去了？

老太太　（沉思中。）打电话去了。

吉　　（坐到小椅上，取了一块牛奶糖，慢慢去其外皮，随便的问。）你的媒做得怎么样，问了她没有？

老太太　问过了。

吉　　她怎么样讲？（将糖送至嘴边。）

老太太　她很愿意。

吉　　（将糖由嘴边拿回。）她很愿意？她说很愿意么？她怎样说？

老太太　她没有说什么。

吉　　她没有说什么，你怎样知道她很愿意？

老太太　喔，这用不着说的。

吉　　喔，不错，这一类的事是用不着明说的，是不是？同天气一样，只要看看气色就知道了。（老太太对他严厉的看了看。）那么，已经定了？

老太太　她还要写封信回去，问问她的父母，要等……

吉　　问问她的父母！（解悟。）喔！（把一块糖投入口中。）

老太太　你笑什么？你笑她把她父母太看重了，是不是？我听了很欢喜。

吉　　没有的事！我听了也很欢喜！（又拿一块放进嘴去。）她说了什么时候写信没有？

老太太　她要请你替她写。

吉　　要我替她写！奇怪奇怪。我又不是她的亲兄弟，亲叔伯，她为甚么要请我替她写信，这不是奇而又奇的事？

老太太　你看了奇怪么？我看了一点也不奇怪。

吉　　为甚么不奇怪？

老太太　因为你不知道，你不认识她。她是一个大户人家出来的女孩子，知道甚么是应说的，甚么是不应说的。她知道害羞。

吉　　喔喔！女孩子！害羞！（又拿一块糖放进嘴去。）

老太太　怎么你向来不吃糖的人，今天爱吃起糖来了？

吉　　今天的糖特别有味儿。（高兴，跳起。）你们现在就去公园么？

老太太　等余小姐打完了电话。

吉　　（想了一想。）你不换一件衣服？

老太太　不过是到公园去坐一坐，谁再去换衣服？

吉　　可是天气很凉，不换，也应该加一件，在那里？我替你去拿，好不好？

老太太　我自己去，你不知道。（吉开右门让老太太走出，将门关好，走到书架，取照片在手细细的审看。将照片放回，在屋里走了两转。余由右门入。）

吉　电话打通没有？

余　打通了。（注意老太太不在房内，两人对看了一看。）

吉　（将长椅向前稍推。）老太太到后面去换一换衣服，教请你在这里等一会。请坐。

余　（由女人的直觉，知将有有趣的谈判发生，为准备抵御起见，先摩了一摩头发，理了一理裙子，选了长椅离小椅远的一边坐了。吉坐小椅上。）老太太真是一个很可佩服的人，那么大年纪，穿的衣服，比年青的小姐们还要讲究。

吉　一个人甚么都可以不讲究，惟有衣服不可以不讲究。

余　为什么？

吉　因为人是一个社会动物。一个人生在世上，所有的一切物质上的幸福，精神上的愉快，都是社会给他的。所以一个人对于社会，应当尽量的报答。

余　那与穿衣服有关系么？

吉　关系大得很！因为报答社会，有种种不同的方法。有职业的借他的职业，有技能的用他的技能。当兵的可以替我们杀人，做律师的可以替我们打官司，做医生的可以替我们治病。不过还有一种人——就像我们——既无职业，又无技能，最少也应该着几件好看的衣服，才不致走到人家面前，教人家看了难过。

余　（笑。）哈，我明白了。愈无用的人，愈应该穿好看的衣服。对不对？

吉　对，不过有用的人，也不应该着不好看的衣服。社会上没有一种职业，我们可以承认他有不顾装束的专利；一个人，自生至死，也没有一个时期，我们可以承认他有无须修饰的特权。假若一个女人，因为她已经结了婚，就不管她头发的高低，因为她生了儿子，就不管她袖子的长短，或是一个男人，因为他能够诌得几句诗词歌赋，就不洗清他的面孔，因为他能够画得几笔山水草虫，就不剃光他的下颔，拉直了他的袜筒，那都是社会的罪人。

余　这样讲，恐怕我们都是社会的罪人。

吉　你？喔！（欲言又止。）

余　我怎么样？

吉　你？两个月以前，你冤枉说我发烧的时候，我不是已经对你讲过么？

余　我冤枉说你发烧？

吉　自然是冤枉。什么温度三十九，脉跳一百多，那都是你造的谣言。是的。完全是谣言。——不过我很感激你，假使没有你的谣言，我如何能够住到两个星期？喔！那两个星期！那是我一生最快乐的两个星期！

（叹。）暧，无论怎样不会再有。

余　（回想那时的景况。）是的，也不知说了多少话。从来没有看见过这样爱说话的病人。

吉　是的，那都是些极真诚，极平常，极正当的话。为甚么平常我们不能讲？为甚么要男人装了病，方才可以讲。为甚么女人听了，一定要冤枉说他发烧？要是现在我说你眼睛生得怎样的动人，嘴唇怎样的可爱，你会装做没有听见，把我的额角摸一摸，枕头拥一拥，说一声“现在歇一会儿吧。你说话说得太多”？社会真是一个不自然的东西！这一类的话，有甚么说不得？为甚么现在不能说？

余　因为——因为你现在不发烧。

吉　你怎么知道我不发烧？我一年到头，没有一天不发烧。你要不相信，你现在替我试一试。（伸手放在长椅边上，余从长椅那一边，移到这一边，先理了一理裙子，然后用右手把脉，同时看左手上的腕表。约数秒钟无语。）我病的时候说了很多的话，是不是？（余点头。）说了些甚么？

余　你说中国是一个可怜的社会，男人尤其可怜，除了赌钱，遇不到人家的小姐太太，除了生病，得不到女人的一点意情。所以你一个星期要打一次牌，一个月要装一次病。

吉　对呀！这像生病人讲的话么？（余将手缩回。）发烧不发烧？

余　（犹豫。）七十七次。

吉　可见得是说谎。

余　为什么？

吉　因为你就没有数！

余　喔，一个人可以随便说谎么？

吉　自然不能“随便”。不过我们处在这个不自然的社会里面，不应该问的话，人家要问，可以讲的话，我们不能讲，所以只有说谎的一个方法，可以把许多丑事遮盖起来。

余　我们从小就知道说谎是不道德的。

吉　道德是没有标准的，随时代随个人而变的东西，平常“所谓”道德，不是多数人对于少数人的迷信，就是这班人对于那班人的偏见。

余　这样说，世界上没有善恶好坏的标准？

吉　世界上只有脏的习惯是坏习惯，丑的行为是恶行为。

余　所以什么谎都可以说，只要说得好听。做贼赌钱都可以做，只要做得好看？

吉　一点都不错。不过世界上美神经发达的人很少。做贼同赌钱的时候，大半都是不大十分雅观。说谎说得好的人很多，不过我最佩服的是你。

余　我向来不说谎。你说我说谎，你有什么证据？

吉　对呀！所以佩服你的缘故，就是因为拿不出证据来。不过一个人说谎说太多了，总有一天，转不过弯来，要露出马脚来。

余　我从来不欢喜说谎。

吉　好吧，白说是没有用的。我问你一件事。

余　什么事？

吉　老太太替你做媒没有？

余　（着急。）你不应该问这句话。

吉　为甚么不应该？

余　因为这一类的话，连自己的父兄都不应该问，朋友更加不应该。

吉　喔，新文化！新文化！不过你知道不知道？一个人的婚事，从前，是父母专制，现在因为用不着父母去管，所以用不着父母去问。（吉先生的意见，以为婚姻的事如其不要人帮忙则已，如要帮忙，父母应该是最重要的人物。现在所以不要他们过问，一则因为他们专制，一则也因为他们不能帮忙。这一层似乎还没有人见到，所以附带声明。）但是现在的婚姻是朋友专制，要想非靠朋友帮忙不行，所以你说朋友不应该过问，是完全错误。

余　我去看看老太太去。（起立欲走。）

吉　（起立阻之。）不要走，不要走，我还有一件要紧的事，没有对你说。请坐。（两人复坐。）我不在这里的时候，老太太同你讲了很多的话，是不是？

余　是的。

吉　她说到我不想结婚的话没有？

余　说了很多。

吉　你知道我不想结婚？

余　为甚么不想结婚？

吉　因为一个人最宝贵的是美神经。一个人一结了婚，他的美神经就迟钝了。

余　这样说，还是不结婚的好？

吉　是的，你可以不可以陪我？

余　陪你做甚么？

吉　陪我不结婚。（走至余前伸出两手。）陪我不要结婚！

余　（为他两目的诚意与爱所动。）可以。（以手与之。）

吉　给我一个证据。

余　　你要什么证据？

吉　　你让我抱一抱。（释其手，作欲抱状。）

余　　（走开。）等你再生病的时候。

吉　　不过我的母亲告诉我，说你已经答应了做她的侄媳妇，那怎样办？

余　　（得意。）那没有甚么，我的父母不愿意我嫁给医生。

吉　　对，我知道，我们是天生的说谎一对！（趁其不防，双手抱之。）

余　　（大喊。）喔！（老太太由右门，仆人由左门，同时惊慌入。吉已释手。）

老太太　什么事，什么事？（余以一手掩面，面红不知所言。）

吉　　（走至余前，将余手取下，视其面。）什么地方？刺了你没有？

老太太　什么事？什么一回事？

余　　（呼了一口深气。）喔，一只马蜂！（以目谢吉。）（闭幕）

推荐理由

丁西林的《一只马蜂》像一场轻喜剧，在笑声里藏着对旧式婚姻的温柔反抗。故事简单却巧妙：留学归来的吉先生和护士余小姐明明互相倾心，却偏要借着“一只马蜂”的谎话，在长辈眼皮底下偷偷撒糖。两人话里藏话的试探、装傻充愣的斗嘴，把年轻人追求自由恋爱的机智与无奈演得活灵活现。没有轰轰烈烈的抗争，只有茶杯碰撞间的暗流涌动，看似家长里短的对话里，处处是新旧观念的碰撞——老一辈催婚催得紧，年轻人偏要谈“不结婚的恋爱”。

丁西林用幽默的笔触，把五四时期知识分子的婚恋困境写成了一出诙谐小品，那些迂回婉转的台词像精巧的谜语，既逗人发笑，又让人心酸。如今读来依然亲切。当父母催婚的唠叨和自由恋爱的渴望撞在一起，谁还不是那个一边假装被马蜂蜇了、一边偷偷递眼神的“戏精”呢？

影视作品推荐

电影推荐：《霸王别姬》《爱情神话》《哪吒之魔童降世》

电视剧推荐：《琅琊榜》《人世间》《我的阿勒泰》

微课

电影《霸王别姬》赏析

微课

电影《爱情神话》赏析

微课

电视剧《琅琊榜》赏析

学习体会

自我评价

任务十五　剧本创作练习

学习要求

1. 掌握微剧本的基本结构（开端、发展、高潮、结局）与写作技巧（人物对话、场景描写、冲突设计），理解剧本创作的核心要素。

2. 能够通过观察生活细节，将真实场景转化为戏剧冲突，提升叙事能力、创意表达能力与团队协作能力。

3. 能够体会剧本创作中的职业精神（如精益求精、团队合作），培养艺术审美情趣与人文关怀意识。

写作范本1

自习室夜未央（独幕剧）①

时　间：期末某个深夜

地　点：大学通宵自习室

人　物：

李　明：大三学生，懒散型

林小萌：大一新生，焦虑型

陈浩然：大四学生，理想主义型

周书仪：研一学姐，学霸型

【幕启】

（舞台中央错落摆放着四张堆满书籍的课桌，左侧立着自动咖啡机，右侧电子屏显示“23:50”。背景音是空调运转声和键盘敲击声，舞台灯光冷白中泛着蓝调）

（李明趴在桌上打瞌睡，手机从指间滑落，发出“咚”的声响）

林小萌　（猛地抬头，黑框眼镜滑到鼻尖）李学长！你的《线性代数》压住我的《普通心理学》了！（慌忙抽出皱巴巴的笔记本）

李　明　（懒洋洋支起脑袋）嘘——小萌同学，凌晨的图书馆法则第一条：禁止

① 教师作品。

用分贝数暴露焦虑等级。（瞥见周书仪桌上整齐的荧光笔）看看人家周学姐，五色笔记法用到《高等量子力学》了。

周书仪 （头也不抬，左手推眼镜，右手继续画思维导图）更正，这是《非线性控制系统》。量子力学笔记在云端。（忽然停笔）等等，你们谁动了我的百乐笔？（三双眼睛同时看向她工整的文具盒）

陈浩然 （抱着一摞书撞开门）同志们！重大发现！（书本落地声惊起众人）我在古籍阅览室找到1987级学长的《存在主义》课堂笔记，里面夹着张未寄出的明信片……（发现无人回应，讪讪地）好吧，当我没说。

林小萌 （突然站起，碰翻咖啡杯）完了完了！我的SPSS数据没保存！（液体在《统计学原理》封皮上蔓延）这已经是第三次模拟失败了……（哽咽）上周的组会，王教授说我根本不适合心理学……

（沉默。周书仪默默递过纸巾，李明从兜里掏出U盘）

李　明 （难得正经）拿去，上学期建模比赛的原始数据。（挠头）虽然最后得了C+，但失败案例往往比成功模板更有启发性不是？

周书仪 （突然合上电脑）知道为什么我的笔记永远工整吗？（举起颤抖的右手）强迫症确诊三年了。每次考试前都要吃掉整盒薄荷糖，否则握不住笔。（轻笑）你们闻不到我身上的药味吗？

陈浩然 （捡起湿漉漉的明信片）看这个："致未来的我：今天在图书馆顶楼看了整晚星星，突然觉得微分方程和拜伦诗歌同样浪漫。"（灯光渐暖）三十年前的学长，你现在找到答案了吗？

林小萌 （擦拭镜片）所以……我们到底在追逐什么？绩点？保研？还是……

李　明 （举起手机）别动！拍个照发朋友圈——"凌晨的自习室，青春在发光"。（众人笑）说真的，这光影构图绝了，像伦勃朗的油画。

周书仪 （走到窗边拉开窗帘）月亮出来了。（转头）要不要来场即兴天文观测？我包里有望远镜。

陈浩然 （举起明信片对着月光）你们说，三十年后会有人捡到我们的故事吗？

（背景电子屏跳转为"00:00"，空调停止运转的瞬间，月光斜斜切进室内。四人影子在书堆间交织成几何图案）

【幕落】

（聚光灯收束在窗边的明信片上，投影文字逐渐清晰："教育的本质是让人成为人，而非工具。——雅斯贝尔斯"）

写作提示

1. 用身边的物品讲故事

别直接说“学习压力大”，而是让皱巴巴的咖啡杯、写满公式的草稿纸、总报错的代码界面自己“说话”。

2. 写活当代学生的特点

抓住年轻人的小细节：手机在《传播学概论》底下不断震动，边背单词边在小红书收藏“期末急救攻略”。

3. 让沉重的话题轻松点

把焦虑藏在幽默里：把对“保研”的焦虑写成“教室座位争夺战”，让学霸的完美笔记背后藏着撕掉的十几页错题纸。

4. 用环境变化带情绪

凌晨三点突然停电时，手机电筒照亮的不只是课本，还有某个人偷偷抹眼泪。月光把堆成山的参考书变成童话城堡的影子。

5. 多观察身边同学的小习惯

总转笔的人、给每支荧光笔起名的人、在课本空白处画小漫画的人……这些真实细节会让故事自己“活”起来。

你的创作：________________________________

写作范本 2

十字路口的汽修班（独幕剧）①

时　间：毕业季的某个下午

地　点：职业技术学院汽车维修实训车间

人　物：

王大勇：汽修班班长，技术尖子

李小璐：班花，擅长营销

张师傅：实训导师，前 4S 店技术总监

陈小北：富二代，家里开修理厂

【幕启】

（舞台中央停放着拆解的汽车底盘，四周散落着工具和零件。背景是贴满车企招聘海报的墙面，角落堆着创业计划书草稿）

王大勇　（躺在滑板上从车底滑出）小北！13 号扳手！（擦汗）这变速箱跟咱们实训车不一样，得重新设计拆解方案……

陈小北　（递过扳手，手机震动）我爸又催我回去接班了。（翻白眼）说给我配个技术总监，年薪 20 万起步……

李小璐　（踩着高跟鞋进来，差点被油管绊倒）大勇！4S 店的终面通知！（挥舞信封）但要求先去郊区店实习半年……（瞥见创业计划书）咦？这是谁写的“互联网＋汽修”？

张师傅　（拎着保温杯踱步进来）都别忙活了，来听听这个。（打开手机）“某汽修连锁品牌倒闭，创始人跑路”……（环视众人）还记得上届的小刘吗？创业半年，赔上了家里房子。

王大勇　（放下扳手）师傅，可我不甘心啊！咱们研发的智能检测系统，明明可以……

李小璐　（打断）等等！我刚刷到抖音，有个“汽修西施”粉丝百万，直播修车月入十万！（掏出化妆镜）你们说我要不要……

陈小北　（冷笑）得了吧，上次你换轮胎，差点把千斤顶当自拍杆！（众人哄笑）

张师傅　（敲敲引擎盖）都静一静。（指着拆解的零件）知道为什么让你们从最基础的学起吗？修车如修心，底盘不稳，再好的发动机也白搭。

（远处传来汽笛声，众人沉默）

---

① 教师作品。

王大勇 （轻声）其实……我收到德国车企的 offer 了，去慕尼黑培训两年。（攥紧工作服）可咱们的创业计划……

李小璐 （叹气）我妈说女孩子干这行没前途，让我考公务员。（自嘲地）可我连机油标号都背得比申论熟。

陈小北 （突然站起）要不……咱们合伙？（眼睛发亮）我家修理厂地段好，大勇有技术，小璐懂营销，我再投点钱……

张师傅 （咳嗽）打住！先把这车给我修好再说。（指着散落的零件）创业不是过家家，少一个螺丝钉，整台车都得趴窝。

（手机铃声此起彼伏，众人面面相觑）

【幕落】

（聚光灯聚焦在拆解的变速箱上，投影文字：“人生没有标准答案，但每个选择都需要拧紧螺丝的耐心”）

写作提示

1. 场景选择

职业教育题材适合选取特色实训场所（如汽修车间、烹饪教室、美容实训室等），让专业工具、设备成为故事的一部分。

2. 人物塑造

避免刻板印象，展现职校学生的多元面貌：技术宅也有创业梦，班花不只是花瓶，富二代也有职业理想，严师也有暖心时刻。

3. 矛盾设计

抓住职校学生特有的困境：技能型人才的市场价值，传统行业与新兴业态的碰撞，家庭期望与个人理想的冲突，就业稳定与创业风险的权衡。

4. 细节运用

用专业细节增加真实感：汽修班的机油味、扳手型号，烹饪班的刀工术语、火候把控，美容班的仪器声响、产品特性。

5. 主题升华

避免说教，通过人物选择展现：技能成才的多种可能，职业教育的独特价值，新时代工匠精神的内涵。

微课

剧本的基本结构

微课

微剧本的基本结构

微课

微剧本的写作技巧

你的创作：

学习体会

自我评价

任务十六　戏剧实践活动

学习要求

1. 理解经典剧目的文化内涵，提升语言表达能力，掌握戏剧表演的基本技巧。

2. 培养文本解读与改编能力，锻炼团队协作与沟通能力，体验艺术创作过程。

3. 激发对传统文化的兴趣与热爱，培养审美情趣与艺术修养，形成精益求精的学习态度。

活动方案1

“戏剧经典永流传，今天我来当演员”活动方案

一、活动目标

1. 感受经典魅力：通过经典剧目片段展演，引导学生感受戏剧艺术的魅力，激发对优秀传统文化的兴趣。

2. 提升语文素养：通过剧本阅读、角色扮演、台词演绎等活动，提升学生的语言表达能力、阅读理解能力和艺术鉴赏能力。

3. 培养团队合作精神：通过小组合作完成剧本改编、角色分配、排练表演等环节，培养学生的团队合作精神和沟通协调能力。

4. 体验工匠精神：通过精益求精的排练和表演，引导学生体会工匠精神的内涵，培养认真负责、追求卓越的学习态度。

二、活动准备

1. 以小组为单位（每组 4～6 人），选择经典剧目片段进行展演，戏曲、话剧、影视片段均可。

2. 利用课余时间进行剧本改编、角色分配、排练准备等。

3. 准备简单的服装、道具等，增强表演效果。

三、活动流程

（一）导入环节（5 分钟）

1. 教师播放经典剧目片段视频，激发学生兴趣。

2. 教师简要介绍活动内容和要求。

（二）展演环节（60 分钟）

1. 各小组依次上台进行展演，每组表演时间控制在 5～8 分钟。

2. 表演结束后，其他小组可以进行简短的点评和交流。

（三）评价环节（10 分钟）

1. 师生根据评分表对各小组的表演进行评分。

2. 评选出“最佳表演奖”“最佳创意奖”“最佳团队奖”。

（四）总结环节（15 分钟）

1. 教师总结活动情况，肯定学生的积极参与和精彩表现。

2. 引导学生思考戏剧艺术的价值和意义，鼓励学生传承和弘扬中华优秀传统文化。

四、活动建议

（一）剧目选择

建议选择情节生动有趣、人物形象鲜明、台词朗朗上口的经典剧目片段，例如：

戏曲类：《梁山伯与祝英台》（越剧）选段“十八相送”、《贵妃醉酒》（京剧）选段“裴力士、尚力士劝酒”等。

话剧类：《雷雨》选段“周朴园与鲁侍萍相认”、《茶馆》选段“秦仲义与庞太监斗嘴”等。

影视类：《红楼梦》（87 版）选段“黛玉葬花”、《西游记》（86 版）选段“三打白骨精”等。

（二）剧本改编

鼓励学生根据所选剧目片段进行适当改编，例如：将古装剧改编成现代剧，将长篇剧本改编成短篇剧本，加入自己的理解和创意。

五、评分表

评分项目	评分标准	分值	得分
剧本内容	主题积极向上，情节生动有趣，人物形象鲜明	20	
表演技巧	台词清晰流畅，表情自然生动，动作协调到位	30	
舞台效果	服装道具符合剧情，舞台布置简洁大方	20	
团队合作	分工明确，配合默契，表演流畅	20	
创意创新	剧本改编有新意，表演形式有创意	10	
总分		100	

活动方案 2

“声临其境到课堂，影视配音我在行”活动方案

一、活动目标

为丰富语文课堂教学形式，激发学生学习兴趣，提升学生语言表达能力和艺术鉴赏能力，特开展“声临其境到课堂，影视配音我在行”语文课随堂活动。通过影视配音的形式，引导学生感受语言艺术的魅力，体会用声音塑造角色的乐趣，培养团队合作精神和创新意识。

二、活动准备

1. 以小组为单位（每组 4～6 人），选择影视片段进行配音，题材不限，时长控制在 3～5 分钟。

2. 利用课余时间进行片段选择、台词改编、配音练习等。

3. 准备简单的道具或背景音乐，增强配音效果。

三、活动流程

（一）导入环节（5 分钟）

1. 教师播放经典影视配音片段，例如《西游记》孙悟空配音、《甄嬛传》甄嬛配音等，激发学生兴趣。

2. 教师简要介绍活动内容和要求。

（二）展演环节（60 分钟）

1. 各小组依次上台进行配音表演，每组表演时间控制在 5 分钟以内。

2. 表演结束后，其他小组可以进行简短的点评和交流。

（三）评价环节（10 分钟）

1. 师生根据评分表对各小组的配音表演进行评分。

2. 评选出“最佳配音奖”“最佳创意奖”“最佳团队奖”等。

（四）总结环节（15 分钟）

1. 教师总结活动情况，肯定学生的积极参与和精彩表现。

2. 引导学生思考影视配音的艺术价值，鼓励学生尝试用声音塑造角色、表达情感。

四、活动建议

（一）片段选择

建议选择台词经典、人物形象鲜明、情节生动有趣的影视片段，例如：

动画片：《西游记之大圣归来》《哪吒之魔童降世》等。

电视剧：《甄嬛传》《琅琊榜》等。

电影：《霸王别姬》《战狼2》等。

（二）台词改编

鼓励学生根据所选片段进行适当改编，例如：将古装剧台词改编成现代语言，加入自己的理解和创意。

（三）配音形式

鼓励学生采用多种配音形式，例如：原声配音、方言配音、创意配音（如反串配音、搞笑配音等）。

五、评分表

评分项目	评分标准	分值	得分
台词演绎	语音清晰准确，语调自然流畅，情感表达到位	30	
角色塑造	声音贴合角色性格，能够准确传达角色情感	30	
团队合作	分工明确，配合默契，表演流畅	20	
创意创新	台词改编有新意，配音形式有创意	20	
总分		100	

学习体会

自我评价

参考文献

1. 吴兆基编译．诗经［M］．北京：长城出版社，1999.

2. 净芳，杨文英，张妍．文学欣赏［M］．2版．北京：中国时代经济出版社，2013.

3. 康震．康震古诗词81课［M］．北京：人民文学出版社，2021.

4. 党怀兴，苏中乐．大学语文［M］．2版．北京：高等教育出版社，2024.

5. 周汝昌，宛敏灏，万云骏，等．唐宋词鉴赏辞典［M］．上海：上海辞书出版社，1988.

6. 臧克家．毛泽东诗词鉴赏［M］．石家庄：河北人民出版社，1991.

7. 吴小如，等．先秦文学名著欣赏［M］．北京：北京大学出版社，2017.

8. 上海辞书出版社文学鉴赏辞典编纂中心．文学鉴赏辞典·新诗三百首［M］．上海：上海辞书出版社，2021.

9. 钱谷融．中国现当代文学作品选［M］．4版．上海：华东师范大学出版社，2020.

10. 普希金．普希金诗选［M］．田国斌，译．北京：北京燕山出版社，2000.

11. 鲁迅．鲁迅全集［M］．北京：人民文学出版社，2005.

12. 蔡清富．朱自清散文选集．天津：百花文艺出版社，1986.

13. 李娟．我的阿勒泰［M］．广州：花城出版社，2021.

14. 马洪玲，宋圆圆．大学语文：文学赏析与应用写作［M］．2版．北京：高等教育出版社，2023.

15. 崔承运．苏轼散文选集［M］．3版．天津：百花文艺出版社，2009.

16. 林徽因．林徽因诗文集：你是人间的四月天［M］．北京：高等教育出版社，2016.

17. 赵振元，海梦，等．中国散文诗百年经典［M］．成都：四川文艺出版社，2017.

18. 李娟．阿勒泰的角落（2024版）［M］．2版．北京：新星出版社，2024.

19. 鲁迅校录，曹光甫校点，杜东嫣译．唐宋传奇集全译［M］．上海：上海古籍出版社，2019.

20. 刘聪博，鱼国超．大学语文［M］．2版．北京：中国人民大学出版社，2017.

21. 鲁迅．呐喊 彷徨 故事新编［M］. 北京：人民文学出版社，2013.

22. 乐齐．精读郁达夫［M］. 北京：中国国际广播出版社，1998.

23. 黄高才．新编大学语文［M］. 北京：高等教育出版社，2008.

24. 彭雪华．文学欣赏［M］. 3版．大连：大连理工大学出版社，2023.

25. 田汉．田汉选集：第一卷［M］. 成都：四川文艺出版社，1990.